BAR-LE-DUC

A LA FIN DU XVIe SIÈCLE

(1559-1598)

PAR

L. DAVILLÉ

PROFESSEUR AU LYCÉE DE BAR-LE-DUC

(Extrait des *Mémoires de la Société des Lettres de Bar-le-Duc*, t. XLI)

BAR-LE-DUC

IMPRIMERIE CONTANT-LAGUERRE

1917

BAR-LE-DUC

A LA FIN DU XVIᵉ SIÈCLE

(1559-1598)

PAR

L. DAVILLÉ

PROFESSEUR AU LYCÉE DE BAR-LE-DUC

(Extrait des *Mémoires de la Société des Lettres de Bar-le-Duc*, t. XLI)

BAR-LE-DUC

IMPRIMERIE CONTANT-LAGUERRE

—

1917

BAR-LE-DUC A LA FIN DU XVIe SIÈCLE

(1559-1598)

En recherchant aux Archives départementales de la Meuse des documents sur l'histoire de la Ligue en Lorraine, nous nous sommes volontiers attardé à étudier l'histoire de la ville de Bar-le-Duc de 1584 à 1596, puis, retenu par l'intérêt du sujet, nous avons étendu ces recherches en remontant à la majorité du duc Charles III (1559) et en descendant jusqu'au moment où son fils, le futur Henri II, devint duc de Bar (1598). C'est cette histoire de la capitale du Barrois pendant les quarante dernières années du XVIe siècle que nous nous proposons de retracer ici.

Cette période est une des plus intéressantes pour l'histoire de Bar-le-Duc et une de celles où il est le plus facile d'écrire cette histoire. A l'aurore des temps modernes, la capitale du Barrois devient une ville nouvelle : à la fin du XVIe siècle, Bar-le-Duc, s'étendant par de nouveaux quartiers hors de ses carrefours entourés de murailles et de l'agglomération ancienne de Bar-la-Ville, commence à prendre la physionomie qu'il gardera jusqu'au début du XIXe siècle ; cette physionomie devient d'autant plus moderne que les constructions commencent alors à se régulariser : les hôtels à façades droites et artistiques succèdent aux maisons en encorbellement du moyen âge, les édifices de la Renaissance se multiplient, la ville haute est de plus en plus délaissée pour la ville basse.

A cette même époque affluent des documents nouveaux : si les registres des receveurs généraux du Barrois, des gruyers et des cellériers de Bar continuent comme au moyen âge (1), on trouve pour la première fois les comptes des gouverneurs de l'hôpital et il subsiste des recueils d'actes privés ou publics faits par ordre de la chambre des comptes (2) ; aux premières années du XVIIe siècle appartient le *Cartulaire* de Jean Vincent, d'un prix inestimable pour le Barrois (3). C'est aux trente dernières années du XVIe siècle qu'apparaissent les comptes des maires de Bar et ceux des échevins de la paroisse et qu'appartient un registre de transcription d'actes concernant les propriétés communales (4) ; à la même époque est rédigée la première chronique suivie des événements survenus à Bar-le-Duc (5), œuvre anonyme de plusieurs membres de la famille Remy, dont le premier portait peut-être le prénom de Gérard ; à la fin du XVIe ou au début du XVIIe siècle on trouve les premiers documents iconographiques, tableaux et perspectives de la ville (6). A tous ces documents, puisés aux Archives départementales de la Meuse et aux Archives municipales de Bar-le-Duc (7), nous avons joint quelques-uns de ceux que nous fournissaient les Archives départementales de Meurthe-et-Moselle et la Bibliothèque municipale de Nancy (8).

Si, dans la recherche et même l'utilisation des documents, nous étions guidé par de précieuses collections et des ouvrages consciencieux, auxquels nous ne cesse-

(1) Archives de la Meuse, *B. 560* à *578*, *744* à *752* et *863* à *880*.

(2) Id., *B. 909* à *911*, *255* et *260*.

(3) Série E. Voir notre communication d'avril 1914, *Bulletin*, p. 141.

(4) Archives municipales de Bar-le-Duc, *CC1*, *GG52* à *57* et *DD1*.

(5) *Annales de la ville de Bar-le-Duc*. Bibliothèque municipale de Bar-le-Duc, *ms. 53*.

(6) Bar-le-Duc en 1611, tableau de Duviert; description de la ville de Bar faite l'an 1617; tableau de l'église Saint-Pierre (XVIe ou XVIIe siècle).

(7) Y compris les manuscrits des fonds Servais, Bellot-Herment et Maxe-Werly, tous à la Bibliothèque municipale.

(8) Notamment, aux Archives, les lettres-patentes du duc, *B. 33* à *51* ; à la Bibliothèque le *ms. 152*, qui est l'histoire de Charles III par François de Rosières.

rons de rendre hommage (1), il n'en était plus de même quant à la disposition à donner à notre étude. Nous avons dit cette année combien les histoires de Bar-le-Duc nous satisfaisaient peu et nous en avons esquissé à grands traits un plan idéal (2); c'est ce plan que nous tentons de réaliser pour une période définie. Nous aurions préféré préparer cette synthèse partielle par des analyses préalables; nous n'avons pu le faire que pour ce qui touchait à la topographie de Bar (3).

Nous avons résolument rejeté, comme trop peu intéressant et trop peu nouveau, le plan qui eût consisté, à propos de chaque édifice ou de chaque partie de la ville, à en retracer l'histoire ou l'organisation et nous avons préféré un plan analytique et méthodique. Ce plan est loin de nous satisfaire et nous ne nous dissimulons aucune des critiques qu'il appelle; mais c'est le seul que nous ayons trouvé qui nous ait permis d'être à la fois clair et complet, de ne pas nous répéter et de grouper ensemble les faits de même genre ou les détails de même ordre.

La première partie s'imposait : c'était la description topographique de la ville, avec quelques renseignements statistiques (4); les deux autres étaient plus malaisées à délimiter. Comme nous avions l'ambition d'étudier à la fois le gouvernement, la vie municipale, la vie sociale, économique et religieuse de la capitale du Barrois, le développement de toutes ces institutions devait dépasser de beaucoup en étendue celui de la topographie urbaine ; aussi, si nous y avions consacré une seconde partie, celle-ci aurait eu une étendue démesurée : c'est pourquoi nous l'avons scindée en deux, dont l'une concerne les privilé-

(1) Bellot-Herment, *Historique de la ville de Bar-le-Duc*, 1863. Konarski, *Bar-le-Duc et le Barrois*, 1909.

(2) *Bulletin* de la Société de Bar-le-Duc, mai à juin 1914, p. 141-147 et 156-166.

(3) Voir nos communications des mois d'avril et mai.

(4) Nous n'y avons pas joint le plan qui en eût singulièrement facilité la lecture, parce que nous disposions de trop peu de temps pour dresser ce plan, dont la matrice cadastrale et les documents iconographiques cités plus haut nous auraient donné les principaux éléments.

giés et l'autre les roturiers. Notre seconde partie contient ainsi tout ce qui a trait au clergé séculier et à l'enseignement, au clergé régulier et au culte; aux hauts fonctionnaires de la noblesse, à l'administration et au séjour de la Cour, aux fonctionnaires secondaires, en insistant sur les principales familles, sur le domaine et la Chambre des comptes et en terminant par les Assises et la rédaction des coutumes, qui sont les seules manifestations de la vie politique. A notre dernière partie se rapporte tout ce qui concerne les bourgeois et l'administration de la ville, le peuple des travailleurs, artisans et agriculteurs, organes de l'industrie et de l'alimentation, avec le commerce, marchés, foires et hôtelleries; c'est surtout sur eux que pèsent les finances et la guerre, tandis qu'ils bénéficient des mesures d'hygiène, de l'assistance publique et de la justice, dont l'examen termine cette étude.

Après la clarté, nous avons visé à la sobriété. Nous avons banni de cette étude toute digression ou même tout développement trop considérable et jamais nous ne nous sommes permis de transcrire complètement un texte, quel qu'en fût l'intérêt; nous n'en avons gardé que les parties essentielles, soit dans le texte, soit en note, et modernisé toujours l'orthographe. C'est pour permettre au lecteur de se retrouver facilement dans notre travail que nous n'avons pas craint de renvoyer fréquemment d'un passage à un autre et que nous avons terminé le tout par une table très détaillée, où chaque mention séparée correspond à un alinéa de notre texte (1).

Nous avons essayé d'appliquer les mêmes principes aux références qui, malgré leur nombre, ne représentent que la partie essentielle de notre documentation et que nous avons groupées par alinéas, phrases ou membres de phrase. Peut-être nous y sommes-nous montré moins clair que concis : nous avons supprimé tout ce qui nous

(1) Les chiffres indiquent les pages; quand le chiffre est le même que celui qui précède, nous ne le répétons pas. La ponctuation indique la continuation ou la fin d'un développement, suivant que c'est un point et virgule ou un point.

semblait inutile, comme l'indication Archives de la Meuse ou Bibliothèque de Bar-le-Duc, sauf quand on pouvait confondre avec les Archives de Meurthe-et-Moselle ou avec la Bibliothèque de Nancy; nous avons volontairement omis de noter la série *B* d'une suite de registres qui s'y rapportaient et le tome I des ouvrages en plusieurs volumes [1]. Nous avons cependant souligné les cotes ou les titres et séparé par des tirets les références relatives aux membres de phrase ou aux renseignements différents [2], de manière à permettre au lecteur de s'y reporter sûrement; nous avons toujours indiqué la nature des sources et, en cas de double emploi, distingué celle des comptes.

Puisse cette tentative, qui nous aura coûté plus de deux ans de loisirs et retardera d'autant des travaux d'une portée plus générale, susciter d'autres études sur l'histoire de Bar-le-Duc! Puisse-t-elle apparaître aux lotharingistes comme un essai d'histoire intégrale dont l'intérêt dépasse celui de la capitale du Barrois!

Bar-le-Duc, 25 décembre 1914.

(1) Les lettres simples, *B*, *C*, *E*, etc., se rapportent aux Archives départementales; les lettres doubles, *CC*, *DD*, *GG*, aux Archives municipales, Les abréviations *s. p.* et *s. a.*, *s. v.*, signifient *sans page*, non paginé, et *sub anno*, *sub verbo*, c'est-à-dire à rechercher à l'année ou au mot indiqués.

(2) Exemple : comptes domaniaux se dit *B*; comptes municipaux, *CC1*, et comptes paroissiaux *GG*. Dans cette dernière série, comme pour la collection Servais, nous donnons le numéro du volume en exposant; quand, dans une énumération, on pourrait confondre, nous remplaçons l'exposant par *n°*. Ainsi *GG*, *n° 53*, signifie GG^{53}; de même que *B. 910*^{2} ou *910*, *n° 2* désigne le registre ou cahier n° 2 de *B. 910*.

PREMIÈRE PARTIE

LA VILLE DE BAR-LE-DUC

La ville de Bar-le-Duc, qui avait peu augmenté depuis la fin du moyen âge, s'est, au contraire, considérablement accrue dans les dernières années du XVIe siècle. A la fin du XVe, elle comprenait déjà six parties : la Ville haute, le Bourg, la Neuve ville, Entre-Deux-Ponts, Bar-la-Ville, enfin les rues de Véel et de Combles (1); en 1571, à ces six parties s'en seront ajoutées deux autres, Couchot et Marbot. Sur ces huit portions de Bar-le-Duc, les sept dernières formaient la Ville basse; les trois premières seules, la Halle, le Bourg et la Neuve ville portaient le nom de *carrefours* et les cinq autres celui de *faubourgs*. En 1605, on trouve deux nouveaux faubourgs, la Rochelle et les Clouyères (2). Nous étudierons donc successivement ces quartiers dans l'ordre en quelque sorte traditionnel et successif où ils apparaissent : la *Ville haute* comprenant la Halle et le Château; la *Ville basse*, à savoir le Bourg et la Neuve ville; les *faubourgs*, c'est-à-dire Entre-Deux-Ponts, Bar-la-Ville, Couchot, Marbot, la rue de Véel, la Rochelle et les Clouyères. Après avoir décrit la ville quartier par quartier, nous rechercherons quelle pouvait être sa population totale et quelle était l'importance relative de chacun de ses quartiers.

(1) Charte de 1444, *B. 228*, f° 47.

(2) Comptes de 1590, *B. 571*, f° 27 v°. Annales de Bar, *ms. 53*, f° 20 (février 1593) et *ms. I*[41], sub anno 1605 (lettres-patentes du 1er octobre).

I

La Ville haute.

§ 1. — *La Halle.*

La *Halle* avait trois portes, la Porte-au-Bois, la porte Vinchon et la Porte l'Armurier (1). La *Porte-au-Bois*, ainsi nommée de ce qu'elle donnait du côté du bois du Haut-Juré, était la seule par où l'on pût aborder la Ville haute de plain-pied et par où elle fut toujours attaquée ; « le grand chemin » de Saint-Dizier y aboutissait (2) : elle devait être la plus considérable et la mieux défendue. Cette porte était à la fois large et profonde ; la représentation que nous en donne l'angle droit inférieur du bas-relief de l'église Notre-Dame nous montre qu'elle était à la fois plus haute et plus forte que les autres (3). Elle leur ressemblait toutefois : c'était, à l'intérieur, un passage voûté peu large, mais assez profond ; à l'extérieur, l'ouverture, ou « guichet », était fermée par un pont-levis et précédée d'une barrière, qui paraît avoir été elle-même protégée par une énorme butte de terre ou boulevard, s'élevant sur l'emplacement du pâquis actuel (4). Son portier, ou « tourier », qui paraît avoir demeuré dans un petit bâtiment ou « hobette », était nommé par les habitants de la Ville haute, sur la proposition du duc ou du bailli, tant ses fonctions paraissent importantes (5). Outre les deux tourelles situées en avant du guichet, la Porte-au-Bois devait être, comme au

(1) Rosières, *ms. 152* (Bibl. mun. de Nancy), fᵒ 508 vᵒ.

(2) Comptes de 1576 et 1574, B. *748*, fᵒ 7, et *568*, fᵒ 192.

(3) Le bas-relief, de 1640 environ, est dans A. Martin, *Le Vieux Bar*, p. 12.

(4) Plan de 1617 ; cf. Ridet, *Bulletin* de la Société, août-septembre 1913, p. 183. Rosières, *ms.* cité, fᵒ 509. *Ms. 113H*, fᵒ 299. Comptes de 1593, 1591 et 1596-98. *B. 573*, fᵒ 182 ; *572*, fᵒ 195 vᵒ et *CCI*, fᵒ 81. Cf. Ridet, p. 183.

(5) Compte de 1591, *B. 571*, fᵒ 203, lettres du 6 juin 1581. *Ms. I⁴⁰*, *s. a.*

siècle suivant, flanquée de deux tours. Celle de droite, vue de l'extérieur, dont il subsiste aujourd'hui des restes importants, sur l'emplacement de la maison Mohler, était certainement *la tour* Réault, dont nous ne connaissons, d'ailleurs, que le nom (1).

A l'angle que formait ensuite la muraille était la *Tour Jurée*, dominant à l'extérieur le fond de Polval et communiquant avec la ville par une ruelle, qu'on venait de fermer par une porte (2). Cette tour, la plus forte de la Ville haute, était une énorme construction très élevée, dominant Bar-le-Duc de tous les côtés (3). Elle comprenait tout au bas une fosse d'aisances recouverte de douves, surmontée d'un rez-de-chaussée et de trois étages (4). Le rez-de-chaussée et le premier étage servaient de prison. Au second étaient trois chambres, au troisième une seule, les premières étaient carrelées, la dernière avait un plancher soutenu par des pieds de bois accrochés à des broches de fer; toutes étaient éclairées de fenêtres à vitraux en losange et chauffées par des cheminées (5). La tour se terminait par un grenier aux parois revêtues de planches, surmonté d'une lanterne (6). Elle était de forme ronde et ses murs, très épais, furent, au début de la Ligue, percés, à la hauteur du rez-de-chaussée, de plusieurs canonnières, sans doute voisines d'un corps de garde (7). Son tourier, dont la nomination était confirmée par le duc, était en même temps crieur et

(1) Ridet, *l. c.*, p. 182-3. Dépense « pour le rehaussement de la Tour Réault, sise au circuit des murailles de la Ville haute, entre la Porte-au-Bois et la Tour Jurée ». Compte du 20 novembre 1590, *B. 571*, f° 199.

(2) Ridet, *Bulletin* de mai 1913, p. 97-98. Rosières, *ms.* cité, f° 508. Compte de 1564-65. *B. 562*, f° 148. Cette ruelle existait encore en 1634. *B. 271*, f° 20.

(3) Vue de 1611 et bas-relief cité.

(4) Comptes de 1595 et 1598. *B. 575*, f° 195 et *627*, f° 123. Comptes de 1584 et 1591. *B. 569*, f° 186 v° et *572*, f° 196 v°.

(5) Comptes de 1593 et 1588. *B. 573*, f° 182 et *570*, f° 172 v°. Compte de 1596. *B. 578*, f° 198.

(6) Comptes de 1588 et 1576. *B. 570*, f° 171 et *568*, f° 195 v°.

(7) Comptes cités de 1584 et 1591. Rosières, *ms.* cité, f° 508.

geôlier (1). La Tour Jurée tirait, en effet, son nom de ce qu'elle servait à la justice : dès le milieu du siècle au moins, elle était appelée « Tour criminelle » et servait de prison pour les gens convaincus de crimes, gardés parfois par un sergent (2). Les deux prisons avaient leur sol pavé de carreaux, leurs fenêtres garnies de barreaux de fer, leurs portes fermées de verrous et de fortes serrures, et pour sortir de la tour, il fallait franchir une porte en chêne de 7 pieds de haut sur 3 de large et un quart d'épaisseur (3). Les prisonniers paraissaient bien gardés; ceux qui passaient pour dangereux étaient, de plus, enfermés, enchaînés et garrottés (4). Et pourtant ils arrivaient fréquemment à s'échapper en rompant, en haut ou en bas, le mur extérieur, évidemment moins solide que celui qui donnait sur la ville et qu'on rebouchait inutilement avec des pierres de taille (5).

Au delà de la Tour Jurée, à peu près à égale distance entre la Porte-au-Bois et la porte Vinchon, sans doute dans le prolongement de la rue Sainte-Marguerite actuelle, était la *tour Contrisson*, ou tour située derrière le jardin de Madame Contrisson (6); l'angle Nord du rempart, situé aujourd'hui en face de la prison actuelle, était défendu par la *tour Vinchon*, qui paraît avoir été d'importance tout à fait secondaire, car nous n'avons sur elle aucun renseignement. Nous ne connaissons guère plus la *porte Vinchon :* c'était évidemment une simple poterne

(1) Lettres-patentes de 1560. Arch. de Meurthe-et-Moselle, *B. 33*, f° 195 v°. Comptes de 1573, 1584 et 1595. Arch. de la Meuse, *B. 567*, f° 139 v°; *569*, f° 137 et *572*, f° 203.

(2) Comptes de 1557 et 1596, *B. 588*, *Inventaire* imprimé et *575*, f° 209.

(3) Comptes de 1584, 1573 et 1591. *B. 569*, f°s 186 v° et 195; *567*, f° 195 v° et *572*, f° 196 v°.

(4) Comptes de 1594. *B. 573*, f° 187 v°.

(5) Comptes de 1584, 1588, 1591 et 1595. *B. 569*, f° 186; *570*, f° 172 v°; *572*, f° 196 v° et *575*, f° 194. Cf. comptes de 1654. *B. 663*, *Inventaire cité.*

(6) « La Tour dite la Tour Contrisson, sise au pan de muraille entre la Porte-au-Bois et la porte Vinchon ». Comptes de 1590. *B. 571*, f°s 198 v°, 208 et 205-6.

qui faisait communiquer la Ville haute avec l'extérieur; elle était sans doute voisine d'une tour carrée, au delà de laquelle commençait le fossé plein d'eau qui allait jusque vers la Porte de l'Armurier (1). Sur tout le flanc oriental de la ville s'étendait un boulevard qui, commençant à la Porte-au-Bois et faisant face à la Porte Saint-Jean, s'appelait parfois *boulevard de la Porte-au-Bois* et d'ordinaire *boulevard Saint-Jean* (2). Ce terre-plein, qui subsistait encore au début du XVIIIe siècle, le long des rues Chavée et du Tribel, renfermait sans doute une sorte de chemin de ronde réunissant les différentes tours, puisqu'on y trouvait des soupiraux dont quelques-uns paraissent subsister aujourd'hui; c'était sans doute l'extrémité des canonnières qui avaient remplacé les anciens créneaux (3).

La *Porte de l'Armurier*, qui faisait communiquer la Ville haute avec la Ville basse, était triple; les trois portes qui la composaient, séparées par un espace de 23 toises, se numérotaient de haut en bas (4). La première était décorée d'un cul-de-lampe, surmonté d'un écusson aux armes de France; comme elle ouvrait directement dans la Ville haute, elle était la plus forte : une grille la fermait, un guet et des meurtrières la dominaient (5). La Porte entière s'appelait d'abord porte Tohier; elle tirait son nouveau nom de ce que son gardien était en même temps l'armurier de

(1) La tour Vinchon est citée dans un texte de 1620. *B. 260*, f° 62 v°. V. Ridet, *Bulletins* de mai 1913, p. 95-96; déc. 1911, p. CXXVIII et août-sept. 1912, p. CXXXV. D'après la collection Maxe-Werly, *31.972*, *Ville haute*, la porte Vinchon n'avait qu'une arcade. Les comptes de 1433-34, *B. 692*, *Inventaire*, mentionnent une « rue Vinchon », qui en était sans doute voisine.

(2) Rosières, ms. cité, f° 442; comptes de 1591. *B. 572*, f° 195 v°.

(3) Konarski, Le crime de la rue de l'Armurier, *Œuvres*, t. II, p. 90-91. V. Ridet, *Bulletin*, mai 1913, p. 97. — Comptes de 1590 et 1592. *B. 571*, f° 197 et *572*, f° 195 v°.

(4) Comptes de 1585. *B. 569*, f° 186 v°; cf. plan de 1617 et Konarski, t. II, p. 92-94. Comptes de 1594, 1584 et 1588. *B. 574*, f° 182 v°; *569*, f° 192 v° et *570*, f° 174 v°.

(5) Comptes de 1590. *B. 571*, f° 198. Plan de 1617. Comptes de 1591, 1595 et 1585. *B. 572*, f° 194; *574*, f° 185 v° et *569*, f° 185 v°.

la Ville, beaucoup plutôt, semble-t-il, que de ce que des armuriers habitaient aux environs, car il y en avait assez peu de ce côté (1). A la fin du siècle, on pava l'intervalle qui s'étendait de la première à la troisième porte et on démolit des maisons contiguës, sans doute pour la dégager (2).

La muraille, bâtie en pierres de roche, continuait le boulevard depuis la Porte de l'Armurier jusqu'en face de la Tour de l'Horloge, où elle tournait à angle droit, dominant le fossé qui séparait la Halle du Château (3). A l'angle opposé se trouvait la *porte Phulpin*, Phelèpin ou Phelippin, qui faisait communiquer les deux parties de la Ville haute, la Halle et le Château. Cette porte paraît avoir été double et assez grande; son importance faisait de son portier, comme de ceux des autres principales portes, un fonctionnaire du duc. Elle était percée de quatre canonnières, voisine d'une poterne pratiquée dans une muraille épaisse de 10 à 15 pieds et protégée par une tour dite *tour Phulpin* (4). De là jusqu'à la Porte-au-Bois, la muraille continuait presque en droite ligne, flanquée de tours, dont les restes subsistent encore dans la tour Hublot ou plutôt Heylot et au voisinage de la Porte-au-Bois: mais il n'y en a pas trace dans les documents littéraires ou iconographiques du XVIe ou du XVIIe siècle (5).

Sur l'intérieur de la ville, les renseignements abondent, au contraire. La principale artère en était la *Grande rue*, qui traversait la Halle dans toute sa longueur, réunissant entre elle les trois grandes portes. Cette rue était sans doute aussi large et aussi monumentale qu'aujourd'hui et

(1) Comptes de 1573, 1592 et 1594. *B. 567*, f° 139 v°; *260*, f° 60 et *574*, f° 182 v°. Konarski, art. cité, p. 121, d'après les *Stemmata* de Rosières, adopte son étymologie.

(2) Comptes de 1594, 1595 et 1597. *B. 574*, f° 182 v° et 69; *627*, f° 125.

(3) Comptes de 1596. *B. 627*, f° 124 v°.

(4) Comptes de 1570 et 1573. *B. 874*, f° 60 et *567*, f° 140. Cf. le plan de 1617. — Comptes de 1590, *B. 571*, f° 197 et v°.

(5) V. Ch. Lecomte, Note sur la maison Baudier, et Ridet, art. cité. *Bulletins* de déc. et août-sept. 1913, p. 234-6 et 183-4. V. la reproduction de la tour Heylot dans Maxe-Werly, *31.972*, carton *Ville haute*.

l'on y trouvait probablement déjà la maison des Rodouan, à la porte en plein-cintre, aux fenêtres inégales, découpées en carrés par des meneaux (1). C'était la rue aristocratique, car elle était habitée par des nobles, des fonctionnaires et des gens exerçant des professions libérales comme la famille Le Paige, l'avocat Oulriot et Jean Allyot (2). Les principales maisons étaient, près de l'Auditoire, c'est-à-dire vers le milieu, celles de la famille Drouin, de Nicolas Xaubourel et de Pierre Daudeney, conseillers à la Chambre des Comptes, situées le long des fortifications, c'est-à-dire à gauche en descendant; celles de l'orfèvre Philippe Queuleux, l'apothicaire François Midy, le chirurgien Barthélemy de Rosières, l'arpenteur Jean de Mussey étaient en face, soit dans la Halle, soit contre l'Auditoire; un peu plus bas se trouvaient celles de la veuve Nicolas Le Paige et du boulanger Nicolas Arrabourg; tout au bas, entre les portes de l'Armurier, celle du greffier Pouppart (3). La plupart de ces maisons s'élevaient sans doute à gauche, puisque la droite était en partie occupée par les principaux monuments, la Halle, l'Auditoire et la Fontaine.

La *Halle*, dont l'étendue et l'importance avaient fait donner le nom à toute la Ville haute, comprenait le carré long de bâtiments où s'élevaient encore les halles au XVIIIe siècle, carré limité à l'Ouest et à l'Est par la Grande rue et la place de la Halle, prolongement inférieur de la place Saint-Pierre, au Sud et au Nord par la rue du Musée et la place de la Halle actuelles : sa toiture, éclairée par des flamandes, mesurait au moins 68 pieds de long sur 40 de large (4). L'intérieur en comprenait différentes par-

(1) Démoget, L'Architecture de la Renaissance à Bar-le-Duc, *Annuaire de la Meuse*, 1899, p. 10-12 et 14-15.

(2) Comptes de 1594 : *B. 573*, fo 185.

(3) Actes des 5 et 8 mars 1591 : *Cartulaire Vincent*, fo 37 et 36o. — Comptes de 1570, 1583, 1596 et 1591 : *B. 865*, fo 61; *874*, fo 62; *575*, fo 196 vo et *571*, fos 202 et 205. Acensement du 13 sept. 1586 : *DD1*, fo 22 et *Ms.* 137, p. 23. — Comptes de 1587, 1590 et 1591 : *B. 570*, fo 173 et *571*, fos 198 et 202.

(4) Comptes de 1584, 1568, 1588, 1592 et 1593 : *B. 569*, fo 195 vo; *863*, fo 101; *570*, fos 172 et 174; *572*, fo 197 vo et *573*, fo 182.

ties dont chacune était consacrée à une partie de l'alimentation : la *blaverie*, située du côté de la Grande rue, qui était certainement la partie réservée au blé ; les « boucheries », établies à l'opposé, le long de la Place, et les « pressoirs » au nombre de deux, un petit et un gros, celui-ci situé près des boucheries, sans doute le long de la rue actuelle du Musée (1). Outre les étaux de vente, la Halle renfermait au moins un jardin vers le centre et des maisons au pourtour, tant du côté de la blaverie, le long de la Grande rue, que du côté des boucheries, au coin vers le Tribel (2).

Le quatrième côté, sur la place de la Halle actuelle, était en partie réservé à l'*Auditoire*, situé ainsi sur la seconde place à partir d'en bas, au coin de la Grande rue (3). Ce bâtiment, où étaient réunies toutes les juridictions, était en quelque sorte le palais de justice de Bar, cependant, il était assez restreint, car il ne semble avoir compris au rez-de-chaussée qu'une salle ou chambre destinée aux audiences judiciaires, précédée d'une allée et peut-être d'un greffe, et sous la toiture qu'une « chambre haute » blanchie, servant sans doute de résidence au greffier (4). La salle, avec plancher et cheminée, était meublée de sièges, chaises et bancs, de tréteaux et de pupitres (5). Malgré son peu d'étendue, l'Auditoire avait grand air : sa façade était revêtue de la figure de la Justice, avec l'épée et la balance, son toit était surmonté d'une plate-forme visible de loin et les eaux de pluie s'en

(1) Comptes de 1583 et surtout de 1506 : 7. *B. 874*, f° 62 et *530*, f° 9. Le mot *blaverie*, de blave, grain (cf. blavée, farine), désignait en 1383 à Bar même un « droit sur le blé qu'on amène au marché ». *B. 493*, f° 39 v°, cité par F. Godefroy, *Dictionnaire* de l'ancienne langue française, *s. v.* — Comptes de 1573 et 1599 : *B. 567*, f° 24 v° et *911*³, f° 27. — Comptes de 1583 et 1593 : *B. 874*, f° 61 et *573*, f° 182 v°. Cf. un document de 1551 qui place l'entrée d'une boucherie « vers le Tribel » : *B. 229*, f° 70 v°-71.

(2) Comptes de 1588 : *B. 570*, f° 174. — Actes de 1586 et de 1551 cités : *DD1*, f° 22 et *B. 229*, f° 70.

(3) « Sur la seconde place d'en haut ». 1713 : Cité *Ms. I*⁴², s. a. 1620.

(4) *Ibid.* et comptes de 1573 : *B. 567*, f° 195 et *568*, f° 194 v°.

(5) Comptes de 1586 : *B. 2.446*, f°s 110 et 112.

déversaient dans une immense gargouille, située Grande rue, devant la maison de Jean de Mussey (1). En face de l'Auditoire, sur la place, était une croix de pierre, qui fut refaite par le maître maçon Antoine Gratas (2). C'était sans doute à cet endroit qu'on exécutait les criminels; durant les guerres de la fin du siècle, on y avait élevé une estrapade et planté une potence pour effrayer les soldats (3).

La Grande rue renfermait deux puits, dont l'un était très profond et dont l'autre, le « grand puits », beaucoup moins profond, mais plus large, était situé à proximité de l'Auditoire, sans doute « au devant de l'hôtellerie du *Cheval Blanc* », elle-même voisine de l'hôtellerie de l'Ange (4). Tout au bas de la ville était la place de la *Fontaine*, où coulait la seule fontaine publique de Bar-le-Duc, à **33** ou **34** toises de la dernière porte de l'Armurier, c'est-à-dire à l'emplacement de la fontaine actuelle (5). L'eau en venait de la fontaine Bourrault, sur le bord de la rue de Véel, par la ruelle Dame Biétrix, la rue actuelle du Pâquis, entrait dans la ville par la Porte-au-Bois et descendait la Grande rue, par des cors de bois assemblés avec de la résine; elle ne manquait que dans les moments d'extrême sécheresse (6). L'emplacement de la fontaine était marqué par une croix; le bassin en était maçonné et la place qui la précédait pavée jusqu'au bout de la Porte de l'Armu-

(1) Comptes de 1554-55 et 1596 : *B. 556, Inventaire; B. 575*, f° 197. Cf. la vue de 1611. — Comptes de 1591 et 1592 : *B. 571*, f° 202 et *572*, f° 197 v°.

(2) *CC1*, comptes de 1573-1574, f°s 27 et 30.

(3) Cf. *Annales* citées du 13 juin 1618. — Comptes de 1588 et 1591 : *B. 570*, f° 171 et *571*, f° 203 et v°.

(4) D'après notre confrère, M. le lieutenant-colonel L'Huillier, ces deux puits étaient situés en face des n°s 15 et 18, le premier avait 180 pieds de profondeur et le second dut être comblé en 1645 : voir sa coupe dans Maxe-Werly, n° *31.972*. Délibération du 20 juillet 1705, *Ms. 214^{II}*, f° 625.

(5) Comptes de 1571 et 1595 : *B. 565*, f° 173 v° et *575*, f° 194.

(6) Comptes de 1545, 1595 et 1572 : *B. 549*, f° 211; *575*, f° 196 et *566*, f° 162 v°. — Comptes de 1574 et 1585 : *B. 568*, f° 197 et v°; *569*, f° 198. — L'eau manqua en septembre 1590 : *B. 571*, f° 197 v°.

rier (1). Ce pavé s'étendait, d'ailleurs, bien au-dessus de la place de la Fontaine, jusque vers l'Auditoire, c'est-à-dire dans la partie la plus difficile et la plus fréquentée de la Grande rue (2).

De cette artère principale partaient, comme aujourd'hui, vers la droite, quatre rues secondaires. La première et la plus longue de toutes était la *rue du Tribel*, qui commençait juste en face de la Porte-au-Bois. La maison située entre cette porte et la Tour Jurée était sans doute alors la demeure de l'official de Bar, avant de devenir l'hôtel de Salm; peut-être la maison voisine était-elle déjà celle du futur président des Comptes Jean Maillet (3). Nous savons, du moins, qu'à la fin du XVIe siècle la rue du Tribel était habitée par de grands personnages comme l'avocat Jean Maucornel, le prêtre Nicolas Gervais, Madame d'Inteville et peut-être les Lescamoussier; c'est pourquoi, sans doute, elle était en partie pavée (4). A l'extrémité inférieure de la rue, sans doute le plus près possible de la Halle et dans le voisinage de leurs propres maisons, était la place vague et assez exiguë où les bouchers avaient le droit de tuer leurs bêtes (5). Peut-être, sur le milieu de cette rue, donnait celle des *Grangettes*, où était au siècle précédent la « maison forte » ou « grande maison » de la Ville haute; mais ni la rue ni la maison ne figurent dans les documents du XVIe siècle (6).

(1) Comptes de 1588 : *B. 570*, f° 173; cf. plan de 1617. — Comptes de 1584 : *B. 569*, f° 190-1.

(2) Comptes de 1591 : *B. 571*, f° 202.

(3) Bellot-Herment, p. 364-5 et 329; cf. document de 1634 : *B. 271*, f° 20.

(4) Comptes de 1594 et 1584 : *B. 910*[1], f° 27 et *569*, f° 188 v°. On y trouvait des Lescamoussier dès 1525 : *B. 540*, f° 9.

(5) Lettres-patentes de 1575 et de 1576 : Arch. de Meurthe-et-Moselle, *B. 45*, f° 28 v° et Arch. de Meuse, *B. 2.972* (copie, *Ms. 1*[40], s. a.). Contrat de 1551 cité plus haut, p. 134, note 1. En 1630 on cédera, rue du Tribel, pour y construire, une place d'environ 12 toises carrées, « où les bourgeois de la Ville souloient par ci-devant faire la tuerie de leurs bêtes » : *B. 262*, f° 109 v°.

(6) Acquit de la moitié de « la maison forte » de la Ville haute, lieu

Parallèlement à la rue du Tribel devaient se trouver les rues du Paradis et du Four. Nous n'avons pas trouvé le nom de la première, qui n'était évidemment qu'une ruelle, mais nous savons que, du XVIe au XVIIe siècle, il y eut, derrière l'église Saint-Pierre, une maison tenue en fief du duc et appelée « le Paradis », entre la place de l'Église et la Grande rue, c'est cette maison qui a évidemment donné son nom à la rue; quant à la *rue du Four*, que les documents signalent un peu plus tard et qui correspond à la rue actuelle du Musée, elle faisait également communiquer la rue et la place, limitait la Halle au Sud (1) et tirait évidemment son nom de ce qu'elle renfermait le four banal, qui était ainsi voisin des pressoirs.

L'église, ou plutôt la collégiale *Saint-Pierre*, fondée au XIVe siècle, était à peu près achevée vers la fin du XVIe; elle comprenait alors une façade ogivale du début du siècle, et à l'intérieur de nombreuses chapelles : on trouvait à droite, en se dirigeant vers le chœur, les chapelles des Fonts érigées au début du siècle, la chapelle Notre-Dame-de-la-Pitié, la plus vaste, les chapelles Sainte-Anne, Saint-Sauveur et Sainte-Madeleine, datant toutes du premier quart du siècle; à gauche, en allant du chœur au clocher, la chapelle Sainte-Marguerite, voisine de la maison du doyen, rebâtie vers le début du siècle, la chapelle de la Résurrection fondée vers la fin (2). L'intérieur en était fort orné; on y trouvait de beaux fonts baptismaux et on y admirait sans doute déjà le crucifix de Ligier-Richier. L'église était surmontée d'un clocher renfermant trois cloches (3).

Devant l'église s'étendait la *place Saint-Pierre*, où une

dit derrière les Granges, sise en la Halle, lieu dit les Grangettes, 1453, et vente d'une moitié de « la Grande maison » de Bar : *B. 229*, f° 23 et 115 v°; *264*, f° 179.

(1) Aveux de 1514 et 1543 : *B. 228*, f° 228 ; désaffectation en 1631 : *B. 269*, f° 231 : — Aveux de 1625 : *Ms. I*[13], s. a. 1626.

(2) Chanoine Aimond, L'Église Saint-Étienne, ancienne collégiale Saint-Pierre de Bar-le-Duc, *Mémoires de la Société*, 1911, p. 167-8, 221, 181, 243, 249-50, 246, 244-5, 183, 251.

(3) *Id.*, p. 266; *Annales de Bar*, aux 25 avril 1584 et 23 juillet 1602 : *Ms. 53*, p. 11 et 101.

terrasse avait été déblayée depuis le milieu du siècle; de cette place partait la rue appelée tantôt *rue Saint-Pierre*, tantôt « rue descendant de la Halle » (1). Là s'élevaient certainement de riches et belles maisons, comme celle que possédait, vers le milieu du siècle, l'avocat fiscal Jacques Drouin et qui allait jusqu'au Tribel, celle que Claude Chebillon, valet de chambre du cardinal de Lorraine, avait à l'angle de la rue et de la place et dont il égalisa les deux étages jusqu'alors en encorbellement, sans doute aussi la belle maison située à l'angle de la rue du Four, où se trouve aujourd'hui le Musée et qui était peut-être occupée à la fin du XVIe siècle par Jean de Florainville (2). A la rue Saint-Pierre faisait suite la *rue Chavée* : à côté de maisons assez ordinaires, habitées par de petites gens, elle devait, à ce moment même, s'embellir des hôtels qui portent encore aujourd'hui les dates de 1578 et 1583 et de celle de la place de la Fontaine qui ont toujours leurs étages surmontés par des cordons de pierre en torsade; c'était évidemment les demeures de gros personnages, comme Jean Preudhomme qui habitait à la jonction des rues Chavée et Saint-Pierre (3).

§ 2. — *Le Château.*

Après avoir traversé les fossés sur un pont-levis, on arrivait de la Halle au Château par la *Porte du Baile*, ainsi nommée de ce qu'elle menait à la première enceinte; cette entrée était double, la première de ses portes donnant du côté du Château, la seconde, ou « porte du Baile

(1) Aimond, *o. c.*, p. 187, note 1. Comptes de 1564, 1599 et 1583 : *B. 561*, f° 133; *911^{3}*, f° 27 et *874*, f° 63.

(2) Acte de 1543 : *B. 228*, f° 228. — Lettres-patentes de 1561 : Arch. de Meurthe-et-Moselle, *B. 33*, f° 324 v°. — Le 28 décembre 1628, la veuve de Jean de Florainville reconnaît tenir en fief du duc « une maison sise en la place Saint-Pierre », entre deux personnes d'une part et la rue du Four de l'autre : *Ms. I^{48}*, s. a. 1626.

(3) Démoget, *art.* cité, p. 15, 10 et 16. — Compte de 1595 : *B. 910^{3}*, f°s 32 v°-33 v°.

du côté d'en haut », « vers la Ville haute » (1). Cette dernière paraît avoir été la plus importante : son portier, Jean Prinsay, était en même temps le fontainier du château, sans doute parce que la fontaine qui alimentait celui-ci passait par la porte ; il habitait avec l'apothicaire du duc « la maison et tour du fontenier » située au Baile (2). Cette tour, construite par les habitants des villages voisins, Savonnières, Combles et Véel, dont les descendants mâles furent, pour cette raison, exemptés du droit de chinerie, était au moins aussi considérable que celle de l'Horloge, à laquelle elle répondait au Sud-Ouest (3). Comme la plupart des tours du Château, elle portait différents noms : *Tour du Baile*, pour sa situation, *Grosse Tour*, pour ses dimensions, *Tour Ronde* pour sa forme, *Tour des Prêtres*, pour des raisons anciennes (4). Elle était défendue, du côté des fossés, par un boulevard à canonnières avançant le long de la rue de Véel depuis la Porte Phulpin jusqu'à l'extrémité Nord-Ouest de la butte du château (5).

A cette extrémité, à l'endroit où le Baile faisait un saillant en arc de cercle, se trouvait la *Porte de la Carole* ou « Porte de la Côte de l'École », qui faisait communiquer le Château avec le Bourg par la Côte de l'École ou Côte des Prêtres. Cette porte était également double et comprenait, entre ses deux parties, la « maison et boutique » de « l'artillier » Jean Phillebert, ce qui la faisait aussi nommer « Porte l'Ar-

(1) Compte de 1511 : *B. 617*, *Inventaire* imprimé. — Compte de 1573 : *B. 567*, f°s 24 et 139 ; Rosières, *ms.* cité, f° 508 v°. Sur le sens du mot *baile*, v. Godefroy, *Dictionnaire*, *s. v.*, et Konarski, p. 266.

(2) Compte de 1584 : *B. 569*, f°s 139 v°, 187 et 29 v°.

(3) *Id.*, f° 40 v° ; cf. comptes de 1451-52 : *B. 500*, *Inventaire* et Renard, Le château de Bar.... *Mémoires* de la Société, 3e sér., t. V (1896), p. 17. — Miroualt, *Notes sur l'ancien château de Bar*, p. 7.

(4) Comptes de 1585, 1584, 1572 et 1652 : *B. 569*, f°s 201 et 187 ; *566*, f° 161 et *661*, *Inventaire*. Renard, p. 27, l'avait donc bien identifiée, tandis que Konarski, t. I, p. 259, s'est trompé sur elle : ce qu'il appelait « Tour des Prêtres », est peut-être « la Tour appelée le donjon de derrière l'église » des comptes de 1569 : *B. 267*, f° 121.

(5) Konarski, t. I, p. 218-22.

tillier » (1). Elle était d'abord couverte d'une galerie que l'on diminua ensuite; sa défense était assurée par une forte tour, appelée la *Tour Carrée* ou la *Tour Noire* à cause de sa forme et de son ancienneté : cette tour, voisine de la Conciergerie, ne paraît plus guère avoir servi que de prison civile, comme la Tour Jurée de prison criminelle, et parfois les prisonniers en perçaient également les murs (2).

Un boulevard reliait à cette tour et entourait celle qui portera plus tard le nom de *Tour Valéran*, *Tour Ronde* ou *Belle Tour;* on l'appelait au XVIe siècle *Tour du Donjon* ou *des Armes* parce qu'elle servait d'arsenal; on y mettait notamment les arquebuses à croc (3). Après une suite de bâtiments surplombant une côte à pic et bordés aussi parallèlement par un boulevard, se trouvait la *Tour de l'Horloge* ou du couvre-feu, correspondant du côté du Nord-Est à la Tour du Baile et, comme elle, dominant le jardin du château; à la fin du XVIe siècle, la Tour de l'Horloge avait tant d'importance qu'on l'appelait quelquefois « la tour du Château ». On l'avait élevée d'un étage au commencement du siècle et restaurée dès 1571; en 1588, on en refit complètement les charpentes de l'intérieur et de la toiture et on recouvrit complètement celle-ci (4). La cloche de l'horloge, refondue en 1554 par deux fondeurs de Germainvillers et pesant 1.022 livres, avait eu pour marraine Marie, sœur de Gilles de Trèves, le futur doyen de Saint-Maxe; elle était soutenue par un « travail » composé de deux bras de 15 pieds, appuyés à une poutre de 20; le gros et le moyen poids de l'horloge pendaient à des cordes

(1) Le mot *Carole* paraît signifier un entourage circulaire. Godefroy, *Dictionnaire*, s. v. Konarski, p. 274; comptes de 1549-50, de 1571, 1574 et 1584 : *B. 553, Inventaire; 565*, f° 173 v°; *568*, f° 194 et *569*, f°s 189 v° et 27

(2) Comptes de 1573 et 1590 : *B. 567*, f° 192 v° et *571*, f° 201. — Miroualt, p. 6; Konarski, t. I, p. 278. Comptes de 1646 et 1591 : *B. 655, Inventaire* et *572*, f° 194 et v°.

(3) Miroualt, p. 5; Konarski, t. I, p. 280-1. Comptes de 1594 et 1591 : *B. 573*, f° 183 v° et *572*, f° 194.

(4) Comptes de 1506-7 et 1571-72 : *B. 530* et *566*, *Inventaire* imprimé. — Comptes de 1588. *B. 570*, f°s 173 v° et 174 v°

de chanvre longues toutes deux de 20 toises et épaisses, l'une d'un pouce, l'autre de un doigt (1). L'entretien de l'horloge était assuré, pour une durée de quatre ans, par le serrurier et horloger du château, Joachim de la Garde, véritable fonctionnaire qui régla l'heure des Barrisiens depuis 1560 jusqu'à la fin du siècle (2).

De la Tour de l'Horloge, l'enceinte du Château rejoignait la Porte du Baile en dessinant vers la Halle une courbe légèrement convexe; cet arc de cercle était divisé en trois parties presque égales par deux tours, dont la première avait été la « tour du Sarrier » ou serrurier, et dont on ignore le nom de la seconde; au XVIe siècle, ces deux tours paraissent avoir perdu leur ancienne importance, car on ne les appelle que les « tours du jardin du château » et la seconde est plus particulièrement nommée la tour « joignant la porterie du jardin du Château » (3). Ce dernier était séparé de la Halle par un fossé profond de 35 pieds, où les Barrisiens faisaient des jardins, bâtissaient des étables et même de petites maisons en temps de paix; au moment où il craignait la guerre avec la France, Charles III commanda au bailli de Bar d' « accommoder le pied de la muraille du côté de la Ville haute depuis la Tour de l'Horloge jusqu'au pont-levis » de la Porte du Baile et l'on dut évidemment faire disparaître jardins et constructions (4).

A l'intérieur des murailles se trouvait le château proprement dit et le jardin. Le château comprenait, du côté de la rue de Véel et de la Ville basse, deux groupes de bâtiments séparés par des cours; ces cours étaient elles-mêmes partagées par l'église Saint-Maxe en une Grande et une Petite cour. Quand on avait traversé le fossé par un

(1) Renard, p. 11 (d'après le registre capitulaire *G*1, f° 222 v°). — Comptes de 1588 cités ci-dessus et de 1574 : *B. 568*, f° 195 v°.

(2) Comptes de 1593 : *B. 573*, f° 183. — Lettres-patentes de 1560 : Arch. de Meurthe-et-Moselle, *B. 33*, f° 211.

(3) Konarski, p. 283-4. — Comptes de 1593 et 1576 : *B. 267*, f° 124 v° et *567*, f° 193.

(4) Comptes de 1570 : *B. 865*, f° 63 v° et *874*, f° 60. — Lettres du 26 juillet 1589 : Arch. de Meurthe-et-Moselle, *B. 10.385*, f° 72.

pont-levis, on entrait dans la *Grande Cour* par la porte principale, à l'emplacement de la « Belle Porte » actuelle, qui date du XVIIIe siècle ; cette porte, située « au bout bas du Baile » du Château, fut refaite, un peu avant la fin du siècle, en pierres de taille avec des matériaux empruntés à d'anciens bâtiments du château et devint une « neuve porterie », sans doute plus solide et plus élégante que l'ancienne (1). La Grande Cour, à peu près carrée, avait environ 28 toises 1/4 de côté ; elle était pavée sur toute son étendue (2).

A gauche de cette cour, du côté de la Ville basse, se trouvaient les anciens bâtiments et leurs dépendances. Ils comprenaient des salles d'apparat et une chambre réservée au duc. La première de ces salles publiques était la Grande Salle ancienne, devenue la *Salle des États*, la plus vaste de toutes, car elle avait au moins 44 pieds de long, les documents la distinguent toujours de la Salle carrée et de la Grande Salle et l'appellent la *Chambre du Commun*, la *Salle commune* ou simplement la *Salle du Château* ; elle était, semble-t-il, voisine de la *Salle carrée* ou *Salle des Assises*, ainsi appelée en raison de sa forme et de sa destination (3). Une allée pavée conduisait à cette Salle commune, qui était éclairée au Nord, du côté du Jeu de Paume, par plusieurs croisées à châssis, ferrées et à losanges, et chauffée par une grande cheminée sur la largeur de laquelle régnait un contrefeu de pierres bises ; le foyer était pavé et le reste de la salle recouvert d'un plancher (4). A cette salle attenait l'ancienne « tournelle », escalier à vis qui permettait d'accéder à la fois au-dessus

(1) Konarski, p. 277. — Comptes de 1590 : *B. 571*, fos 200, 201 et vo.

(2) Comptes de 1584 : *B. 569*, fos 188 vo et 189.

(3) Miroualt, p. 9 ; Renard, p. 24 ; Konarski, p. 364. Comptes de 1574 et 1573 : *B. 568*, fos 192 vo, 196 et vo ; *747*, fo 90. — « La Salle carrée où se tiennent les Assises », « la Salle carrée appelée la Salle des Assises ». Comptes de 1584 et 1597 : *B. 569*, fo 187 et *627*, fo 120 vo. Déjà Renard, p. 24, avait vu juste contre Konarski, p. 369.

(4) Comptes de 1597, 1592 et 1584 : *B. 627*, fos 121 et 122 ; *B. 572*, fo 197 vo et *569*, fo 187.

et au-dessous, jusqu'au Jeu de Paume et sans doute à la cave voûtée que, dans les dernières années du siècle, l'on établit sous la *Salle des Assises* (1). Celle-ci était séparée de la Grande Salle par l'escalier et par une allée, fermée par un grand huis et éclairée par une grande fenêtre d'égale largeur (2). La *Grande Salle*, qui prenait jour sur le Bourg par des fenêtres à vantaux percées dans une muraille de trois pieds d'épaisseur, était la salle d'apparat pour les réceptions du souverain; comme elle était située au bout du garde-manger et près des cuisines, elle devait surtout servir aux festins (3). C'est sans doute dans son voisinage que se trouvait la *Salle des Chambellans*, qui s'ouvrait au rez-de-chaussée, sur la grande cour, à 15 ou 17 toises environ du grand puits (4).

En dehors des bâtiments, du côté du Bourg, était le *Jeu de Paume* ou « tripot », construit sous la Salle des Assises et la Grande Salle. En 1571, on en releva la terrasse avec de la terre et du ciment, on la consolida avec de la pierre de Trémont et des pavés renforcés et, par deux fois, le peintre du duc, Claude Gilbert, en noircit à la colle les murailles intérieures ; il y existait une chambre avec croisées et toit en briques, qui permettait sans doute de jouer à la courte paume en dépit des intempéries (5). Le maître du Jeu de Paume ou « paumier » habitait au château; son office était à la nomination du duc (6).

Au delà de ces salles publiques étaient les appartements privés. « Le corps de logis » du duc comprenait au moins trois pièces, qui donnaient toutes sur une grande allée

(1) Miroualt, p. 10. C'est évidemment la petite tour marquée sur le tableau du Calvaire. Comptes de 1597 et 1598 : *B. 627*, f°s 121 et 123.

(2) Comptes de 1592 et 1584 : *B. 572*, f° 198 et *569*, f° 185 v°.

(3) Comptes de 1584 et 1591 : *B. 569*, f°s 185 et 191 ; *571*, f° 203 v°. Konarski, p. 371.

(4) Comptes de 1591 et 1597 : *B. 571*, f° 202 et *627*, f° 121.

(5) Comptes de 1575, 1585 et 1588 : *B. 565*, f°s 170 et v°, 172 et v° ; *569*, f° 195 et *570*, f° 175. Cf. comptes de 1493-94 : *B. 845*, *Inventaire imprimé*.

(6) Comptes de 1573 et 1587 : *B. 567*, f° 192 v° et *570*, f° 170. — Lettres-patentes de 1560 : Arch. de Meurthe-et-Moselle, *B. 33*, f° 196 v°.

ou galerie bordant la cour; cette galerie aux murs blanchis était d'abord assez obscure, jusqu'à ce qu'on l'éclairât par des lucarnes en forme de flamandes qui furent décorées de panneaux de verre neuf « façon de moresque », assez bas à l'origine et qu'on rehaussa ensuite (1). La première pièce était la *salle* ou chambre du duc, « communément appelée la Nouée » ou la Novée (2); « un pan de muraille de carreau et pierre de taille », percé d'une grande fenêtre au-dessus de la grande porte, la séparait de la galerie; une vaste cheminée la chauffait (3). La seconde pièce, qui était contiguë à la chambre, était la « sallette » ou *antichambre* du duc, éclairée, semble-t-il, par des lucarnes et ayant une toiture lambrissée; ces deux pièces paraissent avoir été respectivement prolongées par un cabinet couvert d'ardoises, contenant un comptoir avec « une table en noyer pour servir d'autel » et par une garde-robe pour le duc (4). A ces pièces attenait peut-être le *bureau* situé au-dessus des cuisines (5). La dernière pièce, voisine de l'office, était la salle à manger du duc, éclairée de quatre fenêtres en lucarnes, garnie d'un plancher et d'une énorme cheminée (6). Enfin, près de l'allée et de la chambre du duc courait, dans « la tour de la vis », un escalier qui menait aux chambres et au galetas du second étage (7).

Le corps de logis du duc paraît avoir été continué au-dessus des cuisines et jusqu'au jardin par le « logis » ou « pavillon » du marquis de Pont-à-Mousson Henri, son

(1) Comptes de 1595 : *B. 575*, f° 193 v°. — Comptes de 1584, 1585, 1595 et 1597 : *B. 569*, f° 200, 184, 196 et v°; *575*, f° 195 v° et *577*, f° 45.

(2) Comptes de 1584 : *B. 570*, f° 169.

(3) Comptes de 1592 et 1584 : *B. 572*, f° 198; *569*, f°s 184 et 187. — Comptes de 1595 : *B. 575*, f° 194 v°.

(4) Mêmes comptes, f° 196. — Comptes de 1574, 1585 et 1590 : *B. 568*, f° 192; *569*, f° 198 v° et *571*, f° 199.

(5) Comptes de 1584 : *B. 569*, f°s 194 v° et 195.

(6) Comptes de 1595 et 1596 : *B. 574*, f° 185 et *575*, f°s 193 v° et 196 v°.

(7) Comptes de 1595 : *B. 575*, f° 193 et v°. On voit cette tour sur le plan de 1617 et sur la vue du Calvaire.

fils aîné (1). Comme ce premier corps de logis, il comprenait au moins un étage et toutes les pièces étaient précédées d'une allée (2). Au rez-de-chaussée se trouvait une cuisine, puis la chambre du gouverneur du prince, M. de Beauveau, renfermant une cheminée aux armoiries taillées en relief; au premier étage, il y avait une panneterie, un bureau et un oratoire au-dessus de la cuisine, puis, au-dessus de la chambre du gouverneur, venait celle du marquis, dont le manteau de la cheminée portait « en grand les armoiries écartelées »; cette chambre était précédée d'une antichambre et suivie de cabinets recouverts de planches (3). A la fin du siècle, ce pavillon fut occupé par le bailli pendant qu'on en préparait un autre pour le marquis, qui allait devenir duc de Bar (4).

Sans doute, les autres fils du duc reçurent leur appartement séparé, à mesure qu'ils avançaient en âge; nous en ignorons l'emplacement, mais nous supposons qu'ils étaient voisins des précédents. C'est ainsi que le comte François de Vaudémont, second fils du duc, avait « au pied du château », le long de la muraille et sans doute auprès de celui du marquis, un corps de logis comprenant une « chambre haute », c'est-à-dire un étage, tandis que le cardinal Charles de Lorraine, troisième fils du duc, n'avait qu'une chambre avec une « galerie ou allée »; depuis longtemps, le marquis de Chaussin, parent des princes lorrains, avait, peut-être sous les toits et par suite au-dessus de la chambre du cardinal, un logement ou plutôt une chambre (5). Ces logements des frères du mar-

(1) Comptes de 1585, 1593, 1595 et 1597 : *B. 569*, f°s 184 v°, 198 v°, 194 v° et 195; *573*, f°s 183 v° et 185 v°; *574*, f° 183 v° et *577*, f° 45.

(2) Comptes de 1588 : *B. 570*, f° 171.

(3) Comptes de 1592, 1584 et 1587 : *B. 572*, f° 200; *569*, f°s 194 v°, 195 et 191 v°; *570*, f° 171. — Mêmes comptes : *B. 572*, f°s 197 v° et 200 et *569*, f°s 186 v° et 197.

(4) Comptes de 1594 et 1595 : *B. 574*, f° 183 et *575*, f° 193 v°.

(5) Comptes de 1593, 1592, 1595 et 1588 : *B. 573*, f° 183 v°; *572*, f° 200; *574*, f° 185; *575*, f° 196 v° et *570*, f° 171 v°. — Comptes de 1584 et 1587 : *B. 569*, f°s 196 v° et 197 v°; *570*, f°s 170 et 175.

quis furent augmentés en même temps que le sien ; quand il obtint dans le Neuf-Logis, situé en face, un pavillon à double étage, le comte eut une garde-robe, le cardinal une antichambre et ces deux pièces reçurent un plancher (1).

Outre ces appartements destinés aux hommes, le château comprenait, pour les femmes, des logements qui en étaient sans doute voisins. La duchesse Claude avait eu tout un « corps de logis » avec galerie, salle, antichambre et garde-robe et au moins deux cabinets ; les châssis des fenêtres en étaient « accoutrés de verre et papier », pour garantir du froid. Ce corps de logis était évidemment contigu à celui de Charles III, puisque la duchesse avait fait établir un autel dans le cabinet de son mari ; aussi ce logis dut-il passer au marquis après la mort de sa mère (1575) (2). A la différence de leurs frères, les filles du duc ne paraissent avoir eu qu'un appartement commun, car les documents parlent de « la chambre des filles », sans jamais spécifier (3).

Entre les bâtiments publics et privés étaient disposés les offices et les cuisines du château, situés au rez-de-chaussée et surmontés de logements pour le personnel (4). On trouvait sans doute successivement, comme plus tard, la cuisine voûtée, l'échansonnerie, le grand four et le puits (5) ; mais nous n'avons de détails que sur l'emplacement et surtout le fonctionnement de quelques-uns de ces bâtiments ou de ces offices. La boulangerie et la pâtisserie étaient, avec la chambre à four, situées près de la Petite Cour (6). La *Grande Cuisine* renfermait plusieurs cheminées, dont la plus vaste, protégée par un contrefeu de carreaux neufs, avait un âtre cintré de 15 pieds de long

(1) Comptes de 1597 : *B. 627*, f°s 120 et 121.

(2) Comptes de 1572, 1584 et 1588 : *B. 566*, f° 162 ; *569*, f° 198 v° et *570*, f° 175.

(3) Comptes de 1592 et 1595 : *B. 572*, f° 200 et *575*, f° 192 v°.

(4) Comptes de 1573 : *B. 567*, f° 196.

(5) Miroualt, p. 10-11. Cf. le plan de Konarski, p. 256.

(6) Comptes de 1584, 1595 et 1596 : *B. 569*, f°s 185 et 189 ; *575*, f°s 195 et 197 v°.

sur 4 1/2 de large (1). C'est dans cette cuisine que l'eau de la fontaine Bourrault arrivait depuis la chancellerie par des cors en bois de 200 pieds de long sur 1 de face; « pour garder le passage vif », on avait ajusté ces corps à deux grandes pierres de Trémont creusées jusqu'au « robin de la cuisine » (2). Auparavant, on tirait l'eau d'un *puits* situé sur le bord de la cour, à côté et au nord de Saint-Maxe et qu'on avait enfermé dans une chambre spéciale par une forte porte, garnie d'une serrure et d'un « bracon » ou pièce de bois; on y puisait l'eau avec des seaux pendant à une corde ou à une chaîne de 30 pieds, qu'on remontait en tournant une roue attachée à un arbre à tourillon (3). On n'employait, d'ailleurs, ce puits que dans les moments de grande sécheresse ou lorsqu'on redoutait un siège; pour parer à toute éventualité, on avait établi une vaste citerne dans la grande cour, près de la muraille (4). C'était sans doute au-dessus des cuisines que logeait le grand maître ou maître d'hôtel, M. de Bovigny, et le garde de vaisselle (5). L'*échansonnerie*, dirigée par le mutier ou tonnelier, formait un logis spécial, sans doute au-dessus et auprès des caves principales (6). Il y avait, en effet, plusieurs caves, dont la *Grande Cave* située, semble-t-il, dans le voisinage des cuisines et une autre près de la Grande Galerie, c'est-à-dire en arrière, près du jardin; on y faisait descendre les tonneaux à l'aide de deux énormes cordes pesant chacune 38 livres (7). Plus tard, quand on agrandit les apparte-

(1) Comptes de 1584 : *B. 569*, f°s 186 et 191.

(2) Comptes de 1597 et 1571 : *B. 627*, f°s 121 v° et 122 et *566*, f° 169.

(3) Comptes de 1584 et 1588 : *B. 569*, f°s 193 v° et 198 et *570*, f° 175; cf. D. Calmet, *Notice de Lorraine*, p. 84 et Miroualt, p. 11. — Comptes de 1590, 1591, 1592 et 1595 : *B. 571*, f°s 197 v°, 198, 200, 201 et 203 v°; *572*, f°s 196 et 197; *574*, f° 184 v° et *575*, f° 195.

(4) Comptes de 1584 : *B. 569*, f° 192.

(5) Comptes de 1574, 1588 et 1590 : *B. 568*, f° 194; *570*, f° 173 v° et *571*, f° 199 — Comptes de 1584 : *B. 569*, f° 139.

(6) Comptes de 1584 et 1573 : *B. 569*, f° 140 et *567*, f° 193.

(7) Comptes de 1588 et 1593 : *B. 570*, f° 173 v° et *573*, f° 183 v°. — Comptes de 1584 : *B. 569*, f° 184 v°.

ments du château, on creusa de nouvelles caves; l'une d'elles, située sous la Chambre des Chambellans, fut peut-être appelée cave Bertrand, l'autre, placée sous la Salle des Assises, était maçonnée et voûtée; elle paraît avoir été la plus considérable et la meilleure (1).

A ce premier groupe de bâtiments correspondait, à droite de la Grande Cour, une aile encore plus irrégulière formant les bâtiments du domaine. Une grande porte de bois ornée d'une voussure et surmontée d'un petit toit séparait cette Grande Cour d'une petite cour pavée qui précédait la *Conciergerie* (2). Ce bâtiment servait, comme la Tour Jurée, de prison criminelle, mais il était moins important et nous le connaissons beaucoup moins : nous savons seulement qu'il avait un étage, comprenant la cuisine, le garde-manger et sans doute l'habitation du gardien, et que deux chambres pavées constituaient la prison qui devait se trouver au rez-de-chaussée; les murailles en étaient peu solides, car les prisonniers les rompaient de temps en temps (3). Derrière « le corps de logis de la *Conciergerie* » était un jardin assez grand; peut-être s'en trouvait-il un plus petit du côté de la cour (4). Le concierge, comme les portiers des principales portes, était nommé par le duc (5).

Sur la Grande Cour, entre la *Conciergerie* et la Grande Porte, était le corps du logis, où demeurait « le portier de la Porte du Château », Jean Prinsay, en même temps huissier de la Chambre des Comptes (6). Son logement comprenait une cave, un rez-de-chaussée avec cuisine à plancher et une « chambre haute »; le concierge avait,

(1) Comptes de 1597 : *B. 627*. fos 121, 122 et vo, 124.

(2) Comptes de 1573, 1588, 1595, 1584 et 1597 : *B. 567*, fo 196; *570*, fo 171 vo; *575*, fos 194 et 197 vo; *569*, fos 187 et 189 et *627*, fo 120 vo.

(3) Comptes de 1572 et 1595 : *B. 566*, fo 161 vo et *575*, fos 195 vo, 192 et 194.

(4) Comptes de 1595 et 1596 : *B. 575*, fos 192 vo et 196 vo.

(5) Lettres-patentes de 1583 : Arch. de Meurthe-et-Moselle, *B. 52*, fo 112 vo.

(6) Comptes de 1574, 1584 et 1591 : *B. 568*, fos 195 vo et 196; *569*, fos 136 vo et 189 vo; *571*, fo 201 vo et *572*, fo 194 vo.

semble-t-il, par derrière un jardin particulier, auquel il descendait par un escalier de huit marches [1]. Nous n'avons trouvé à peu près aucun renseignement sur la Chambre des Comptes elle-même, dont la façade, sculptée en 1523 et qui existe encore en partie, présente un spécimen si curieux d'architecture locale ; il n'est pas question du « Petit Trésor » des Chartes et presque pas de la Chambre ou Salle d'audience [2]. Nous savons seulement que le bâtiment avait plus d'une porte d'entrée et que la pièce principale, évidemment la salle, renfermait une grande cheminée avec une grande taque [3]. Au contraire, les documents abondent sur les dépendances de la Chambre des Comptes : comme la *Conciergerie*, elle était précédée d'une cour et suivie d'un jardin auquel on arrivait par un escalier droit ; l'huissier y entretenait, contre les murs du bâtiment, à grand renfort de montants et de perches, des treilles de muscadets et de chambrets ainsi que des rosiers et d'autres « plants venus de Provence », qu'il faisait recouvrir de terre grasse [4].

D'autres bâtiments faisaient suite à la *Conciergerie* et à la Chambre des Comptes. Charles III, trouvant évidemment trop restreints ceux de l'aile primitive, avait fait construire en face, vers 1566, un nouveau bâtiment nommé le *Neuf logis* [5]. Nous n'en connaissons pas la disposition, parce que presque tous les registres de cette époque sont perdus ; nous savons seulement que le Neuf logis était composé d'un rez-de-chaussée et d'un étage et qu'on y ajouta en 1574 des cabinets d'aisances, construits « à l'endroit du

(1) Comptes de 1584, 1592 et 1595 : *B. 569*, f° 192 ; *572*, f° 198 v° et *575*, f° 196.

(2) V. sur elle Schimberg, *Recherches sur la Chambre des Comptes* du duché de Bar, 1908, p. 92 ; sur sa façade, Démoget, p. 12-13, d'après les comptes de 1523 : *B. 539*, *Inventaire.*

(3) Comptes de 1594 et 1571 : *B. 573*, f° 187 v° et *565*, f° 172 v°.

(4) Comptes de 1596 : *B. 575*, f° 197 v°. — Comptes de 1570, 1576, 1589, 1594 et 1599 : *B. 745*, f° 78 ; *748*, f° 131 ; *749*, f° 81 ; *574*, f° 171 v° et 186 et *578*, f° 45 v°.

(5) Renard, p. 99.

Baile », c'est-à-dire du côté opposé à la cour (1). Destiné à s'ajouter aux autres et à servir en cas de besoin, ce bâtiment n'avait pas de destination précise : les chambres du rez-de-chaussée et de l'étage, après avoir été un arsenal, devinrent un grenier, d'abord à grain, puis à sel; lors du séjour des ducs à Bar, on y mettait les châlits, peut-être pour y loger des gens de la suite du prince (2).

Au delà du Neuf logis était la « Chambre des Prêtres », et « le corps de logis du doyen de Saint-Maxe » ou *doyenné*, qui comprenait au moins trois pièces, dont la première était l'écritoire ou cabinet de travail, la seconde la Chambre et la dépense, éclairées chacune par une fenêtre donnant sur le Baile, la dernière l'habitation des chapelains (3). En face de ces logements, entre la Grande et la Petite Cour, se trouvait la *Collégiale Saint-Maxe*. C'était un bâtiment assez petit, qui avait la forme d'une croix latine, et comprenait une grande nef et trois nefs secondaires (4). La collégiale Saint-Maxe était l'église des ducs de Bar, dont elle renfermait les tombeaux; aussi était-elle la plus richement dotée et la plus magnifique de toute la ville : on y trouvait de nombreuses chapelles, comme celles du Saint Esprit, de Saint-Jean-Baptiste et de Saint-Étienne (5). Les principales étaient à gauche, les chapelles de Notre-Dame, comprenant celles de l'Annonciation, de la Conception, de l'Assomption et de la Pitié (6); la plus remarquable était, à droite, au fond, la chapelle des Princes, érigée en 1549 pour les tombeaux des ducs par le doyen Gilles de Trèves sur les plans de

(1) *B. 568*, f° 194 et 196.

(2) Comptes de 1568 et 1591 : *B. 863*, f° 90 et *571*, f° 202 v°. — Comptes de 1585 : *B. 569*, f° 197.

(3) Comptes de 1594 : *B. 573*, f° 186; autorisation de 1569 : *267*, f° 121. Miroualt, p. 15; Renard, p. 14 et Konarski, p. 484.

(4) V. surtout Renard, p. 161 et s., et plan d'après Montluisant, 1756, dans Maxe-Werly, *31.972*, carton : le Château.

(5) Registre capitulaire : G^1, f° 331 v° et 339; comptes de 1590 et 1583 : *B. 571*, f° 16 et *873*, f° 88.

(6) Même registre et comptes de 1590 : *B. 571*, f° 15; G^1, f° 292 v°, 293 et 334 v°.

Ligier-Richier, dont l'autel portait une Annonciation, œuvre du grand sculpteur, qui faisait l'admiration de Montaigne. La sacristie, reconstruite par le doyen sous la direction du même artiste, renfermait, entre autres objets précieux, la châsse de saint Maxe, le palladium de la cité barrisienne, et les chartes de la collégiale. L'église, assez enfoncée, était surmontée d'un clocher élevé, dominé par une flèche élancée, terminée elle-même par une croix dorée visible au loin, du plus gracieux effet (1); le clocher renfermait quatre cloches et était recouvert, ainsi que la toiture de l'église, de tuiles creuses et plates (2).

Cette église était réunie à l'oratoire du duc par une galerie qui séparait la Grande de la Petite cour; cette dernière, ou « Cour derrière Saint-Maxe », était d'abord assez étroite et fut ensuite élargie (3). Au fond de cette cour, entre la collégiale et le jardin, était un pavillon contenant les dépendances de l'habitation ducale, comme la « neuve cuisine » et, semble-t-il, une garde-robe (4). Depuis ce bâtiment jusqu'au corps de logis du marquis et, par suite, en bordure du jardin, était une galerie où le maître maçon Antoine Gratas avait exécuté, en mars 1585, sans doute pour la supporter, « quatre colonnes de l'ordre dorique avec leur piédestal » (5). Enfin, perpendiculairement à cette galerie et le long du boulevard tirant à la Tour de l'Horloge, était la « Grande galerie du jardin », couverte d'une toiture d'ardoises où était creusée une cuvette et percée du côté des Buttes, c'est-à-dire à l'extérieur, de lucarnes ou flamandes. La Grande galerie était surmontée d'un étage servant de grenier; cet étage était fermé sur toute la longueur et à l'extrémité de six ventillons, destinés à empêcher la neige d'entrer; de l'extrémité orientale de la galerie un pont de planches oblique ou

(1) Miroualt, p. 20-24; Renard, p. 162-75.

(2) Registre capitulaire, années 1567 et 1575 : G^1, f° 294 et 325.

(3) Comptes de 1584 : *B. 509*, f° 185, 189, 191 et v°.

(4) Comptes de 1574, 1585 et 1594 : *B. 508*, f° 198; *509*, f° 201 et *573*, f° 185 v°.

(5) Comptes cités : *B. 509*, f° 201.

anglet conduisait à l'horloge (1). Au-dessous de cette galerie se trouvait l'écurie, qui servait, au besoin, de cellier pour les fruits et de serre pour les plantes et où on descendait par une rampe en pente douce (2); les chevaux attachés par des longes et des cordeaux et séparés par des boutants fixés au mur par des barres, recevaient dans des râteliers l'avoine conservée dans le grenier (3).

Entre ces deux galeries, le Baile et les fossés de la Ville haute, s'étendait le *jardin*, nommé « Grand jardin du Château », sans doute par opposition à celui de la Chambre des Comptes (4). On y entrait par différentes portes, dont la principale, la *Grande porte*, ou « porterie de la première porte du jardin », avait été bâtie, d'après les plans fournis par la Chambre des Comptes, par le maître maçon Antoine Gratas, assisté du maître charpentier Nicolas Du Hamel, du menuisier Jean Lallemand et du maître serrurier Joachim de la Garde ; cette porte était voisine d'une tour, évidemment la tour anonyme qui se trouvait entre la Tour du Sarrier et la Tour du Baile, et prenait sur la rue du Baile actuelle (5). Le jardin proprement dit comprenait plusieurs allées et au moins deux parterres ; comme dans celui de la Cour des Comptes, il renfermait des rosiers et des treilles de muscadets, son jardinier mettait des perches aux treilles et empaquetait les rosiers pour les soutenir, mais ce jardin était en outre planté d'arbres tirés de Vaulx de Metz et d'ifs provenant de la forêt de Bricy; quand Antoine Gratas faisait des réparations au château, il faisait porter dans les parterres et autour des treilles la meilleure terre qui se trouvait « contre la grande muraille au bout » du jardin et laissait une partie des pierrailles et de la grève dans les allées

(1) Comptes de 1584-85, 1587-88 et 1594 : *B. 569*, f° 197 et 199 v°; *570*, f° 169 v° et 171 et *573*, f° 184.

(2) Miroualt, p. 13; Renard, p. 22.

(3) Comptes de 1571 et 1583 : *B. 565*, f° 171 v° et *874*, f° 84 et v°.

(4) Comptes de 1594 : *B. 573*, f° 185 v°.

(5) Comptes de 1573 et 1584 : *B. 567*, f° 192 v° à 193 v° et *539*, f° 196. — Plan de 1617.

pour en combler les fosses (1). D'ordinaire, on enlevait les immondices et on sablait les allées du jardin; toutefois, on en pavait tous les endroits très fréquentés, comme les abords de la porte, les allées voisines de la maison du jardinier et les parties situées au-dessus des clés de la *fontaine* (2). Celle-ci était la grande curiosité et la grande rareté du jardin; l'eau y arrivait par la porte du Baile, dont le portier était le fontainier du château, au moyen de corps de plomb et de bois, soudés et réunis par de la résine; au centre du jardin, la fontaine était aménagée en un jet d'eau recouvert d'une toiture en ardoise, sous laquelle se trouvait sans doute le joli pont qui datait de cette époque : de là, l'eau s'en allait par un corps de plomb jusqu'à la citerne du château (3).

L'office de « jardinier du duc » était, par conséquent, des plus importants; son titulaire était nommé par le duc, et prêtait serment à la Chambre des Comptes : c'était alors Claude de Gênes, venu sans doute de ce coin de l'Italie où les habitants créent sur des rochers des jardins fleuris (4). Il habitait un logement spécial, couvert de tuiles creuses, qui comprenait une chambre du derrière et une cuisine située sans doute sur le devant, un four à sécher les fruits avec âtre de carreaux de Rambercourt et « autel de bouche », une cave ou cellier à larmier, de neuf pieds de profondeur et de seize pieds carrés, creusée dans une fosse (5). Ce logement était situé à l'extrémité du jardin et de la grande galerie, sous le pont qui joignait celle-ci à l'horloge; derrière la chambre se trouvait une casemate sous les Buttes (6). Ces *Buttes* étaient appelées aussi « Buttes

(1) Comptes de 1506-07, 1585 et 1573 : *B. 530, Inventaire; 569*, f°s 193, 200 et 202 et *747*, f° 84.

(2) Comptes de 1571 et 1584 : *B. 565*, f°s 170 v° à 171 v° et *569*, f°s 189 à 190.

(3) Comptes de 1573 et 1585 : *B. 567*, f° 192 ; *569*, f° 200. — Konarski, p. 298-99. Comptes de 1592 et 1587 : *B. 572*, f° 197 v° et *570*, f° 172.

(4) Acte de 1583 : *B. 267*, f° 251. — Comptes de 1570; *B. 745*, f° 71 v°.

(5) Comptes de 1584-85 : *B. 569*, f°s 185 v° et 186, 193 v° et 200.

(6) Comptes de 1585, 1594 et 1595 : *B. 569*, f°s 193 v° et 202 ; *573*, f° 184; *574*, f° 184 v° et *575*, f° 193 v°.

de la côte de la Halle » et « Buttes des Arbalétriers », parce qu'elles aboutissaient à la Ville haute et qu'elles avaient évidemment servi de but au tir des fantassins du moyen âge; c'étaient sans doute des levées de terre placées en dehors du jardin le long de la grande galerie, se continuant jusqu'à la terrasse du Jeu de Paume et qui se terminaient par un talus à pente raide; au sommet de la levée était un sentier appelé « chemins des buttes » ou « ruelles des buttes et du tripot », qui appartenait au duc: c'était probablement une sorte de chemin de ronde qui longeait le mur d'enceinte et se prolongeait jusqu'à la Carole du Baile (1).

II

La Ville basse.

§ 1. — *Le Bourg.*

Le Château était réuni au Bourg par la *côte de l'École* ou « côte des Prêtres », qui tirait ce double nom de ce qu'elle était habitée par le clergé de la collégiale Saint-Maxe et de ce que l'école y était située dans le voisinage immédiat du futur Collège, peut-être au coin de la place actuelle de la Couronne, dans la maison à encorbellement située en face de l'école Paulin-Gillon (2). La collégiale y possédait, dans la rue appelée aussi « ruelle de l'École » ou « derrière l'École », une maison comprenant au moins deux chambres et appelée « maison de Sainte-Barbe » parce que son locataire payait une redevance pour la fondation d'un service le jour de la fête de cette sainte, le 4 décembre (3). Le *Collège* avait été bâti de 1573 à 1576

(1) Les comptes de 1528-29 montrent qu'elles commençaient au moins au-dessous de la Tour de l'Horloge : *B. 842*, *Inventaire.* Texte cité par Bellot-Herment, p. 406; cf. Miroualt, p. 14. Comptes de 1584 : *B. 569*, f° 193 et Rosières, *ms.* cité, f° 508 v°. — En 1583, on établira à Foug une « butte à tirer de l'arquebuse » : *B. 2.293*, f° 32 v°.

(2) Konarski, p. 213 et 218 d'après le testament de Gilles de Trèves. Celui-ci s'en occupait à la fin d'août 1573 et elle fut remise en état en 1575. Actes du chapitre : *G*[1], f°s 321 v° et 328.

(3) Actes capitulaires de 1563 à 1573 : *G*[1], f°s 271, 299 v° et 322.

environ par le doyen de Saint-Maxe, Gilles de Trèves, sur l'emplacement de la « maison de Fains » appartenant au bailli de Bar, René de Florainville, seigneur de Fains, à la base septentrionale du château, tout près de la Tour Valéran. Il comprenait un carré de bâtiments disposé autour d'une cour, où l'on entrait par un porche couvert d'arceaux de pierre et de rinceaux de feuillage et que bordaient latéralement deux galeries couronnées de balustrades en pierre soutenues par des piliers d'architecture dorique; tout cela avait été peut-être construit par le Barrisien Jean de Crocq sous l'influence de la Renaissance flamande, Gilles de Trèves y avait fait ajouter à droite, une chapelle des rois mages, et, au fond, à gauche, un oratoire, et l'ensemble de la construction avait, tout comme la chapelle de la collégiale, excité l'admiration de Montaigne (1). Derrière cet édifice s'étendait, sur les fossés creusés en bas de la tour Valéran, un jardin dépendant du Collège, situé jusqu'au haut des Buttes (2); au delà se trouvaient les fortifications du Bourg qui se continuaient jusqu'à l'endroit où elles rencontraient celles de la Neuve ville. La Côte de l'École, constituant le principal passage entre le Château et la Ville basse, paraît avoir été pavée (3).

L'enceinte du Bourg s'étendait, du côté opposé, le long de la rue de Véel, puis se prolongeait en arc de cercle vers le Nord-Ouest; elle était entourée en partie de fossés et percée de deux portes. La première de celles-ci était la *Porte Tête-Fendue*, qui conduisait du Bourg vers la France par les routes de Vitry et de Châlons et dont le nom ne paraît avoir eu aucun rapport avec les exécutions judiciaires (4). Cette porte, sans doute « fortifiée en

(1) Konarski, p. 220-22 et Renard, p. 284. V. le plan dans Maxe-Werly, *31.972*, carton le Bourg.

(2) Comptes de 1596 : *B. 910*[3], f° 24 v°.

(3) Comptes de 1545-46 : *B. 550*, *Inventaire*.

(4) Il nous semble que là, comme plus haut pour la Porte de l'Armurier, Rosières a inventé une étymologie plausible, car le voisinage du bourreau invoqué par Konarski, p. 144, n'existait pas au XVIe siècle.

tour carrée », était peut-être assez vaste, puisque son portier, Nicolas Hardy, avait pu élever une boutique sous l'escalier qui y était contigu du côté intérieur (1). La seconde, la *Porte du Bourg* ou « du Grand Bourg », qui menait du Bourg à Bar-la-Ville par la rue du Grand Bourg, était pour les Barrisiens d'un usage beaucoup plus fréquent que la précédente; aussi nous est-elle bien mieux connue. C'était, semble-t-il, la plus considérable du carrefour et elle était d'abord couverte en tuiles; elle était flanquée d'un corps de garde, situé à l'entrée extérieure à gauche. voisin de la maisonnette occupée par l'arquebusier Nicolas Camusat, qui en était sans doute le portier; elle était précédée d'une barrière, nommée « barrière des Clouyères », à laquelle on accédait depuis 1554 par un pont de pierre (2).

Les murs du Bourg qui, entre les deux portes, suivaient le tracé actuel des rues Dom Ceillier et du Cygne, étaient certainement garnis. à la sortie du canal des Usines et aux trois angles, des quatre tours qu'y montre le plan de 1617, mais les documents de la fin du XVIe siècle n'en mentionnent qu'une, la Tour Bouchard ou de l'Écrevisse, située à l'endroit où les fortifications du Bourg rejoignaient celles de la Neuve ville (3). Nous sommes beaucoup mieux renseignés sur les fossés : d'ordinaire ils étaient pleins d'eau et servaient de réservoirs à poisson (4); mais souvent on en utilisait l'eau et les abords. C'est ainsi que le coutelier du duc, Robinet Mathieu, avait été auto-

(1) Texte de 1641 cité *ms. 137*, f° 33. — Bail du 8 mars 1578 : *B. 229*, f° 42 v°. Sur les fossés, v. Konarski, p. 148.

(2) Konarski, p. 144, d'après Dom Calmet. *Ms.* Remy, *Annales* à février 1614. — Textes de 1549 et 1578 : *B. 260*, f° 69 et *228*, f° 150 v°; comptes de 1584 : *569*, f° 15. — Comptes de 1597 : *B. 911*[1], f° 43 v° et acte de 1615, *260*, f° 67. — Toute la partie Nord-Ouest des remparts, de la Porte Tête-Fendue à celle du Bourg, est figurée en 1728 : *B. 2.977* (copie par Maxe-Werly, *B. 31.972*, carton *le Bourg*).

(3) Konarski, p. 142-3. — V. notre communication sur *la maison de Jean Errard.*

(4) Comptes de 1572 et 1576 : *B. 746*, f° 45 et *748*, f° 117 v°; cf. Konarski, p. 150.

risé à bâtir une émourie entre le fossé et la barrière des Clouyères, à droite du pont qui aboutissait à la Porte du Bourg, et il l'avait construite tellement près de ce pont qu'il en avait sapé les fondements (1). Les abords des fossés étaient des lieux vagues, qu'on louait aux particuliers; ceux-ci pouvaient y élever de petites constructions, comme la foulerie du marchand Jean de France, située à côté de l'émourie de Robinet Mathieu, ou y établir des jardins, à l'exemple de Gilles de Trèves, qui y créa le « jardin du Collège » (2). Les places ainsi louées étaient situées surtout du côté du faubourg des Clouyères; à gauche du pont du Bourg, du côté du faubourg d'Entre-deux-Ponts, elles recevaient une destination spéciale. C'étaient les étaux à boucherie, où les bouchers avaient, depuis 1577, le droit d'exposer et de vendre leur viande à certains jours de la semaine (3). Cette utilisation pacifique des fortifications du Bourg ne nuisait d'ailleurs en rien à la défense de celui-ci : l'émourie du coutelier, comme la maisonnette du canonnier et sans doute la foulerie du marchand, devaient être détruites en cas de guerre et il est probable que les bouchers recevaient alors, comme plus tard, leurs places « à charge » non seulement d'en ôter les jardins, mais encore de les « creuser et approfondir » afin qu'ils puissent « servir de fossés pour la sûreté de la Ville ».

A la Tour Bouchard, l'enceinte du Bourg se séparait de ces fossés pour tourner droit au Sud, longeant les murs de la Neuve ville (4). L'ancienne enceinte, ou « fermeté du Bourg », construite aux XIVe et XVe siècles pour séparer ce carrefour de la Neuve ville, était en partie démolie

(1) Autorisation de 1579 : *B. 229*, f° 43 v°; comptes de 1583-85, *CC1*, f° 76 v°.

(2) Acte de 1583 et compte de 1584 : *B. 226*, f° 239 v° et *569*, f° 27. — Acte de 1583 : *B. 228*, f° 154 v°. — Comptes de 1590 et 1596 : *B. 576*, f° 24 v° ; *910*^{3}, f°s 24 v° et 27.

(3) Acte de 1578 et comptes de 1584 : *B. 228*, f. 150 v° et *569*, f° 14. Lettres du 1er octobre 1605 et du 4 janvier 1623 : *Ms.* I^{41} et I^{42}, *s. a.*

(4) Vidimus de 1482 : *Cartulaire Vincent*, f° 35 v°. Cf. Mirouält, p. 10.

depuis le commencement du XVIe ; c'est pourquoi, si les murs séparant les deux villes existaient toujours dans la seconde partie de ce siècle, ils étaient devenus les « vieilles murailles du Bourg » (1). L'ancien fossé qui les accompagnait au dehors était, par suite, réduit à une profondeur de 4 pieds et à une largeur de 40 ; le reste, sur une largeur au moins égale, constituait des jardins ; ce fossé était en partie alimenté par un « petit cours d'eau », de 1 pied 1/2 de large environ, coulant des fossés du Bourg et de la Neuve ville dans le canal des Usines à 12 pieds de la base des murailles du Bourg (2). Celles-ci, après avoir franchi le canal des Usines et avoir été interrompues par « l'ancienne porte Houdry », ou « porterie mairesse », à peu près inutilisée au XVIe siècle, allaient rejoindre le début de l'enceinte du côté des Buttes (3).

De la porte principale partaient, disposées comme une vaste fourche, trois rues longitudinales, coupées de différentes rues transversales. La première et la plus importante des trois premières était la *Grande rue du Bourg* ou *rue du Grand Bourg*, qui menait le plus directement vers le Château (4). Elle occupait le centre du Bourg et était droite et égale : aussi était-elle habitée par de gros bourgeois, le maire Jean Charault, la veuve Trémont qui paraît avoir tenu l'hôtel Saint-Nicolas, le chirurgien Jean Valfleury, noble homme Simon Charbonnier, époux de demoiselle Lucie Guiot, y avaient chacun leur maison et foulerie ; demoiselle Jeanne de la Mothe y habitait à côté de François Oulriot, à gauche, vers l'emplacement actuel des Archives départementales (5). Aussi était-ce la plus belle rue de cette partie de la ville ; déjà commençaient à

(1) Ridet, *Bulletin* de janvier 1913, p. 20. — Actes de 1569, 1570 et 1590 : *Cartulaires* cités, fos 9 vo et 22 vo.

(2) Acte du 10 mars 1579 : *E. 187*. Comptes de 1584 : *B. 569*, fos 25-26. — Acte de 1587 : *Cartulaires* cité, fo 36. Ridet, *article* cité, p. 17-18.

(3) Konarski, p. 143. Délibération de 1641 : *Ms. 214*[1], fo 225.

(4) Cf. Bellot, p. 280, qui cite un contrat de 1587.

(5) Rosières, *Stemmata*, p. 41. — Acte de 1585 et 1587 : *DD*[1], fos 112 et 82 vo. Comptes de 1597 et 1594 : *B. 911*[1], fo 24 vo et *910*[1], fo 23 vo.

s'y élever, peut-être en partie de la main des maîtres maçons les Gratas, qui demeuraient tout près de la Grande rue, ces beaux logis de la Renaissance dont la plupart subsistent encore aujourd'hui, dépouillés, il est vrai, de leurs perrons et de leurs gargouilles (1). Vers le milieu, la rue était traversée par un petit ruisseau qui allait de l'Ornain au canal des Usines; à l'extrémité, elle traversait celui-ci par le *pont Croquart*, au delà duquel se trouvait, à gauche, l'ancien château des Ducs ou *Miroualt*, à droite la « maison de la Grand Cour » qui en contenait les services (2).

Au centre et à gauche, à l'endroit où sont encore aujourd'hui les bâtiments officiels, s'élevaient les deux principaux monuments du Bourg, la commanderie Saint-Antoine et l'hôpital. La *commanderie*, située sur l'emplacement de la préfecture actuelle et de la place antérieure, était entourée, au Nord, d'une muraille ou fermeté; elle comprenait, à l'endroit où est aujourd'hui la place, une église au clocher pointu, qui s'ouvrait sur la Grande rue, tout près du ruisseau coulant à ciel ouvert et du puits public avoisinant l'hôpital; l'église n'était pas publique, mais c'était sur son parvis qu'avait lieu le marché du quartier (3). Contre la commanderie, à l'endroit occupé aujourd'hui par le Palais de Justice, était l'*hôpital* ou Maison-Dieu, sur la topographie duquel nous sommes très bien renseignés. Au début du XVIIe siècle, il n'y avait, dit son historien, « que deux chambres, une cuisine, une remise, une chapelle et un jardin, le tout en très mauvais état » (4). Cette description est à peu près exacte : l'hôpital paraît n'avoir pas eu d'étage, il comprenait, sans doute par derrière, une grande chambre pour les malades qui avait

(1) Konarski, p. 197 et 200-02.

(2) *Id.*, p. 162, 179, 181, 191 et 194; cf. Miroualt, p. 7-8. Comptes de 1541-42 et 1586-88 : *B. 734* et *CC1*, f° 59 v°.

(3) Contrat de 1592 : *Cartulaire Vincent*, f° 24 v°. Konarski, p. 169 et 180-1.

(4) Konarski, p. 173, d'après Baillot, *Notice historique* sur l'hospice de Bar-le-Duc, 1877.

des fenêtres vitrées et une grande cheminée fumeuse nécessitant de fréquentes réparations; sur le devant une « chambre neuve », moins grande et plus luxueuse, également vitrée, où on logeait les femmes et où on hospitalisait, semble-t-il, des dames pensionnaires (1); on trouvait encore sur le devant une chapelle et par derrière un jardin traversé par le ruisseau de la Grande rue, planté de poiriers et renfermant sans doute un colombier et des cabinets d'aisances (2); il y avait, en outre, au moins une chambre chauffée, sans doute la cuisine, pour le manager ou économe, et un « bueux », pavé et couvert en planches qui était probablement une buanderie (3). La place située devant l'hôpital était cimentée jusqu'à la chambre neuve et probablement aux abords du puits (4).

A droite de la Grande rue se trouvait la rue actuelle du Coq, appelée alors *rue des Vieilles Béguines*, *du Petit Couvent* ou *des Écuries*, à cause de ses principaux monuments, tous deux situés à droite, entre la rue et les remparts. Le premier était le *Petit Couvent*, composé d'un bâtiment, d'une église, d'une cour et d'un jardin : il était d'abord occupé par les *Béguines* ou Sœurs grises qui visitaient les malades indigents, et, quand elles passèrent au protestantisme, il fut donné en 1565 à la Ville comme dépendance de l'hôpital; la peste de 1590 ayant forcé les malades à l'abandonner, il revint aux Capucins (5). Au delà, se trouvaient la chiennerie et les *Écuries* du duc; elles

(1) Comptes de l'hôpital, 1594 à 1598 : *B. 910*[1], f°s 41 v°-42; *910*[3], f° 40 v°; *911*[1], f° 47 et *912*[2], f° 44 v°. — Comptes de 1575 et 1597 : *B. 909*[3], f° 28 et *911*[1], f° 47.

(2) Comptes de 1598 et 1599 : *B. 911*[2], f° 45 et *911*[3], f° 37 v°. — Comptes de 1574, 1597 et 1599 : *B. 909*[1], f°s 21, 12 v° et 24; *911*[1], f° 48 et *911*[3], f° 37.

(3) Comptes de 1595, 1597 et 1598 : *B. 910*[2], f° 48; *911*[1], f° 48 et *911*[2], f° 44.

(4) Comptes de 1596 et 1598 : *B. 910*[3], f° 40 v° et *911*[2], f° 44 v°.

(5) Acte du 16 janvier 1624 : *Ms. 1*[42], *s. a.* Donation du 27 mai 1565 : *B. 2. 972* (copie *B. 748*, et *ms. I*[39], *s. a.*). Cf. Baillot, *L'assistance à domicile* dans la ville de Bar-le-Duc. *Mémoires* de la Société, 1877, p. 247-9 et Konarski, p. 185-6.

étaient situées probablement aux environs de l'ancien château du Bourg et non loin du château actuel, puisque le pont par lequel la rue franchissait le canal à l'extrémité s'appelait, de leur nom, *pont des Écuyers* (1). Cette rue, aujourd'hui encore déserte et tranquille, était déjà à la fin du XVIe siècle assez peu habitée, surtout par les grands personnages; c'est là cependant, au delà du canal, mais contre lui, sans doute à gauche, que se trouvait la « maison dite de Saint-George » du nom de son propriétaire, Claude Hanus dit de Saint-George (2).

A gauche de la Grande rue était la *Petite rue du Bourg* ou *rue du Petit-Bourg*, appelée encore *rue derrière Saint-Antoine*, *rue du Four*, *rue du Pressoir*, *rue du Moulin* et *du Sauvage* ou de l'Homme-Sauvage (3). Elle justifiait tous ces noms, car elle renfermait tous les établissements alors nécessaires à l'approvisionnement d'une ville forte. Le four du Bourg, jadis fief ducal, devenu franc au début du XVe siècle, s'y trouvait, sans doute aux environs de la rue actuelle du Petit-Bourg; on y voyait deux pressoirs, probablement un grand et un petit, tous deux logés dans une grange, située à gauche de la rue, entre elle et les fossés, probablement dans le voisinage du coin Nord-Ouest de la place Reggio actuelle; au centre, derrière la commanderie Saint-Antoine, paraît avoir existé un puits; enfin, le « moulin et battant » du Bourg ou « gros moulin » était situé sur le canal des Usines, dont le pont voisin s'appelait *pont des Moulins* et du bief de ce moulin partait le ruisseau qui alimentait les fossés de la Neuve ville (4). Le dernier

(1) Acte de 1628 : *B. 260*, f° 69; Konarski, p. 194-7.

(2) Rosières, *Stemmata*, p. 41; cf. Konarski, p. 167 et 216. — Confiscation de 1568 : *B. 563*, f° 192.

(3) Actes de 1586 et 1592 : *Cartulaire Vincent*, f°s 22 et 24 v°. C'est évidemment la « *Rue de l'Homme-Sauvage* devant les écuries du Bourg » des comptes de 1554-55 : *B. 556*, f° 207. Cf. Bellot-Herment, p. 288.

(4) Acte de 1402 : *B. 229*, f°s 20-21. — Comptes de 1584 et 1599 : *B. 569*, f° 17 et *579*, f° 20. Actes de 1592, 1601 et de décembre 1620 : *Cartulaire Vincent*, f°s 9 et 24 v°; *ms.* I42 *s. a.* — Acte cité de 1592, f° 26 v°. — Comptes de 1570 et 1583 : *B. 865*, f°s 84 et 95 v° ; *874*, f° 57. Cf. Konarski, p. 167 et cadastre de Bar. Acte du 27 juillet 1567 : *E. 187*.

nom lui venait sans doute de l'enseigne d'une ancienne auberge, « à l'Homme Sauvage » ; c'est là que se trouvait encore, dans la partie gauche et septentrionale de la rue, une des maisons de Cuny Lambert, l'hôtelier de Sainte-Barbe, l'une des hôtelleries les plus fréquentées de Bar (1). Toutefois cette rue, bien qu'assez peuplée, ne renfermait que peu de logis riches; en dehors du précédent, nous ne voyons guère que celui du maire Pierre Gaynot, d'Antoine et vraisemblablement de Claude Gratas, maîtres maçons (2). Tout le reste comprenait sans doute de petites ou de vieilles maisons avec jardins et fouleries, comme certaines masures bâties en partie en bois que nous voyons acquérir par Jean Vincent ou posséder par Maxe Errard, au derrière de leurs habitations de la Neuve ville (3). Grandes et petites maisons étaient, d'ailleurs, situées presque exclusivement de ce côté, c'est-à-dire à gauche.

Les trois principales rues précédentes étaient coupées par différentes petites rues ou ruelles, qui réunissaient en particulier la grande et la petite rue du Bourg. C'était d'abord la *rue Boyvin*, aujourd'hui rue d'Arros, qui menait vers le pressoir du Bourg; puis, de l'autre côté du groupe de bâtiments formé par la commanderie et l'hôpital, « la ruelle allant au four banal », la rue du Petit-Bourg actuelle; enfin, à l'extrémité, était la *rue des Juifs*, aujourd'hui rue de la Couronne, qui conduisait de la Porte-Tête-Fendue à l'ancienne Porte du Bourg, le long des murailles méridionales (4). On remarquait dans cette dernière rue des maisons assez riches, comme « la maison de la Couronne au devant de la Porte-Tête-Fendue » (5)

(1) Actes du *Cartulaire* cités ci-dessus.

(2) Actes de 1592 et 1596 : *Cartulaire Vincent*, f°s 24 v° et 23. Comptes de 1592 : *B. 910*[1], f° 11.

(3) Actes de 1574, 1601 et 1592 : *Cartulaire* cité, f°s 8 v°, 9, 24 v°, 25 et 26 v°.

(4) Actes de 1592 et 1601 cités ci-dessus, f°s 24 v° et 9. Cf. Bellot-Herment, p. 288. — Comptes de 1594 : *B. 910*[1], f° 23 v°. Cette ruelle est probablement plutôt que la rue d'Arros « la ruelle allant de la Neuve ville au Bourg » dont parle Konarski, p. 180, et qu'il indique sur son plan, p. 179.

(5) En 1591 : Bellot, p. 271; Compte du prieuré de 1591, cité *ms. 137*, f° 33.

qui devait donner son nom à la rue et à la porte actuelles et a peut-être disparu, la « maison de la Grand Cour » située contre cette porte et la maison de Saint-George à l'angle de la rue des Écuries, la maison aux murs sculptés reliée par un pont à l'ancien Miroualt et une maison appartenant au meunier du Bourg; il y habitait des marchands et peut-être encore des juifs, comme au moyen âge (1). Sur cette rue prenait une ruelle aboutissant au canal des Usines (2).

§ 2. — *La Neuve ville.*

Au Bourg faisait suite la Neuve ville qui, érigée en carrefour depuis le XIVe siècle, avait été alors entourée d'une muraille ou fermeté, dont l'entretien était à la charge des habitants (3). Ces murs rejoignaient ceux du Bourg un peu au delà de la Tour Bouchard et suivaient la rue Entre-Deux-Ponts actuelle à peu près jusqu'en face du café des Oiseaux, abritant en arrière un espace d'abord vague, plus tard converti en jardin et en partie construit sur sa gauche, que l'on appelait le *Cachon* ou *Caichon* (4). Au milieu de ce qui est aujourd'hui la rue Rousseau, se trouvait la principale porte ou *Porte de la Neuve ville;* cette porte était, comme toutes les autres, précédée d'une barrière située en avant du pont; elle était surmontée d'un corps de garde qui paraît avoir été assez vaste (5). A droite, entre le Caichon et le fossé, se trouvait une maisonnette habitée par Nicolas Liénard, qui paraît en avoir été le portier (6). De cette porte, le mur rejoignait

(1) Miroualt, p. 7-8. *CC1*, compte de 1574, f° 5 v°. — Le contrat de 1564 parle des héritiers de « Pierre Carun », dont le nom rappelle celui de Caron, porté aujourd'hui par des juifs : *Cartulaire Vincent*, f° 8.

(2) Acte de 1585 : *Id.*, f° 66. *CC1*, comptes de 1596-1598, f° 63.

(3) Actes de 1367 et du 4 juillet 1511 : *Ms. 137*, f° 53 et *E. 187.* Comptes de 1565 : *B. 562*, f° 121. Cf. D. Calmet, *Notice de Lorraine*, col. 67.

(4) Communication d'avril 1914.

(5) Acte de 1573, comptes de 1583 et 1584 : *B. 229*, f° 39; *874*, f° 62 et *569*, f° 27.

(6) Contrat du 5 avril 1599, cité inexactement par Bellot, p. 416, d'après le *Cartulaire Vincent*, f° 30 v° (copie *ms. I*[41], *s. a.*).

à peu près le début de la rue de la Maréchale, la suivait jusqu'à l'extrémité; puis rejoignait la rue Lapique qu'il suivait jusqu'à l'entrée du Parc actuel (1).

A l'Est, la défense de la Neuve ville rappelait celle du Bourg à l'Ouest. La muraille était suivie depuis la porte principale jusqu'à sa rencontre avec la Ville haute par un fossé; ce fossé, avec ses dépendances, appartenait aux habitants qui avaient le droit d'y élever et d'y pêcher du poisson, à condition d'en entretenir et d'en nettoyer l'intérieur en cas de besoin; une partie au moins des fossés, appelée le « Rastel », servait ainsi de vivier (2). L'eau, qui venait du canal des Usines, s'écoulait dans l'Ornain à la fois du côté du Bourg et du côté de la Neuve ville par un double conduit ou *busine;* le second de ces conduits, la « vieille busine », créée vers la fin du XVe siècle à l'endroit du Beffroi des chiens, évidemment à l'angle des murailles, au coin des rues Lapique et de la Maréchale actuelles, aboutissait ainsi près du couvent des sœurs Sainte-Claire et paraît avoir été creusé à nouveau en 1576 « pour découler les eaux » dont le rengorgement abîmait parfois les murs du couvent (3). Les bords extérieurs des fossés, de la Porte de la Neuve ville au canal des Usines, étaient couverts de jardins qui, depuis la busine, appartenaient à la Ville (4). La muraille traversait le canal par une arche, sous laquelle le coutelier Claude de Rivière, dit Robinet, avait reçu l'autorisation de construire une émourie « au long du cours du bief des moulins » (5).

De chaque côté du canal étaient deux portes qui faisaient communiquer la Neuve ville avec l'extérieur. La première

(1) Ridet, *Bulletin* de mars 1912, p. XLI.

(2) Lettres du 14 juillet 1511, *E. 187*. Redevance « pour une loge à poissons à la Neuve ville auprès du Rastel », 1573 : *B. 747*, fo 75.

(3) Lettres ci-dessus de 1511. — Comptes de 1468 à 1470; de 1582-85, 1573-75 et de 1573 et 1597 : *B. 698*, *Inventaire* imprimé; *CC1*, fos 26 et 49, *s. a.*; *B. 746*, fo 79 vo et *576*, fo 52. Acte de 1582 : *Cartulaire Vincent*, fo 42.

(4) Comptes de 1582-85 et 1584 : *CC1*, fo 32 et *B. 569*, fo 26 vo. Acte de 1603, *Cartulaire* cité, fo 45.

(5) Contrats de 1577 et 1581 : *B. 229*, fos 40-42; cf. Bellot, p. 410.

était la *porte Saint-Nicolas*, située derrière le monastère Sainte-Claire, vers l'intersection des rues Nève et Lapique d'aujourd'hui; elle menait du carrefour vers le Pont-Neuf et le nouveau faubourg de la Rochelle; elle était certainement peu importante, car on ne la rencontre ni dans les documents du XVIe siècle ni dans les plans un peu postérieurs, tandis qu'on y trouve le pont du même nom, qui en était voisin et qui fut alors réparé [(1)]. La seconde, la *porte Saint-Jean*, située près de l'emplacement de la porte actuelle et qui conduisait de la Ville haute aux bords de l'Ornain par la Neuve ville, nous est, au contraire, bien connue et il en subsiste encore des restes considérables; elle avait sans doute déjà un pont-levis, surmonté d'un corps de garde [(2)]. A la fin du XVIe siècle, elle était voisine du *boulevard Saint-Jean* qui rejoignait les fortifications de la Neuve ville à celles de la Halle; ce boulevard comprenait, sur la muraille située du côté de la Ville basse, une galerie fermée par une grosse porte et recouverte d'un toit de tuiles creuses, du côté de la Ville haute, un corps de garde chauffé construit en maçonnerie [(3)].

Entre la porte Saint-Jean et la porte de l'Armurier, là où est aujourd'hui la rue Saint-Jean, était la « côte de la Halle », bordée de maisons et de jardins [(4)]; du côté opposé, on descendait vers la Neuve ville de la porte de l'Armurier, qui s'était peut-être appelée jadis Porte Brisebréchier, par la *côte Brisebréchier*, aujourd'hui rue de l'Horloge, qui contenait déjà à droite quelques maisons, comme celle qui porte encore aujourd'hui le millésime de 1585, tandis qu'à gauche, du côté des Buttes, elle était

(1) Bellot-Herment, p. 409-10; Ridet, *Bulletin* de janvier 1913, p. 20. — Comptes de 1517-18, 1536-37 et 1562 : *B. 718*, *731*, *Inventaire* cité et *744*, f° 49, v°.

(2) Ridet, *Bulletin* de mars 1912, p. XXXIX-XLI. — Comptes de 1635 et 1637 : *B. 778* et *780*, *Inventaire* cité. Tout ce que nous savons, c'est que « le guet de la porte Saint-Jean » était assez vaste pour contenir plusieurs personnes. V. plus bas, à propos de l'armée.

(3) Comptes de 1591 et 1592 : *B. 571*, f°s 200 v° et 203; *572*, f°s 195 et v°, 198.

(4) Acte de 1426 : *B. 228*, f° 137; cf. texte de 1557, dans Bellot, p. 406.

bordée de places vagues qu'on louait comme jardins ; cette côte, constituant le principal passage de la Halle à la Neuve ville, était pavée (1). Les fortifications de la Neuve ville rejoignaient celles du Bourg vers l'ancienne Porte Houdry ; elles se confondaient ensuite avec elles et disparaissaient à peu près, l'ancien fossé du Bourg ayant été partiellement converti en jardins pour les habitants de la Neuve ville ; une croix s'élevait au milieu des murailles qui séparaient les deux villes (2).

Comme toute ville neuve, la Neuve ville était beaucoup plus régulière que le Bourg ; elle comprenait deux ou trois rues dirigées du Nord au Sud et quatre rues transversales les coupant à angle droit. La première était la *Grande rue*, aujourd'hui rue Rousseau, qui allait, à peu près parallèlement aux anciennes murailles du Bourg, de la Porte de la Neuve ville jusqu'à la porte Houdry, au delà du canal des Usines, qu'elle franchissait par le *pont des Augustins* ou pont Jean de Jouy (3). La Grande rue était la plus belle et sans doute la plus large de tout le carrefour ; les principales maisons y étaient celles de gros propriétaires, nobles, anoblis ou bourgeois, tandis qu'il n'y avait que peu d'artisans, des maçons ou des charpentiers (4). Bernard de Saint-Vincent, écuyer, capitaine de Mandres et grand fauconnier de Lorraine, y possédait, au milieu du XVIe siècle, deux ou trois maisons à droite, du côté du Bourg. Il avait eu ainsi la première maison après le Caichon (5), à l'emplacement de la librairie Contant-Laguerre, et paraît l'avoir successivement vendue ou échangée avec le notaire Maxe Errard, père de l'ingénieur Jean Errard,

(1) En 1426, rente sur une maison « sise entre la Porte Saint-Jean et la Porte Brisebréchier » : *B. 264*, f° 75. — Comptes de 1586 : *B. 910*[3], f° 27. Acte de 1578 et comptes de 1584 : *260*, f° 68 et *569*, f° 17 v°. — Comptes de 1584 : *B. 569*, f°s 166 v° et 190 v°.

(2) V. plus haut, p. 157-8. — Contrat de 1571 : *Cartulaire Vincent*, f° 12.

(3) *Cartulaire Vincent*, f° 34, note ; Bellot-Herment, p. 254, à la date de 1573. Cf. le cadastre.

(4) Acte de 1596 : *Cartulaire* cité, f° 13.

(5) Acte de 1544 : *B. 228*, f° 146 v°.

et avec le futur président Vincent. Maxe Errard était ainsi propriétaire de la seconde maison; Jean Vincent, déjà maître du Caichon, possédait ensuite la troisième et la quatrième maison, l'une grande et qui sera sa résidence habituelle, l'autre petite, qui allaient toutes deux au moins jusqu'au coin de la place Reggio actuelle (1). Le grand fauconnier avait ensuite deux autres maisons, allant par derrière jusqu'à la croix des murailles; l'une était voisine de celle de Richard de Bruyères et l'autre fut encore vendue à Jean Vincent (2). Celui-ci, qui avait une cinquième maison près du pont des Augustins, en acheta une sixième du même côté, entre celles de Jacques Bouvet, gruyer de Bar, et de demoiselle Nicole de Pouilly, veuve de Gilles Petit, écuyer, prévôt de Vitry, et non loin de celle du notaire François de l'Église (3). Toutes ces propriétés se prolongeaient jusqu'aux anciennes murailles, par des jardins, traversés par le ruisseau, dont les propriétaires avaient le droit d'usage et la charge de l'entretien (4). Du côté opposé de la rue, Jean Vincent possédait aussi divers immeubles : il détenait, du chef de sa femme, née Lescamoussier, une grande maison avec foulerie et jardin derrière, située près de la Porte de la Neuve ville et de la propriété de demoiselle Nicole de Pouilly, et avait acheté à M. de Malpierre une grosse maison placée au coin de la rue Sainte-Claire et s'étendant jusqu'aux murailles de la Neuve ville (5). Une grande partie de ce côté était occupée ensuite par le couvent des Augustins. Parallèlement à cette rue principale et sans doute à l'extrémité opposée, se trouvait la rue ou *ruelle Maxinot*, qui est probablement la même chose que la rue ou ruelle « du Pont de la Neuve ville » ou la « ruelle commune » donnant sur la rue des Tanneurs, la rue Nève actuelle, et le canal des Usines, et, par suite, devait se confondre avec l'extré-

(1) V. sur toutes ces propriétés notre communication d'avril 1914.
(2) Actes de 1569 et 1571 : *Cartulaire* cité, f°s 7 et 12.
(3) Acte de 1589 : *Id.*, f° 24.
(4) Acte du 8 juillet 1567 : *Id.*, f° 36 et *E. 187*.
(5) Actes de 1585 et 1594 : *Id.*, f°s 16 v° et 28 v°.

mité coudée de notre rue Martelot (1); cette petite rue était sans doute une des « ruelles proches des murailles de la Neuve Ville » avec la future *ruelle Moulotte* qui, réunissant la rue Saint-Jean à la rue des Tanneurs, correspond aujourd'hui à la ruelle qui descend le long du Parc (2).

La première des rues transversales était, à l'emplacement de la rue Voltaire actuelle, la *rue Sainte-Claire*, dont l'extrémité allait jusqu'au couvent de ce nom ; cette rue était moins riche et moins peuplée que la Grande rue : on y trouvait bien quelques grosses maisons, comme celle de M. Malpierre passée ensuite à Jean Vincent, celles de Mangin Colliquet, valet de chambre du duc, et de messire Toussaint Bourguignon (3); mais il y avait aussi des logis plus humbles et les propriétés en étaient certainement moins des habitations que des maisons de campagne : plusieurs bourgeois habitant la Grande rue, comme Maxe Errard, les Lescamoussier, l'hôtelier Christophe Grosyeux et Jean Vincent, y avaient, surtout à gauche, près du couvent, des propriétés avec fouleries et jardins allant d'ordinaire jusqu'aux murs et Mengin Colliquet avait obtenu le droit de s'y faire élever un pressoir (4), — peut-être du côté opposé sur la rue parallèle, aujourd'hui rue Martelot, nommée alors *rue du Pressoir* ou *des Pressoirs* (5). Cette rue,

(1) Les comptes de 1594 parlent de la « ruelle Maxinot » : *B. 910*[1], f° 5 v°. En 1608, Jean de Rosne vend un jardin sis « en la rue allant de la rue des Tanneurs à Sainte-Claire » : *260*, f° 119 v°. En 1632, Didier de Rosne aura une maison dans la « rue Maxinot » : *Ms. 137*, p. 153. — Les noms communs sont dans les comptes de 1570 et 1583, dans un acte de 1544 : *B. 865*, f° 63 et *874*, f° 63; *228*, f° 147.

(2) Comptes de 1575 : *B. 909*[3], f° 5. La ruelle Moulotte tirait peut-être son nom de la « Porte Moulot », dont il est question en 1627 (*Ms. 137*, p. 53), et dont nous ne savons si c'est la Porte Saint-Jean ou la Porte Saint-Nicolas. Cf. Bellot, p. 251 et 406. Elle aboutissait sans doute au « Pont des Étuves », qui fut « construit », c'est-à-dire rebâti en pierre en 1608 : *Ms. 53*, f. 107. Cf. Bellot, p. 251.

(3) Actes de 1590 et 1581 : *Cartulaire* Vincent, f° 22 v°, note, et 47.

(4) Habitation de Jean Chevalier, boucher. Comptes de 1594 : *B. 910*[1], f° 14. — Actes de 1585, 1588 et 1590 : *Cartulaire* cité, f°s 27 v°, 16 v° et 22 v°.

(5) Bellot-Herment, p. 411.

où se trouvaient évidemment les deux pressoirs du carrefour, le vieux et le neuf, avait le même caractère que la précédente : demoiselle Barbe Paniette et maître Jean Derval, procureur à Ligny, le gruyer Jean Bouvet et le maître maçon Claude Gratas, y possédaient des maisons, accompagnées ordinairement de fouleries (1). Au delà était la *rue du Four* ou *rue des Tanneurs*, la rue Nève actuelle, menant vers la porte Saint-Nicolas (2). On y trouvait quelques maisons assez aisées, comme celles de la famille Rossiers, de Jean de Rosne et du coutelier Étienne Robinet, avec des jardins et des fouleries ou des tanneries par derrière, sur le canal des Usines; on y voyait surtout « le grand four et bâtiment de la Neuve ville », qui fut vendu à Jean Vincent (3). La dernière rue était la *rue des Étuves* ou *de Savonnières*, aujourd'hui rue Oudinot qui, en dehors d'une « maréchaussée », c'est-à-dire d'une écurie à chevaux, renfermait quelques pauvres maisons et d'assez nombreux jardins (4).

Toutes ces constructions avaient sans doute débordé les couvents de deux ordres mendiants des deux sexes qui, au début du siècle, occupaient encore près de la moitié de la Neuve ville (5), et qui en tenaient encore les deux angles, au Sud-Ouest et au Nord-Est. Le *couvent des Augustins*, fondé à la fin du XIVe siècle dans un lieu nommé auparavant le Pré-Dieu (6), était compris entre

(1) Comptes de 1584 : *B. 569*, f° 17 v°. Actes de 1594, 1597 et 1603 : *DD1*, f° 40; *Cartulaire Vincent*, f°s 23 v° et 45.

(2) Bellot, p. 410.

(3) Comptes de 1582-85 et de 1596, Acte de 1544 : *CC1*, non paginé, *B. 910*[3], f. 27 et *228*, f° 147. — Acte de 1596 : *Cartulaire Vincent*, f° 58.

(4) Comptes de 1570, 1583, 1594 et 1596-98 : *B. 865*, f° 62 v°; *874*, f°s 63 et 64 v°; *910*[1], f° 14 et *CC1*, f° 59. Acte de 1598 et sentence du bailliage du 22 décembre 1588 : *DD1*, f° 93 et *C*. Bailliage de Bar. Sur le mot *maréchaussée*, v. *Dictionnaire* Godefroy, *s. v.*, et Ch. Aimond, *Le nécrologe de la cathédrale de Verdun*, 1910, p. 186.

(5) Lettres citées du 14 juillet 1511 : *E. 187*.

(6) Calmet, *Notice*, col. 82. Cf. comptes de 1371-74 : *B. 677*, *Inventaire*.

les rues des Étuves et des Tanneurs. L'église, de style gothique, bâtie sur le canal des Usines et garnie intérieurement de fresques que l'on vient de faire revivre, comprenait, à gauche, l'autel de la Vierge et probablement les deux chapelles de Notre-Dame-de-la-Pitié et de la Consolation, à droite l'autel de Saint-Nicolas et une chapelle dédiée par Jean Vincent à son patron Saint-Jean-Baptiste, où se trouve encore aujourd'hui la sépulture des Lescamoussier; cette église devait jouer pour le carrefour de la Neuve ville le rôle d'église paroissiale (1). La ville avait fait poser du pavé tout autour du couvent et établi, devant l'entrée principale située près du pont, un abreuvoir dans le canal (2). *Le couvent des sœurs Sainte-Claire*, fondé à la fin du xve siècle, dans l'angle formé par les fortifications de la Neuve ville, avait souvent à souffrir des eaux du fossé; il fut, semble-t-il, réparé à la fin du xvie siècle, peu après l'église, qui était réservée à l'usage exclusif des religieux (3). Il y avait encore à la Neuve ville une chapelle des Vierges, qui se trouvait dans une maison particulière; mais nous ignorons à quel endroit cette maison était située.

III

Les faubourgs.

L'un des plus anciens faubourgs était la *rue de Véel*, qui s'étendait le long de la route menant de Bar à Véel et

(1) Robinet et Gillant, *Pouillé du diocèse de Verdun*, t. II, p. 79. V. l'acte de fondation du 9 août 1601, *Cartulaire Vincent*, f°s 369-70, d'après lequel la chapelle renfermait « deux dômes et lanternes couvertes de plomb, le reste de la toiture couvert d'ardoise avec les conduits de chanlattes de plomb à l'entour et la voûte par dedans faite en boulons taillés et houppes de pierre, le tout d'or azuré et dépeint, par dessus l'autel les figures en pierre représentant le baptême de Notre Seigneur, le crucifix au-dessus, les verrières avec les armoiries » des fondateurs.

(2) *CC1*, comptes de 1573-74, 1582-85 et 1586-88, f°s 4, 57 et 14.

(3) Calmet, *Notice*, col. 83; Bellot, p. 412. — Comptes de 1565, 1595 et 1597 : *B. 562*, f° 118; *565*, f° 169 et *751*, f° 70.

Combles, en avant de l'extrémité de la Ville haute et surtout des fossés du Château; les maisons, situées surtout du côté opposé à celui-ci, à droite, paraissent avoir été rares et isolées, interrompues par des jardins et des vignes (1). Au bas de la rue de Véel s'embranchait, à droite, la *rue Montant*, bordée de maisons avec jardins; c'est là, dans une grange avoisinant une ruelle menant dans les vignes, que se trouvait le grand pressoir de la rue de Véel, reconstruit au début du siècle et qui fut brûlé par accident à la fin (2). Ce faubourg, encore aujourd'hui peuplé d'ouvriers, n'était déjà habité au XVIe siècle que par de petites gens, vignerons, tisserands et cordiers.

A la fin du XVIe siècle, le faubourg d'*Entre-deux-Ponts* était, tout comme la Neuve ville, qualifié de quartier ou de carrefour (3), et il tirait son nom de ce qu'il s'étendait entre les deux ponts des portes du Bourg et de la Neuve ville. On l'appelait aussi *rue des Maréchaux* parce que des couteliers et des maréchaux y avaient leurs boutiques et leurs halliers sur les fossés situés du côté de la Neuve ville; au delà du côté de la Porte du Bourg, se trouvaient « les boucheries de la Ville basse (4) », des maisons et des jardins (5). Le côté opposé, vers l'Ornain, comprenait d'assez nombreuses maisons, prolongées chacune par un jardin, qui étaient, pour la plupart, assez ordinaires; quelques-unes appartenaient à des bourgeois, comme celles de Jacques de Rosne, de la veuve François Oulryot sous laquelle se trouvait un canal allant à la rivière, et comme les hôtels Sainte-Barbe, de la Charrue et peut-être du Cheval-Blanc (6). Ce fau-

(1) Comptes de 1590 : *B. 571*, f° 25. — Plan de 1617.

(2) Comptes de 1573, 1532-33 et 1598; acte de 1525 : *B. 567*, f° 199, *545* et *752*, *Inventaire; 228*, f° 139. — Nous n'avons pas trouvé trace de l'Auditoire qui, d'après Bellot, p. 279-80, exista de 1435 à 1516, « sur une place où débouchait la rue Montant ».

(3) Le 2 septembre 1589 : *Ms. 53*, f° 15.

(4) Actes de 1583 et 1585 : *B. 229*, f°s 46 et 51 v°. — Acte de 1568 et comptes de 1584 : *B. 229*, f. 37 et *569*, f° 14. Cf. Bellot, p. 385.

(5) La sentence du 17 mai 1588 signale des jardins entre les deux portes, auprès de Robinet Mathieu. *C*, sentences du bailliage.

(6) Comptes de 1570, 1583, 1573-75 et 1632 : *B. 865*, f°s 61 et 62 v°;

bourg n'avait ni pressoir, ni four banal; mais on y trouvait un puits public (1).

On allait d'Entre-Deux-Ponts à Bar-la-Ville par le *Pont Notre-Dame* ou *Grand Pont*. Ce pont, construit d'abord en bois, plus tard en pierre et en bois, avait au XVIe siècle, tout comme aujourd'hui, cinq arches, reposant sur de fortes piles, garnies de solides éperons pour résister au courant et aux glaces de l'Ornain (2); il n'en nécessita pas moins de nombreuses réparations partielles, opérées d'ordinaire par des maçons de Trémont. On le recouvrait fréquemment de « vidanges et grèves », c'est-à-dire de pierrailles et de sable, pour en tenir les abords propres (3). Comme tous les ponts en pierre à cette époque, le pont Notre-Dame était construit en dos d'âne : au centre, sur la pile d'amont, se trouvait, peut-être depuis sa reconstruction en pierre (4), une chapelle dédiée à sainte Barbe et sainte Anne. Cette chapelle, qui faisait probablement corps avec la pile centrale, avait certainement la même forme que celle qui a subsisté (5), si ce n'est pas la même, et existait sans doute bien avant l'année 1582, où nous savons qu'on en raccommoda la serrure; elle était close d'une porte ou poterne de bois ferré, soigneusement fermée, parce que « les pauvres y faisaient des immondices », bien qu'elle semble avoir été un lieu de pèlerinage (6).

874, f°s 62 et 63; *CC1*, *s. a.*, f° 49 v°; *B. 643*, f° 216, qui indique aussi un *Cheval-Blanc* à la Ville haute. Actes de 1618 et 1628 : *B. 260*, f°s 165 v° et 69.

(1) *Annales*, le 1er juin 1594 : *Ms. 52*, f° 22.

(2) Bellot, p. 231-2. En 1523-24, on y emploie encore des chênes : *B. 724*, *Inventaire* cité. — *Annales* au 1er janvier 1573 : *Ms. 52*, f° 5.

(3) *CC1*, comptes de 1590-93, 1593-95 et 1596-98; fin; f°s 49 et 56; f° 72 v°.

(4) D'après un *ms.* communiqué par M. Bouchet à l'archiviste Marchal : *GG*^62, liasse 9.

(5) D'après le tableau de la Crucifixion, dans A. Martin, *le Vieux Bar*, p. 3.

(6) Comptes de 1582-84, 1586-88 et 1596-98 : *CC1*, *s. a.*, f°s 75, 57 v° et 75. — Comptes de 1597 : *B. 911*[1], f° 44 v°. En 1632, le conseil décidera de rétablir une « latrine sur le pont Notre-Dame », peut-être située en face de cette chapelle et pour en interdire l'accès. *Ms. 214*[1], f° 184.

Il existait des maisons au « coin des écoutoires » du Grand pont, à la fois à gauche, du côté d'Entre-Deux-Ponts, et à droite, vers Bar-la-Ville, soit « du côté du Couchot », c'est-à-dire en aval, soit surtout « du côté du haut », c'est-à-dire en amont, où elles étaient voisines d'une maison à échauguette et de la ruelle ou *rue du Sac*, d'où un « grand chemin » conduisait hors de la ville (1); toutes les maisons ainsi voisines du pont étaient sans doute assez pauvres et habitées par des artisans. Elles faisaient partie de *Bar-la-Ville*. Ce carrefour ne comprenait guère, en dehors de la rue du Sac, qu'une seule rue, aujourd'hui rue Bar-la-Ville, où l'on trouvait quelques maisons peuplées de vignerons dont l'une, occupant sans doute la place d'une ancienne hôtellerie, portait le nom de « la Corne-du-Cerf » et une autre, voisine du prieuré Notre-Dame, était l'hôtel Saint-Nicolas (2).

Au bout de cette rue s'élevait l'*église Notre-Dame;* son principal portail, qui s'ouvrait au Nord et paraît avoir été garni de sculptures gothiques, renfermait une grande porte fermée par une « grosse serrure à bosse » (3). Sa toiture en ardoises était recouverte de « fontes de plomb » et sa nef surmontée d'un clocher élancé, de forme carrée « dont la tour de pierre de taille avait jusqu'à la couronne 135 pieds; la flèche couverte de plomb », terminée par une croix et un coq en avait autant, ce qui faisait 270 pieds, soit 90 mètres de hauteur totale (4). Aussi la tour du clocher dominait la vallée de l'Ornain et les bourgeois y fai-

(1) Comptes de 1582-84, de 1583 et 1570 : *CC1, s. a*, f° 71; *B. 874*, f° 62 v° et *865*, f° 62. Contrat du 16 janvier 1578 : *GG*[62], liasse 9e; cf. acte de 1618 : *B.260*, f° 65. Comptes de 1573-75 : *CC1, s. a.*, f° 37; contrat de 1595 : *DD1*, f° 127.

(2) Comptes de 1596 et 1594 : *B. 910*[3], f° 21, et *910*[1], f° 20 v°; contrat de 1587 : *DD1*, f° 86. On peut se demander si cette maison n'est pas celle de l'hôtelier Jacques Louis, gouverneur du carrefour, dont nous parlerons plus bas. — Sur l'hôtel Saint-Nicolas tenu en 1598 par Pierre Poyart, v. *Annales de l'Est*, juillet 1902, p. 36

(3) Rosières, *Stemmata*, p. 39. Comptes de 1598 à 1600 : *GG*[57], f° 43 v°.

(4) Comptes de 1584-85 : *GG*[55], f° 76 v°. Réponse (faite vers 1619) au prieur dans le procès au sujet de la réparation de l'église : *FF1*.

saient le guet en temps de guerre ; malheureusement, par sa hauteur, la flèche attirait la foudre : elle y tomba dans la nuit du 1er août 1575, frappant deux particuliers sans les faire mourir (1). La tour renfermait « six belles cloches », deux grosses, deux moyennes dont l'une fut refondue le 22 avril 1583, et deux petites (2). Il y avait de plus un petit clocher couvert d'ardoise et renfermant une seule cloche (3). L'église avait la forme d'une croix, avec une nef et des bas côtés ; le sol en était pavé et les fenêtres fermées de vieux vitraux ; elle était décorée de sculptures sur bois, œuvre de Ligier Richier, et depuis 1596 de nouveaux fonts baptismaux, dus à la libéralité de Jean Grandidier et sa femme (4). Elle contenait un grand nombre de chapelles, dont quatre étaient adjacentes au chœur et disposées deux à deux de chaque côté, et dont les autres, généralement extérieures à l'église, étaient couvertes en tuiles plates ; les principales parmi les quatre premières étaient la chapelle Saint-Nicolas, située « du coté du grand autel », à l'extrême droite, et la chapelle de la Gésine ou de la Conception, dont l'autel portait l'image de Notre-Dame, qui était la plus voisine de la chaire à prêcher située à gauche. Les autres chapelles étaient celles de Sainte-Croix ou de l'Annonciation, des Prudhommes ou de Notre-Dame de Lorette, de Sainte-Lucie et Saint-Jean, de la Spina, de Saint-Jean et Sainte-Madeleine, de Sainte-Marthe, Saint-Jacques et Saint-Christophe, de Saint-Michel et Sainte-Barbe (5).

(1) *Annales*, en décembre 1589 et 1er août 1575 : *Ms 53*, f°s 16 et 6. Comptes de 1575 et de 1574-76 : *B. 2972* et *GG*^{53}, f° 87 v°. Cf. Bellot, p. 210.

(2) *Annales* citées, le 14 mars 1619, *s. a.*; *CC1*, comptes de 1582-85, f° 59 et v°, et 1596-98, f°s 71 et 84.

(3) Gillant, *Pouillé* cité, p. 163, note.

(4) *Ibid.* Comptes de 1582-83 et 1584-85 : *CC1*, *s. a.*, f° 73 et *GG*^{55}, f° 82. — Calmet, *Notice* citée et *Annales*, *ms. 53*, f° 25.

(5) Actes de fondation : *GG*^{62}, dossiers 1 à 4. Contrat de 1571 : *Cartulaire* Vincent, f°s 8 v° et 376. Comptes de 1573-75, 1593-95, 1582-83 et 1574-76 : *CC1*, *s. a.*, f° 37 v°, f°s 45 et 48 ; *GG*^{54}, f° 94 et *GG*^{53}, f° 78 v°. Comptes de 1583 : *B. 873*, f° 89 v°. Lettres-patentes de 1564 et 1560 : Arch. de Meurthe-et-Moselle, *B. 36*, f° 116 v° et *33*, f° 206. Comptes de 1521-22 :

Devant le petit portail de l'église était un petit cimetière, formant une sorte de place, ombragée d'ormes vieux et énormes, dont l'un avait près de douze pieds de diamètre [1]; derrière l'église se trouvait le grand cimetière, entouré de murailles couvertes de tuiles, fermé de poternes ferrées et renfermant deux maisons ou plutôt deux bicoques, habitées l'une par le « fossier » ou fossoyeur, l'autre par le « marlier » ou marguillier de la paroisse, qui était en même temps organiste [2]. Tous les autres bâtiments et les jardins situés autour de l'église appartenaient également au prieuré de Notre-Dame [3].

A Bar-la-Ville faisait suite *le Couchot*, c'est-à-dire le faubourg situé au Couchant [4]; on y trouvait une assez grande maison de culture avec étables et foulerie, une tannerie voisine de la maison de Gérard Remy, qui nous paraît être l'auteur des *Annales* inédites citées plus haut [5], et surtout des petits logis assez pauvres. La rue principale, sinon l'unique rue, était *la rue du Four*, qui aujourd'hui encore a gardé ce nom, qu'elle tirait du four banal [6]. Comme il y a un siècle, la rue du Four s'arrêtait au coin de la rue actuelle du Couchot, dont nous ignorons le nom ancien; nous savons du moins que, dans l'extrémité infé-

B. 537, Inventaire. — Sur la disposition de quelques-unes de ces chapelles, voir le plan de 1623 copié par Maxe-Werly, Collection, *nº 32.481* : aux chapelles Saint-Nicolas et de la Conception correspondent, à gauche du chœur, celles du Rosaire et de Saint-Georges, tandis que les chapelles Saint-Michel et Sainte-Lucie sont à l'opposé, à droite et à gauche du petit portail. Toutes les autres chapelles paraissent avoir été situées hors de l'église et ne sont pas identifiées sur le plan.

(1) *CC1*, comptes de 1582-85, fº 72 vº. *Annales* au 16 mars 1610 : *ms. Remy, s. a.* Cf. Konarski, p. 100 et plan de 1623 cité ci-dessus.

(2) Comptes de 1573-75, 1582-85 et 1596-98 : *CC1, s. a.*, fºs 31, 60 et 71-72.

(3) Konarski, p. 100-1.

(4) Ce même lieu-dit existe à Waville (Meurthe-et-Moselle), du côté où le soleil se couche.

(5) Comptes de 1596 : *B. 910*^{2}, fº 27. — Comptes de 1574-76 : *GG*^{43}, fº 13.

(6) Comptes de 1596 et 1584 : *B. 910*^{1}, fº 25 et *569*, fº 9. Cf. Bellot, p. 236.

rieure de cette dernière, depuis la croix actuelle, coulait le ruisseau du *Naveton* qui, après avoir traversé le prieuré derrière l'église Notre-Dame, s'épanouissait à l'air libre et était traversé par un pont qui appartenait à la Ville; au-dessous de la rue du Four, un peu avant de finir dans l'Ornain, il faisait mouvoir *le Moulin du Couchot*, dont le nom a aujourd'hui subsisté dans la rue adjacente du Moulin (1). Derrière toutes ces maisons et sur les bords mêmes du ruisseau s'étendaient des jardins; au delà, sur l'emplacement du futur Pâquis où s'élève aujourd'hui notre lycée, se trouvaient les « corvées de l'Isle » relevant de l'abbaye de l'Isle-en-Barrois (2). Les jardins du Couchot étaient bordés par derrière par les « grands chemins », c'est-à-dire les routes de Behonne et de Chardogne; à l'endroit où ces routes atteignaient le faubourg, sans doute derrière « la Croix » et au delà de « la Chalaide » de Behonne, se trouvait une barrière qui formait le point extrême de la ville au Nord-Ouest : il était permis de construire à l'intérieur, mais non en dehors de cette barrière (3).

Tous ces différents faubourgs étaient reliés entre eux et communiquaient directement avec le reste de la ville; il n'en était pas de même de celui de *Marbot*, situé au Nord-Est de Bar, à une assez grande distance de l'Ornain. Ce faubourg était sans doute assez peu considérable; comme le Couchot, il ne comprenait guère que deux rues, la *rue du Four* et la *rue du Moulin* (4). La première, qui conte-

(1) D'après le cadastre. — *CC1*, comptes de 1590-93 non paginés. Près de ce pont était un noyer. — Contrat de 1524 : *B. 228*, f° 138 v°. Cf. Bellot, p. 236.

(2) *CC1*, comptes de 1573-75, f° 12 et v°.

(3) Contrat de 1587 : *Cartulaire Vincent*, p. 55. Comptes de 1583-85 et de 1588-88 : *CC1*, *s. a.*, f°s 71 et 72 v°. Bail de 1583 : *B. 266*, f° 247. *Ms. 53*, f° 17. Bellot, p. 201, montre qu'au XVIIe siècle la croix était « au bas de la Chalaide de Behonne, tirant à la Petite Égypte », laquelle n'est pas mentionnée au siècle précédent. — Un jugement du 18 décembre 1588 mentionne « la rue derrière les Barrières allant à Behonne » : *C. Bailliage*. Il s'agit évidemment de la rue située au-delà des Barrières et qui menait au village.

(4) Bellot-Herment, p. 193.

naît évidemment le four banal, ne nous est connue que de nom; elle était certainement moins importante que la seconde, où les Bénédictins et les Antonistes possédaient plusieurs propriétés (1). Le moulin, qui appartenait lui-même à la collégiale Saint-Maxe, était sans doute situé dans la propriété Varin-Bernier actuelle et actionné par un ruisseau parallèle au Naveton, qui se jetait dans l'Ornain un peu avant le pont Notre-Dame; le moulin et le ruisseau étaient entourés de jardins (2). Enfin, le faubourg possédait un pressoir (3).

Le « chemin de Marbot » rejoignait « le grand chemin allant à Naives » (4), aujourd'hui rue de Saint-Mihiel, qui traversait l'Ornain sur le *Pont Neuf* ou *Grand Pont-Neuf*. Ce pont, qui existait au moins depuis le début du XVIe siècle, paraît avoir été d'abord construit en bois; il était certainement peu solide, car, à la suite de la rupture d'une pièce de bois qui le soutenait, on dut l'étayer de deux poteaux, pour le passage du duc, vers 1582 (5); ses restes furent emportés par des crues de la rivière, en décembre 1589 et mars 1595. On devait le rebâtir en pierre au début du siècle suivant et lui donner la forme en dos d'âne qu'il a toujours gardée (6). Il était ordinairement recouvert de grèves, comme le pont Notre-Dame (7).

Ces deux ponts étaient réunis, avant le faubourg d'Entre-deux-Ponts, par une route qui est devenue la rue de la Rochelle et qui était alors bordée de jardins surtout à

(1) Comptes de 1594 : *B. 910'*, f° 12; Bellot, p. 190-1.

(2) D'après le registre capitulaire, *G*1, f° 336 v°, le cadastre et le plan Dom Calmet. — *Cartulaire* Vincent, f° 57 et *CC1*, comptes de 1573-75, f° 21.

(3) *CC1*, comptes de 1582-85, fos 23 et 26; contrat de 1589 : *Cartulaire* cité, f° 57 v°.

(4) Comptes de 1584 : *B. 569*, f° 17.

(5) Comptes de 1518 et 1523-25 : *B. 718* et *724-5*, *Inventaire* cité. Cf. comptes de 1545 : *Ms.* I41, *s. a.* 1603. — Comptes de 1582-88 : *CC1*, *s. a.*, f° 72 v°.

(6) *Annales* de Bar, dates citées, 1er juillet 1603 et 22 mars 1606 : *Ms. 52*, fos 16, 23, 102 et 105. Cf. Bellot, p. 193-4.

(7) Comptes domaniaux de 1573 : *B. 747*, f° 81 v°, et comptes municipaux de 1586-88 : *CC1*, f° 57 v°.

droite. De ce côté, les propriétés, qui allaient jusqu'à l'Ornain, occupant le lieu dit le *Pressoir des Prés*, étaient belles, vastes, régulières et généralement entourées de murs; les principales étaient les deux propriétés contiguës d'Hector Errard et de Jean Vincent. Cette dernière embrassait à peu près un espace allant aujourd'hui de l'extrémité orientale des Magasins réunis jusqu'auprès de la rue des Minimes, qui était alors une simple ruelle, menant à l'Ornain; elle comprenait toute une exploitation agricole avec écurie, grange et pressoir, caves et greniers, formant les communs, du côté de l'Ornain. En avant s'élevait l'habitation principale, qui comprenait, au coin de la route et de la ruelle, la maison, flanquée d'un colombier derrière laquelle, à l'endroit du marché actuel, s'étendait un beau jardin avec un verger d'arbres fruitiers. Cette maison, à qui son aspect de château-fort paraît avoir valu le nom de *la Rochelle*, semble avoir été jusqu'à la fin du XVIe siècle la seule maison du faubourg auquel elle allait bientôt donner son nom (1).

Il n'en était pas tout à fait de même des *Clouyères*, qui comprenait des constructions isolées. Avant d'être l'avenue qui devait devenir le boulevard de la Banque, les Clouyères ou *Cloières* étaient un emplacement vague et inculte, qui tirait sans doute son nom de ce qu'on y étendait les pièces de drap, pour leur donner toute leur longueur, sur des perches appelées rames ou *cloyères;* à la fin du XVIe siècle, on y avait planté une potence pour les exécutions capitales (2) et les abords en étaient garnis de jardins et de petites constructions. On y arrivait du faubourg d'Entre-deux-Ponts en contournant les fossés du Bourg par le trajet de la rue du Cygne actuelle, où existait déjà, semble-t-il, vers le numéro 4 actuel, l' « hôtel du Cygne » qui devait

(1) V. pour les détails notre communication de mai 1914.

(2) Les « Cloières dessous le Chastel »; comptes de 1373-76 : *B. 1040*, f° 6 v°. Cf. Bellot, p. 389. Sur les « cloyères », v. E. Duvernoy, *Les corporations ouvrières* dans les duchés de Lorraine et de Bar au XIVe et au XVe siècles. Nancy, 1907, p. 32 et 35. — V. plus bas, à propos de la justice.

lui donner son nom (1). Il n'y avait pas de maisons à droite, où se trouvaient d'abord des grèves et plus tard des jardins (2). A gauche, au delà des émouries et des jardins des fossés du Bourg, s'étendaient d'abord des jardins plus vastes appartenant à de riches bourgeois comme Maxe Errard, des anoblis comme Antoine Rossiers ou des chanoines comme François Bertin (3). Puis on arrivait à la propriété de la commanderie Saint-Antoine. C'était un vaste enclos, comprenant une chapelle, un cimetière et un jardin servant aux malades, aux morts et aux pauvres de l'hôpital; en 1596, Charles III y ajouta quelques jardins voisins dépendant de la commanderie et de l'hôpital et établit là le couvent des Capucins, qui s'étendit ainsi sur tout l'espace aujourd'hui compris entre le boulevard, de la ruelle de l'Équerre aux maisons faisant face au pont Saint-François, et le canal des Usines (4). Le lieu-dit compris entre l'extrémité de ce boulevard et ce canal s'appelait le *pré Jarrey*; la partie qui en avoisinait le chemin des Clouyères était au XVIe siècle plantée de noyers, qui paraissent y avoir déjà formé une promenade ou mail (5).

A l'extrémité gauche des Clouyères, à l'endroit où il

(1) « Le connétable de Montmorency arriva et logea à l'hôtel du Cygne avec belle suite ». *Annales*, en 1603 : *Ms. 53*, p. 101. Cet hôtel pouvait donc se trouver sur la route de France, par suite du côté des Clouyères, où existait en 1720 l'hôtel du Cygne : Bellot, p. 388. Nous donnons sa situation d'après le plan de 1728 cité plus haut, p. 156, n. 2.

(2) V. plus bas, p. 184, n. 3.

(3) *CC1*, comptes de 1573-75, f° 22 et de 1586-88, f° 72.

(4) Lettres-patentes du 12 mars 1599 : *Ms. I*[41], *s. a.* Comptes de 1574, 1573-75 et 1594 : *B. 909*[1], f°s 19 et 23 v° ; *CC1*, *s. a.*, f° 7 : *B. 910*[1], f° 19 v°. — Cession du 1er octobre 1597 : *Ms. I*[40], *s. a.* Comptes de 1596-98 et de 1599 : *CC1*, f° 59 et v° : *B. 579*, f° 20 v°. Cf. Bellot, p. 303 et L. Forêt, communication de 1914.

(5) *CC1*, comptes municipaux de 1596-98, f°s 59 v°-60 et comptes domaniaux de 1596 : *B. 910*[3], f° 27. — Au bout d'un jardin joignant le cimetière des Clouyères était un « nouyer » ; le pont Cachedenier cité ci-dessous était situé « ez Nouyers » de Bar. Cf. « François Cachedenier proche du pont au-dessus des Moulins de Varennes et du côté des mailles » : *CC1*, comptes de 1572-75, f°s 25 v° et 46 ; de 1582-85, f° 9 v° et de 1586-88, f° 12 v°. La promenade est marquée sur le plan de Dom Calmet.

s'élève encore aujourd'hui, était le *moulin le Comte*, fondé peut-être au XIVe siècle par le comte de Bar, Henri IV, auquel il appartenait (1); il était actionné par le canal des Usines, aux bords duquel se trouvait une émourie, bâtie en 1581 par le taillandier Edmond Rouyer, sans doute à l'emplacement des *Foulans*, sur la rive gauche du canal, tout près de sa terminaison dans l'Ornain (2). Le canal était franchi, comme aujourd'hui, au-dessous du moulin le Comte, par un petit pont de pierre, nommé *pont Cachedenier*, du nom de celui qui l'avait bâti en 1576, et conduisant des « Clouyères et faubourgs de Bar » au « grand chemin de Fains » (3), qui comprenait ce qui est aujourd'hui la route de Fains et la rue des Foulans. Le début de ce chemin s'appelait « rue du Moulin le Comte » et, outre celui-ci, comprenait du même côté au moins une maison, habitée par Vincent Grautas, chevaucheur des bois de la gruerie; près du moulin se trouvait, semble-t-il, une poudrerie, ce qui avait fait nommer le chemin qui montait en face, dans la côte, la « Chalaide des Moulins » (4). Le chemin était ensuite bordé de jardins, qui allaient jusqu'au canal des Usines; mais il n'y avait pas de maisons, sauf probablement à droite, à l'extrémité, où la route rejoignait la rue de Véel (5). Cette partie de la route ne paraît pas avoir porté le nom de rue des Foulans qu'elle a gardé aujourd'hui; c'est sur le canal, vers son extrémité, que se trouvaient les *Foulans*, qui avaient été évidemment un moulin ou « battant » servant à fouler et lainer les draps avant de les étendre sur les cloyères (6).

(1) Cadastre; Bellot, p. 394.

(2) Actes de 1580 à 1582 : *B. 862*, f° 831 v°; *266*, f° 224 et *264*, f° 41 v°; *DD1*, f°s 101-2. Cf. Bellot, 264-5. C'était d'abord un moulin à armes. Comptes de 1551-2 : *B. 554*, f° 174.

(3) *CC1*, comptes de 1573-75, f°s 10 v°, 25 et 47. Ce pont devait être reconstruit en septembre 1608 : *Ms. 53*, f° 107.

(4) Bail de 1585 : *DD1*, f° 13 v°. — Comptes de 1589 : *B. 1392*, f° 46 v°; cf. Bellot, p. 263-4. *CC1*, comptes municipaux de 1582-85, f° 10; comptes domaniaux de 1596 : *B. 910*[2], f° 24 v°.

(5) *CC1*, comptes de 1573-75, f° 11. — Plan de 1617.

(6) Comptes de 1574 : *B. 868*, f° 92; cf. en 1546-47 et 1611 : *748*

Nous ne trouvons presque pas d'habitations isolées en dehors de ces faubourgs, sauf dans les dépendances des carrefours et sur les bords du canal. De la rue de Véel, on regagnait les abords de la Porte-au-Bois par la *ruelle Sainte-Béatrice*, *Dame-Béatrix*, ou *Dame-Vitry*, aujourd'hui rue du Pâquis, qui remontait la côte Biétrix ; à cette Porte aboutissaient « le chemin de la Croix le Créau », qui était peut-être la rue du Jard (1), et différents chemins allant au Haut-Juré. Aux environs de la Porte se trouvaient des jardins, appartenant sans doute aux habitants de la Ville haute, et probablement les ormes du Pâquis, couronnant l'épaulement qui masquait la Porte (2). Au bas de cet épaulement et de la côte qui portait les fortifications de la Halle à l'Est, était « la vallée de Polleval » ou *Polval*, suivie par un chemin rejoignant celui qui arrivait à la Porte-au-Bois (3). Ce chemin de Polval se croisait avec celui qui sortait de la Neuve ville par la Porte Saint-Jean ; près de cette Porte, en descendant vers le Pont-Neuf, évidemment dans le Parc actuel, sur la butte occupée par le temple, se trouvait le jardin du *Soleil Levant*. Ce jardin, qui appartenait aux familles Génicourt et Bouvet, occupait ainsi la partie orientale de Bar-le-Duc et dominait le canal des Usines à son entrée dans la ville (4).

Ce canal, qu'on appelait alors « le bief » ou canal des

et *765*, *Inventaire* cité. Bellot, p. 265 ; cf. Duvernoy, *Corporations*, p. 35, note 8.

(1) Comptes de 1573, 1584, 1590 et 1612 : *B. 567*, f° 22 v° ; *569*, f° 24 v° ; *571*, f° 23 v° et *634*, *Inventaire*. *Annales* au 23 avril 1643 : *Ms. 53*, *s. a.* Cf. Bellot, p. 328. — Mêmes comptes, *B. 569*, f° 25 v° et *571*, f° 25. La Croix le Créau était peut-être la croix du coin de la rue de Pilviteuil, aujourd'hui en pierre, jadis en bois, d'après Bellot, p. 327. — Elle se confond sans doute avec la Croix Bréhans des Comptes de 1612, *B. 634*, *Inventaire*.

(2) Comptes de 1573 : *B. 567*, f° 23. Bellot, p. 328-9.

(3) Comptes de 1576 : *B. 748*, f° 1 et v° ; cf. Bellot, p. 265.

(4) Les héritiers de maître Pierre Bouvet « pour le jardin au Soleil Levant près la porte Saint-Jean », en descendant au Pont-Neuf. Comptes de 1570 et 1583 : *B. 865*, f° 62 v° et *874*, f° 63 v°. Cf. comptes de 1574-75 : *869*, *Inventaire*, et Bellot, p. 404-5.

moulins, de l'eau ou de la rivière de la Neuve ville, allait « des écluses de Savonnières » jusqu'aux Foulans. Ces « hautes écluses », situées sans doute à la Grande Brèche, à l'endroit où le canal actuel se sépare de l'Ornain, paraissent avoir compris à la fois un barrage ou digue tant de pierre que de bois et une écluse avec portes : le barrage était formé par des écussons de pierre de roche où étaient plantées de grosses tiges de fer, par des chênes et des fagots, reliant sans doute les barres de fer entre elles, les écluses proprement dites renfermaient des vannes, le long de l'écluse s'étendait une chaussée qui paraît avoir été garnie de grève. Il fallait y réparer fréquemment les dégâts commis par les grandes eaux (1). On vidait assez souvent le lit du canal pour le curer, on en déversait les boues sur les revers des fossés de la Ville basse et, au besoin, on le coupait pour exécuter sur son parcours les réparations ou les constructions nécessaires, comme celles des ponts (2). En amont de la Neuve ville, à l'extrémité orientale du Parc actuel, le canal était traversé par le *Petit Pont-Neuf*, au-dessus et au-dessous duquel la rive droite du canal, la plus basse, était bordée successivement de prés et de jardins (3). La fraction de cette rive allant du Petit Pont-Neuf à la Porte Saint-Nicolas était composée d' « accrues d'eau », c'est-à-dire sans doute de terrains inondés périodiquement ; la Ville les abandonnait pour en faire des jardins à des particuliers, qui devaient entretenir, par devant, le chemin allant à la Ville et, par derrière, un fossé servant à écouler les eaux du canal. Un de ces jardins, situé près du canal des Usines, était appelé le « Jardin Chésaulx », du nom de la veuve du prévôt Chésaulx ; un autre, situé dans le voisinage et

(1) V. Comptes de 1531-32 : *B. 728*, *Inventaire*, l'énumération de tous les travaux faits « aux écluses ». — Comptes de 1497, 1570, 1571, 1573 et 1590 : *B. 522*, f° 143 et v° ; *745*, f° 72 v° ; *746*, f° 72 v° ; *747*, f°s 80-82 et 85. — Comptes de 1571 et 1572 : *B. 866*, f° 95 et *746*, f° 79.

(2) Comptes de 1570 et 1574 ; *Annales*, au 4 septembre 1608 : *B. 745*, f° 72 v° et *868*, f° 92 ; *Ms. 53*, f° 107.

(3) Contrat de 1573 : *DD1*, f° 221 v°.

s'étendant jusqu'à la vieille busine des fossés, avait été vendu à Jean Vincent, qui en fit un parterre sans doute à l'endroit des futurs jardins d'agrément, *Hortus voluptuarii* du plan de **1617**; un peu plus tard, le même président acheta un second jardin plus grand, ou « pàquis derrière les jardins de l'autre côté de l'église Sainte-Claire », probablement plus bas, près des fossés de la Neuve ville : ce jardin était voisin d'un autre appartenant à l'ancien maire, Sébastien Gravel, et d'une saussaie (1).

Du Petit Pont-Neuf on gagnait le Grand Pont-Neuf par « le chemin tirant à Marbot », la rue Louis Joblot actuelle, et l'on arrivait à l'Ornain, dont les deux rives étaient, dans toute la traversée de la ville, bordées de prés ou de jardins. Sur la rive gauche, on trouvait d'abord, au-dessus du Pont-Neuf, sans doute le pré Haguenot, puis le pré le Chevalier, qui embrassait non seulement le quai du Champ de Mars actuel, mais encore l'espace compris jusqu'au canal des Usines, probablement au moins jusqu'à la caserne actuelle; ce pâquis, précédemment couvert de saules, avait été « réduit en gravières », c'est-à-dire en sables à force d'être raviné par les inondations de la rivière (2). Les jardins commençaient au-dessous du Pont-Neuf et continuaient jusqu'au confluent du canal des Usines, formant une « chaîne de meix » à peu près ininterrompue : on en trouvait au Pressoir des Prés, le long du futur faubourg de la Rochelle, jusqu'à celui d'Entre-deux-Ponts, au-dessus et au-dessous du Pont Notre-Dame et le long des Clouyères, jusqu'à la dernière émourie (3). Entre les deux ponts de l'Ornain, surtout au Pressoir des

(1) Comptes de 1541-42 : *B. 734*, *Inventaire;* contrats de 1579 et 1582 : *DD1*, f° 62 et *Cartulaire Vincent*, f° 42; cf. Bellot, p. 405. — *Annales*, au 16 juin 1598 et contrat de 1597 : *Ms. 53*, f° 27 et *Cartulaire* cité, f° 43 v°.

(2) Comptes de 1565 et 1577 : *B. 562*, f° 146 v° et *871*, f° 58 v°. Actes de 1596 et notes : *Cartulaire* cité, f°s 45 v° à 47. C'est sans doute au-dessus du Pont-Neuf que se trouvait « la chaussée du Pont-Neuf, joindant les prés de la Ville » : *CC1*, comptes de 1582-85, f°s 29 et 70 v°.

(3) *CC1*, comptes de 1582-85, s. p., et de 1573-75, f°s 33 v° et 11; contrats de 1586 et 1581 : *Cartulaire* cité, f° 38 v° et *B. 266*, f° 224.

Prés, ces jardins étaient assez nombreux et avaient été faits aux dépens des gravières qui couvraient la rive gauche; de ce côté, le cours de la rivière, aujourd'hui régularisée, était, semble-t-il, assez capricieux, moins peut-être du fait de la nature (1) que par la faute des habitants. Comme les particuliers avançaient sans cesse leurs jardins vers l'Ornain, « les eaux venant à flotter contre ces avancements » et ne pouvant s'écouler sous le Pont Notre-Dame, s'amassaient en amont, regorgeaient contre les maisons situées derrière le faubourg d'Entre-deux-Ponts, les minaient et menaçaient celles qui étaient construites sur le pont même; aussi, quand les tenanciers négligeaient d'en entretenir les bords, la ville devait-elle, soit creuser une tranchée derrière les jardins au-dessus du pont, pour y faire écouler l'eau, soit mettre les jardins à l'alignement, du côté de la rivière, en supprimant les usurpations (2). Les jardins se continuaient probablement au-dessous du Pont jusqu'à une ruelle qui allait de l'Ornain aux Clouyères, sans doute à l'emplacement de la ruelle qui prolonge aujourd'hui la rue de l'Équerre; au delà de cette ruelle, jusqu'à la terminaison du canal des Usines, s'étendaient des terrains, d'abord composés de grèves et qui, en 1570, avaient été vendus par la Ville pour être convertis en jardins, à plusieurs riches particuliers, comme le marchand Bonaventure Arrabourg ou la veuve du maire Jean de Mussey (3).

La rive droite de l'Ornain n'était pas moins que la gauche couverte de jardins, formant aussi « une chaîne de meix », s'étendant au-dessus comme au-dessous du Pont-Neuf; mais elle était encore plus bordée de gravières qui avaient donné leur nom au « Pâquis de la

(1) Un plan du 9 octobre 1758, conservé à la mairie, ne montre le gravier avançant vers l'Ornain que vis-à-vis la rue actuelle des Minimes.

(2) Contrat cité de 1586, *Cartulaire*, f° 38 v°. Cf. Bellot, p. 198-9, qui a confondu avec la rive droite. *CC1*, comptes de 1583-85 et f°s 70 v°, 71 v°, 72 et s. p., de 1573-75, f°s 31 et 35. Cf. Konarski, p. 134.

(3) Contrats de 1573 et 1574 : *DD1*, f° 61 et comptes de 1596-98, *CC1*, f°s 87 et 26. Cf. Bellot, p. 390.

Grande Gravière », situé près du Pont, évidemment à l'emplacement des futurs quai et rue des Gravières, aujourd'hui quai Victor-Hugo et rue Exelmans [(1)]. Les bords de la rivière, au-dessus du Pont Notre-Dame, s'appelaient *la Gravière*. En 1586 et surtout en 1592, de riches marchands, l'hôtelier et futur gouverneur Cuny Lambert, Étienne Robinet, Claude Parisot et le maire Michel Henrion, y avaient acheté des terrains d'un à deux jours d'étendue, pour y établir des jardins et élever quelques constructions. Ces jardins étaient, comme ceux de l'autre rive, parfois ravagés par les inondations de l'Ornain ; le « grand chemin » allant, par la ruelle du Sac, de Bar-la-Ville à Marbot, les séparait du *Pré Saint-Urbain* [(2)], qui s'étendait jusqu'à l'emplacement actuel de la rue Saint-Urbain, au moins, et sur une partie de celui de la place Exelmans.

IV

La Ville et sa population.

Telle que nous venons de la décrire, la ville de Bar-le-Duc avait à peine la moitié de sa superficie actuelle ; si la Ville haute était à peu près aussi étendue qu'aujourd'hui, la Ville basse était beaucoup moins développée : seul le Bourg couvrait à peu près le même espace, mais il n'en était de même ni de la Neuve ville, ni des faubourgs qui n'étaient guère que d'assez petits pâtés de constructions, quand ils n'étaient pas composés d'écarts, comme Marbot, la Rochelle ou les Clouyères. D'ailleurs les habitations existantes, avec leurs jardins et leurs dépendances, étaient bien moins considérables qu'aujourd'hui ; sans doute, il existait de nombreuses maisons à étage, mais les docu-

(1) *CC1*, comptes de 1582-85, s. p. — Contrats de 1599 et s. d. : *Cartulaire Vincent*, f°s 56 v° et 57.

(2) *CC1*, comptes de 1573-75, f. 36 v°. Contrats de 1598 et 1600 : *DD1*, f°s 127-8 et 130. *Annales*, aux 19 mai 1592 et 7 mars 1596 : *Ms. 52*, f°s 19 et 23.

ments les mentionnent assez rarement (1) : à cette époque où presque chaque famille avait son logis, comme il arrive aujourd'hui à la campagne, il est probable que la plupart des maisons, du moins dans les faubourgs et les rues pauvres, ressemblaient à une maison du Couchot que nous voyons composée « de deux chambres basses tenant ensemble, le grenier dessus de mêmes dimensions, le cellier dessous et le meix derrière » (2). Sans doute la répartition de la population ne pouvait être la même que de nos jours : les riches, qui étaient très nombreux et avaient souvent beaucoup d'enfants, possédaient de nombreux serviteurs; les pauvres, en particulier les ouvriers, formaient probablement de grosses familles; aussi le chiffre de sa population pouvait dépasser la moitié et atteindre les deux tiers de celui d'aujourd'hui.

Nous pouvons arriver par d'autres voies à une évaluation analogue, en établissant des chiffres approximatifs, grâce à quelques renseignements de statistique qui nous sont parvenus. Au milieu du XVIIIe siècle, Bar-le-Duc avait « environ 2.000 feux et 14.000 ou 15.000 habitants »; au début du siècle précédent, elle était « peuplée de 1.500 à 1.600 feux » (3). En tenant compte pour le XVIIe siècle de l'augmentation de la population dans l'espace d'une génération et, pour le XVIe, des ravages occasionnés par les guerres de la Ligue, nous pouvons admettre que, vers la fin de ce siècle, Bar-le-Duc était peuplée de 1.400 à 1.500 feux. Le feu était, alors, identique au ménage ou conduit: nous n'avons pour en contrôler le nombre qu'une liste assez antérieure de conduits imposables, qui porte leur nombre à 367 seulement : il est vrai que, dans cette liste, on ne compte ni les domestiques, ni les personnes exemptes

(1) Exemple : celle de Claude Chebillon, citée plus haut, dans la place Saint-Pierre (en 1561).

(2) Jugement de 1588 cité plus haut, au faubourg du Couchot.

(3) D. Calmet, *Notice* (1756), col. 66; cf. *Pouillé* cité, t. II, p. 162 (en 1749), qui donne en 1469 « environ 2.000 feux ». En 1772 et 1780, on compte également 15.000 âmes : *Ms. 137*, p. 31. — Réclamation faite vers 1618 à la suite de l'incendie de Notre-Dame. *FF1*, dernier dossier.

d'impôt, comme les clercs et les nobles, les gens demeurant dans les fiefs ou les maisons franches, les pâtres et les mendiants, et que les veuves n'y comptent que pour une moitié; aussi ce document ne peut-il guère nous servir qu'à connaître l'importance relative des différentes parties de la ville (1). Quant à la population moyenne d'un feu ou conduit, nous l'ignorons, mais nous croyons pouvoir la fixer comme au XVIIIe siècle à un chiffre variant entre 7 et 8 (2), ce qui ferait une population globale de 10.000 à 12.000 habitants, les deux tiers de la population actuelle.

Nous savons beaucoup mieux quelle était à cette époque l'importance relative des différents quartiers et de quelles classes de la société ils étaient peuplés. Au début du XVIIe siècle, la Ville haute était six fois moins peuplée que la Ville basse et les faubourgs (3) (elle avait donc au plus 2.000 habitants); mais un quart de siècle auparavant, avec ses 80 conduits imposables, elle paraît avoir été celui de tous les carrefours qui avait le plus d'habitants. Elle en était aussi le plus riche : vers le milieu du XVe siècle, elle était déjà « peuplée de gens notables, tant nobles que bourgeois » et artisans, tandis que la Ville basse était habitée par « beaucoup de menu peuple » et d'ouvriers; dans le dernier tiers du XVIe siècle, elle ne renfermait que « peu de roturiers » (4) : c'était, avons-

(1) « Déclaration en bref des feux et conduits des villes et villages du bailliage de Bar », 25 octobre 1569. Bar, Longeville, n° 13 : Arch. de Meurthe-et-Moselle, *B. 520*. Nous en donnerons ci-dessous les différents chiffres par quartiers. — Si le rapport de 4,5 qu'on peut constater pour Bar-la-Ville (v. plus bas, p. 189, note 1) entre le nombre total, 180, et le nombre des conduits imposables, 40, était constant, il donnerait pour 367 conduits imposables un total de 1651 feux, qui ne diffère pas beaucoup de celui que nous supposons.

(2) V. les observations de E. Duvernoy, *les États généraux* des duchés de Lorraine et de Bar, Paris, 1904, p. 367, sur la composition des familles de ce temps.

(3) Lettres patentes du 1er octobre 1605 : *Ms. I^{41}*, *s. a.*

(4) Privilèges de 1444 : *B. 228*, f° 46 v°. — Requête du 16 août 1576 : *Ms. I^{40}*, *s. a.*

nous vu, la demeure du haut clergé, de la noblesse, des gens de robe, des principaux fonctionnaires ducaux et de quelques-uns au moins des plus importants représentants des professions libérales, des artisans s'occupant des industries de luxe et des gros hôteliers et commerçants. D'autres particularités prouvent encore combien elle était habitée par des gens à l'aise : c'est elle qui avait, avec trois de chaque façon, le plus de fours de boulangers à cuire le pain blanc et de « fournels de pâtissiers » ; dans les impôts municipaux, elle était, semble-t-il, taxée au tiers des impôts qui pesaient sur la ville entière (1).

Après la Halle, le carrefour le plus peuplé et le plus riche était le Bourg. A la fin du xvie siècle, il possédait 72 conduits imposables et payait près des deux cinquièmes des taxes municipales (2) ; ses habitants étaient, non seulement quelques privilégiés, ecclésiastiques, nobles et fonctionnaires, mais encore de gros bourgeois, surtout des marchands, dont les « boutiques et venditions de toutes denrées se multipliaient » (3), et des hommes d'affaires de toute sorte; cependant il y avait aussi quelques petites gens, vignerons ou artisans. La Neuve ville venait après le Bourg pour le nombre des conduits imposables, qui était de 55, et probablement pour la proportion des impôts; à la fin du xvie siècle ce quartier était, comme il l'est resté, moins animé que le Bourg, car sa population était composée, outre les religieux mendiants, de riches propriétaires et de fonctionnaires, de peu de marchands, déjà de plus d'artisans habitant de chaque côté du canal des Usines et surtout, sans doute, de vignerons, comme au début du même siècle (4).

Si l'on s'en rapporte au nombre de leurs conduits imposables, les faubourgs venaient, vers la fin du xvie siècle,

(1) Comptes de 1584 : *B. 569*, f°s 12 et 13. — 1.000 francs sur une taille de 3.000 francs; 350 francs sur 1.000 : *CC1*, comptes de 1596-98, f° 94 et *Annales*, au 22 juin 1608 : *Ms. 53*, f° 107.

(2) 192 francs sur 500 : *CC1*, comptes de 1590-93, s. p.

(3) Édit cité de 1571 : Konarski, p. 199 et 211.

(4) Requête de 1511 : *E. 187*.

dans l'ordre suivant : la rue de Véel avec 50, Bar-la-Ville avec 40, Entre-Deux-Ponts avec 36, Couchot avec 22 et Marbot avec 12 ; nous savons, en outre, que Bar-la-Ville avait en tout 180 ou 181 ménages ou feux (1). Au début du siècle suivant, « la plupart » des habitants de ces faubourgs « consistait en vignerons, manouvriers et mercenaires », c'est-à-dire en journaliers (2). Entre-Deux-Ponts était, sinon le plus peuplé, du moins le plus riche : placé aux portes des deux carrefours de la Ville basse, ce faubourg était habité par des bourgeois qui ne voulaient pas demeurer au dedans des fortifications ; situé sur la principale route qui menait de France en Lorraine, il était le passage obligé des voyageurs et renfermait avec le début des Clouyères quelques-uns des hôtels les mieux fréquentés, ce qui explique qu'il ait eu autant de fours de boulangers et de fournels de pâtissiers que la Halle (3) ; le reste de la population était composé de maréchaux et, sans doute, de bouchers ; la Rochelle n'était probablement occupé aussi que par des gens aisés. De même, Bar-la-Ville et le Couchot renfermait des propriétaires et des hôteliers ; mais ces deux faubourgs devaient déjà, au XVIe comme au XVIIIe siècle, être habités surtout par des vignerons, des tonneliers et des jardiniers (4). Les faubourgs les plus pauvres étaient certainement la rue de Véel, peuplée d'artisans, surtout de gens travaillant le chanvre, tisserands ou cordiers, et de vignerons (5) ; Marbot, habité probablement surtout par des vignerons ou des laboureurs (6), et les Clouyères, peuplé, en dehors des Capucins, d'artisans ; aucun de ces trois faubourgs n'avait de pâtissier et le dernier n'avait même pas de boulanger.

Cette population se renouvelait, semble-t-il, assez len-

(1) *Annales*, à avril 1585 et septembre 1592 : *Ms. 52*, fos 11 et 20.

(2) Lettres de 1605 citées plus haut.

(3) Comptes de 1584 et 1608 : *B. 569*, fo 13 et *631*, fo 10 vo.

(4) Konarski, p. 120.

(5) *CC1*, comptes municipaux de 1582-85, fo 44, de 1590-93, s. p. et comptes domaniaux de 1574 : *B. 868*, fo 85.

(6) *CC1*, comptes de 1596-98, fo 64.

tement, mais par un apport régulier des villages du Barrois qui envoyaient à Bar ceux qui pensaient faire fortune à la ville et qui trop souvent ne pouvaient gagner leur vie au village. Dans les années de paix du dernier tiers du XVIe siècle, il vint s'établir à Bar, pendant une période triennale, jusqu'à 35 nouveaux habitants, dont beaucoup, sans doute, avec leurs familles, ce qui ferait environ une cinquantaine d'habitants par an; dès le début des guerres de la Ligue, ce chiffre s'abaissa à 21, pour tomber à 3 au plus fort de la lutte contre Henri IV et à 2 dans la période qui suivit immédiatement la paix; en même temps que diminuait le chiffre des nouveaux venus, celui des pauvres augmentait : de 6 sur 35, près du sixième, il monta à 7 sur 21, c'est-à-dire au tiers. Ces nouveaux « bourgeois » venaient surtout des localités les plus voisines de Bar, soit de villages comme Savonnières, Behonne, Combles, Resson, Longeville, Trémont, Loisey, Contrisson, Salmagne, Mognéville, Seigneulles, Auzécourt, Sommeilles, Anderney, soit de villes comme Revigny, Saint-Mihiel ou Vassy. Ils exerçaient tous les métiers des artisans, surtout, semble-t-il, celui de tisserand et d'hôtelier, et se logeaient presque exclusivement dans les faubourgs (1).

(1) *CC1*, comptes de 1582-85, f° 44; de 1586-88, f°s 49 v° et 50; de 1590-93 non paginé et de 1596-98, f° 63.

SECONDE PARTIE

LES PRIVILÉGIÉS ET LA VIE PUBLIQUE

Au XVIe siècle, le Barrois comprenait, comme la société de l'ancien régime, trois ordres distincts, dont la hiérarchie était : le clergé, la noblesse et le tiers état. Les deux premiers ordres étaient séparés du dernier complètement par leurs privilèges, en partie par leur extraction et leurs fonctions; le clergé dirigeait les âmes par le culte et l'enseignement, la noblesse seule participait au gouvernement et exerçait la vie politique.

I

Le clergé et la vie spirituelle.

§ 1. — *Le clergé séculier et l'enseignement.*

A Bar-le-Duc, le clergé séculier était bien plus nombreux et bien plus riche que le clergé régulier. En dehors de l'*official*, qui jugeait les ecclésiastiques de tout le Barrois mouvant (1), et des chapelains de la paroisse, il était constitué par les prêtres des deux collégiales. La *collégiale Saint-Pierre*, la moins importante des deux, et qui nous est le moins connue, était aussi la moins riche; elle possédait toutefois, outre d'assez nombreux biens, divers

(1) Souhesmes, *art.* cité : *Ann. de l'Est*, juillet 1901, p. 346, note 4.

revenus en nature qu'elle prenait sur le domaine et, le 29 mars 1582, Charles III l'exempta spécialement de l'entretien des gens de guerre (1). Elle paraît avoir été composée, depuis le XIVe siècle, de seize membres qui se recrutaient surtout dans les familles des fonctionnaires de l'administration centrale : c'est ainsi que nous y trouvons, à la fin du XVIe siècle, des représentants de grandes familles d'officiers, le fils d'un gruyer, d'un valet de chambre ou d'un hérault d'armes du duc; mais elle pouvait comprendre aussi des clercs étrangers à la Lorraine et originaires de diocèses voisins, comme celui de Châlons (2). A sa tête était un doyen toujours noble : ce fut en 1552 Jean de Wailly qui, à sa mort, fut enterré dans l'église même; en 1567, Alexandre d'Avrillot; en 1588, Jean Drouin, dont les deux derniers étaient des anoblis. La collégiale Saint-Pierre avait, d'ailleurs, les mêmes statuts que l'autre collégiale (3).

La *collégiale Saint-Maxe* était toujours le premier corps ecclésiastique du Barrois; son chapitre ne comprenait que quatorze chanoines, à la tête desquels était un doyen tiré de la noblesse, avant 1582, Gilles de Trèves, plus tard Gilles Thierat et Guillaume d'Ernécourt (4). Le doyen de Saint-Pierre en faisait partie de droit (5); le recrutement des autres membres rappelait beaucoup celui de la première collégiale, dont plusieurs cumulaient souvent les fonctions de chanoines à Saint-Pierre et à Saint-Maxe. D'ordinaire on prenait, semble-t-il, des neveux d'anciens chanoines ou des fils de fonctionnaires, surtout des cadets de gens de robe, qui servaient de coadjuteurs aux chanoines en fonction avant de leur succéder; souvent, d'ail-

(1) Comptes de 1583 et 1599 : *B. 873*, f°s 86 v° et 98; *579*, f° 18 et v°. — *Ms. 1*^{40}, *s. a.*

(2) Aimond, *art.* cité, p. 167-8. Lettres patentes de 1558 à 1561 et 1569 : Arch. de Meurthe-et-Moselle, *B. 33*, f°s 1, 51 v°, 53, 59, 207, 287 et 319; *B. 38*, f° 125 v° et *B. 39*, f° 166. Comptes de 1571 : *B. 565*, f° 155.

(3) *Pouillé* cité, t. II, p. 53, 44 et 48.

(4) *Id.*, p. 22 et 32.

(5) Renard, *art.* cité, p. 190 et 194.

leurs, on les choisissait parmi les jeunes gens qui avaient fait des études supérieures et étaient gradués en droit ou en théologie (1). Après avoir accompli un premier stage d'une durée arbitraire, ces candidats au canonicat recevaient trois muids de blé, puis faisaient un stage de seize semaines répété pendant plusieurs années; ils étaient alors reçus comme chanoines, devaient acquitter « leurs droits de chape et réception », c'est-à-dire « payer les droits du greffier du chapitre, le scribe du chœur, les marliers » et le bas clergé, et « satisfaire aux banquets et pâts accoutumés », consistant à offrir un dîner d'entrée aux chanoines et aux suppôts (2).

Le chapitre de Saint-Maxe avait des obligations spirituelles et des intérêts matériels; les premières étaient relativement peu considérables, car les chanoines étaient aidés dans les exercices du culte par un nombreux personnel de bas clergé et de laïques. Ils étaient tenus d'assister, dans le chœur, aux offices, tout ou moins au service divin, les dimanches et les jours de fêtes solennelles; quatre fois par an, dont les veilles des fêtes de Saint-Maxe et de Saint-Rouin, ils devaient assister aux chapitres généraux servant « au maintien de la discipline ecclésiastique et à la répression des abus » (3). Ces réunions, qui se tenaient « dans la chambre du chapitre », étaient annoncées par trois coups sonnés à la grosse cloche de l'église et précédées d'une messe dite par un chanoine ou un chapelain; le doyen pouvait y convoquer les vicaires pour leur faire des remontrances (4). Les décisions en étaient rigoureusement secrètes : le chanoine qui était convaincu d'en avoir révélé une était « pendu au croc

(1) Lettres patentes de 1559, 1560, 1569 et 1582 ; registre capitulaire de 1569 à 1574 et comptes de 1573 : Arch. de Meurthe-et-Moselle, *B. 33*, f°s 53 v°, 186 v°; *39*, f°s 63, 65 v° et 166; *51*, f° 14. Arch. de la Meuse, G^1, f°s 302, 305, 307 et v°, 314 v°, 324 v° et 330 v°; *B. 507*, f° 144.

(2) Registre capitulaire en 1561, 1568 et 1569 : G^1, f°s 267, 297, 302, 305 et 331 ; cf. Renard, p. 210.

(3) Registre capitulaire : G^1, f° 337; cf. Renard, p. 212. — *Id.*, p. 218.

(4) Registre cité : G^1, f°s 304 v°, 290 v° et 315.

l'espace de trois mois », pendant lesquels il perdait ses obits et l'entrée du chapitre (1).

Au-dessous des chanoines étaient les vicaires et les chapelains. Les *vicaires*, qui paraissent avoir été au nombre de deux, un haut et un bas vicaire et étaient logés dans les bâtiments de la collégiale, se recrutaient parfois parmi les prêtres des diocèses français voisins du Barrois, d'ordinaire parmi des prêtres lorrains qui, souvent, avaient été enfants de chœur, puis mercenaires à Saint-Maxe (2). Les *chapelains* étaient beaucoup plus nombreux : il y en avait autant que de chapelles, c'est-à-dire environ une dizaine; la principale était la chapelle de Notre-Dame, enrichie de nombreuses fondations par la reine Yolande de Sicile, et dont l'autel était précédé d'une lampe brûlant jour et nuit; ces chapelles paraissent avoir été données, soit à des clercs de grande famille, soit à des chanoines étrangers, car il y avait des « chapelains non résidants », comme ceux de Notre-Dame ou de Saint-Étienne (3). Comme les chanoines, les chapelains devaient payer leur pât et pouvaient être processionnellement inhumés dans l'église (4). A côté du clergé proprement dit de la collégiale, on trouvait les *mercenaires*, prêtres qui, en attendant d'être pourvus d'une cure, desservaient les chapelles des chapelains non résidants; ils en avaient la « mercenairerie », c'est-à-dire l'office payé, et disaient, à raison de 6 blancs chacune, « les messes de la mercenairerie » (5). Vicaires et chapelains devaient, sous peine de perdre l'obit et les fondations, porter l'aumusse à l'église pendant le service divin, assister « soigneusement » dans le chœur aux matines et aux heures, psalmodier lentement, distinctement et modérément en « faisant pose à la

(1) *Id.*, f° 314.

(2) *Id.*, f°s 309, 320 v° et 333.

(3) Comptes de 1570, 1583 et 1590 : *B. 865*, f° 89; *873*, f°s 85 et 103; *571*, f° 15 et v°. Cf. Renard, p. 215. — Registre capitulaire : *G*[1], f°s 309, 331 v° et 283 v°.

(4) *Id.*, f°s 292 v° et 297.

(5) *Id.*, f°s 282, 283, 294 v° et 305 v°.

méditation » (1). Tous les prêtres non chanoines étaient des *suppôts;* ils habitaient des bâtiments appartenant à la collégiale et étaient nourris à la « cuisine des prêtres » (2).

A côté de ces officiants était la *maîtrise* ou *chœur,* destinée à rehausser l'éclat du culte et qui n'avait cessé de se développer depuis sa fondation par René Ier (3). A sa tête était le *chantre* ou « cantor » qui, outre le logement, contenant « un lit et quelques meubles », et des robes comme un homme d'église, recevait « une haute vicairerie et une demi-prébende » de chanoine. Il était le « maître des enfants de chœur », au nombre de quatre; sa « maîtrise et gouvernement » consistait à leur enseigner, jusqu'à l'époque où leur voix muait, « l'art de musique » d'après neuf livres, sans doute manuscrits, à nourrir et entretenir ces enfants et leur donner le bon exemple. Il touchait, pour cela, 4 muids et demi de blé et 12 francs par mois, moyennant quoi il devait fournir aux enfants un lit, des chausses, une robe et peut-être une jaquette de drap rouge, un bonnet et des souliers. Malheureusement, il était difficile de trouver un bon maître, à la fois capable et digne : le premier que nous connaissions à la fin du siècle était trop vieux, trop insouciant et trop dur; on le remplaça, en 1565, par Claude Payet, plus jeune et plus savant, mais qui agit encore plus mal; l'année suivante, on donna ses fonctions à Nicolas Drouin, qui paraît s'être mieux comporté; le dernier que nous connaissions, Nicolas Collinot, fut nommé en 1574 (4). Le maître de chant était accompagné de deux musiciens, un « haut-contre » ou ténor, et une « basse-contre » ou contre-basse; tous deux étaient des prêtres ou tout au moins des clercs (5).

Les enfants de chœur étaient plus faciles à trouver. Ils étaient choisis surtout dans les diocèses de Toul et de

(1) *Id.*, fos 313, 318, 329 et 339.

(2) *Id.*, fo 325.

(3) Maillet, *Mémoires* alphabétiques du Barrois, 1773, p. 321-2.

(4) Registre cité : G1, fos 277 vo, 278, 282, 283 vo, 284, 290, 327 vo, 331 vo et 331.

(5) *Id.*, fos 282 et 325. Cf. Renard, p. 217.

Verdun, d'ordinaire parmi les enfants des villages voisins, comme Véel, Fains, Resson, Trémont, Tronville, Rembercourt-sur-Orne ou Braucourt, souvent parmi les neveux des chanoines ou des chapelains de la collégiale. Leurs parents les présentaient à la Chambre des Comptes et leur fournissaient une caution, pour le cas où l'église subirait, par leur faute, quelque préjudice; les candidats devaient, pour être reçus, promettre « de bien et diligemment servir et obéir au maître ». Souvent, les enfants de chœur devenaient marliers (1). Les deux *marliers* ou marguilliers, recrutés aussi d'ordinaire parmi les enfants des laboureurs des villages voisins et parfois parmi des prêtres, étaient chargés des préparatifs matériels du culte : ils avaient pour office de soigner les ornements d'église, les draps d'autel et les cierges, de les renfermer soigneusement avec les joyaux dans les « aumaires » ou armoires, de fermer convenablement les portes de l'église, et, au début tout au moins, de fournir le pain bénit moyennant 4 livres par an ; ils remplissaient l'office de sonneurs pour les offices et le couvre-feu (2).

Le haut et le bas clergé de la collégiale avaient, pour administrer leurs affaires spirituelles, deux scribes. Le premier était « *le scribe du chapitre* » ou *greffier*, chargé de « registrer tous les actes, mandements et autres affaires concernant » la collégiale, dont il prêtait serment de se « dûment et fidèlement acquitter » (3). Ce greffier rédigeait le registre capitulaire qui nous reste et nous fournit de si précieux détails sur Saint-Maxe; à la fin du XVIe siècle, ce fut successivement Nicolas Rouyer et, à sa mort, au milieu de l'année 1576, Jean Bazin; ce dernier avait une écriture plus serrée et plus lisible que le premier, sa rédaction est beaucoup plus longue et plus développée et contient la transcription intégrale des actes intéressant la collégiale (4). Le second agent était « *le scribe du chœur* »,

(1) Registre cité, fos 274, 285, 291 vo, 293, 298, 319, 320 et vo, 324.
(2) *Id.*, fos 266, 278, 291, 302, 306, 323 vo et 324.
(3) *Id.*, fos 291 vo et 330.
(4) *Ibid* et fos 297 vo, 304 vo. Outre leur mention personnelle, l'identité

François Marlier, qui était chargé de faire dire les messes par les vicaires et les chapelains suivant un certain rôle, de noter « ceux qui sont coutumiers sortir du chœur et les mettre hors de l'obit », enfin de leur donner, ainsi qu'aux autres suppôts, un bon de paiement pour le procureur (1) : ses fonctions touchaient ainsi presque autant au temporel qu'au spirituel.

A côté de ces ecclésiastiques, il y avait des laïcs au service du chapitre. Le *cirier* recevait la cire du cellerier du duc ou des censitaires de la collégiale et la remettait à un marchand de la ville pour en fabriquer des torches et des cierges; on choisissait pour cet office un chanoine qui était en même temps « secrétaire » ou trésorier, c'est-à-dire gardien des actes et des reliquaires, calices et ornements : il en avait l'inventaire et les conservait dans les deux chambres du trésor, qu'on avait consolidées par deux treillis de fer (2). Le *vergier* ou *bâtonnier*, correspondant au suisse actuel, était depuis 1568 Didier Phillebert, « artillier » et gardien de la Porte de l'Armurier; cette nouvelle charge lui rapportait par an un demi-muid de grains (3). Un brodeur était chargé d' « accoutrer les ornements d'église », c'est-à-dire de les entretenir et de les nettoyer; une « buandière et lavandière » d'approprier les chandeliers et les chopines, de laver les aubes et autres linges d'autel (4).

Dans ces conditions, le culte pouvait être célébré avec beaucoup de solennité. Déjà la collégiale possédait des « chappes de drap de soie » et des chappes et tuniques de drap d'argent » avec passements de soie, quand le doyen Gilles de Trèves lui donna, « pour la décoration du service divin », trois chapes, une chasuble et deux tuniques de drap d'or avec « deux orfraies de brode-

de ces deux scribes est prouvée par leur signature, f°s 316 et 315 v°; la rédaction du second va du f° 330 au f° 336 au moins.

(1) *Id.*, f°s 283 v°, 299 v°, 306, 321 v° et 333.

(2) *Id.*, f°s 293 et v°, 322 v°, 337 v° et 339.

(3) *Id.*, f°s 296 v° et 338 v°.

(4) *Id.*, f°s 329 v°, 291 et 337 v°. — *Id.*, f°s 276 v° et 305 v°.

rie » (1). Tous les jours, les matines étaient sonnées de quatre à cinq heures les jours ordinaires et une heure plus tard les dimanches et jours fériés. Le dimanche, la grand'-messe était célébrée en musique avec accompagnement des chantres et des vicaires qui servaient de « choraux », tandis que les chanoines se tenaient dans leurs stalles et les chapelains sur les « hauts sièges » (2). Toutes les fêtes étaient magnifiquement chômées. Pendant le carême, « la sainte quarantaine », tout le clergé devait redoubler de piété et les Augustins venaient prêcher à la collégiale; le mercredi des cendres, le jeudi-saint et le lundi de Pâques, jours où le prédicateur faisait « le sermon » à l'église, il y avait un banquet pour toute la collégiale (3). Le mardi de la Pentecôte et le premier dimanche après cette fête, le chapitre se rendait processionnellement à la chapelle des Clouyères, où on disait une messe « haute à note et musique » en l'honneur du Saint-Esprit; le 22 juillet, jour de la Sainte-Madeleine, il se rendait de même à Popey (4). La plus grande des solennités avait lieu probablement à la Fête-Dieu, où tous les chanoines suivaient, semble-t-il, la procession solennelle du Saint-Sacrement, en grand costume, une torche à la main, suivis des enfants de chœur en robe rouge; le dimanche de l'octave de cette fête, depuis l'année 1557, les chanoines et les suppôts, revêtus de leurs chapes, se rendaient de l'église Saint-Maxe à l'église Saint-Pierre, où l'on chantait une grand'messe en musique (5). La fête de Saint-Maxe, qui était celle de la dédicace de l'église et de la chapelle du doyen, avait lieu en octobre, le dimanche qui suivait la Saint-Denis (9 octobre) (6). Il y avait encore des processions la veille et le jour de la présentation Notre-Dame, c'est-à-dire le 20 et

(1) *Id.*, f°s 239, 331, 290 et 287 v°.

(2) *Id.*, f°s 239 et 339.

(3) *Id.*, f°s 320 et 326 v° et plus loin, p. 208, note 4.

(4) *Id.*, f°s 222 v° et 226. Cf. Renard, p. 220, et Bellot-Herment, p. 390.

(5) Registre cité : *G*[1], f°s 339, 331 v° et 239.

(6) *Id.*, f°s 279 v° et 287 v°.

le 21 novembre (1). Enfin, la veille de Noël, les membres de la Chambre des Comptes, au nombre de seize, portant des torches de cire allumées, se rendaient solennellement à Saint-Maxe (2).

Telle était la vie spirituelle de la collégiale, qui pouvait facilement en soutenir les obligations, grâce à ses nombreux revenus. Elle possédait, en effet, à Bar même, « la maison du chapitre au château » et différentes autres maisons situées rue de l'École, où habitaient les chanoines et les hauts vicaires; hors de Bar, le gagnage de Popey, des bois, des prés et des terres, de nombreuses dîmes de vins et de grains et plusieurs cures, dont celles de Behonne et de Fains (3). Sur le domaine, le chapitre touchait, outre des rentes correspondant à des obits, une partie des octrois de Bar, des tailles ou des assises dans plusieurs paroisses voisines, dont celles de Véel et Longeville ; de plus, le duc lui accordait régulièrement 30 francs par an pour acheter du bois destiné à chauffer sa cuisine (4) Par contre, la collégiale supportait très peu de charges : quand la ville lui demandait de contribuer à des dépenses d'ordre général, elle déclarait aux habitants qu'elle « n'a rien de commun avec eux » et « n'entend être contribuable », les chanoines n'étant « ni sujets ni taillables » ; tout au plus accordait-elle un don gratuit : encore fit-elle exempter « le gagnage de Popey et dépendances » de l'aide générale accordée par les États généraux de Lorraine en 1569, après avoir prêté difficilement 800 livres à 6 0/0, quand, en 1562, le duc fut obligé d'emprunter aux gens d'église (5).

Pour administrer tous ces biens, le chapitre avait différents agents laïques. Le plus important était le *procureur*

(1) Renard, p. 219.

(2) Comptes de 1570 : *B. 865*, f° 89.

(3) Registre cité : *G*¹, f°s 271, 300 et v°, 322 et 332 v°; f°s 271 v°, 272, 302 v° et 326 v°. Cf. Renard, p. 212 et *Pouillé*, t. II, p. 30-31.

(4) Comptes de 1583 et 1590 ; de 1570 et 1588 : *B. 873*, f° 88 et v° ; *571*, f°s 140 à 142 ; *745*, f° 78 et *749*, f° 82.

(5) Registre capitulaire : *G*¹, f°s 225 et v°, 256 v°, 269 v° et 304.

général qui était reçu, après avoir fourni une caution pour 2.000 livres et avoir prêté serment de bien s'acquitter de sa charge, c'est-à-dire de recouvrer les rentes dues au chapitre, de payer toutes les dépenses d'entretien, sans doute les prébendes des chanoines et sûrement les traitements des bas officiers. Il devait, chaque mois, résumer l'état des affaires du chapitre et, chaque année, rendre financièrement ses comptes, « tant de pied de terre, obits, que du gouvernement de Popey » (1). Le notaire Sébastien Gravel, nommé procureur en 1560, ne remplit pas scrupuleusement toutes ces obligations et dut être déposé en 1571 (2). Le doyen Gilles de Trèves accepta alors de remplir temporairement ses fonctions; mais, se trouvant accablé d'affaires, il demanda d'en être déchargé : on lui donna un aide, Toussaint Alliez, qui s'en acquitta jusqu'à la conclusion du procès fait à Gravel, en 1575, où on nomma, semble-t-il, un nouveau procureur, le notaire Maxe Errard (3). A côté du procureur, le chapitre avait un conseiller, maître Jean Bouvet, payé 12 francs par an et chargé sans doute de représenter la collégiale dans les nombreux procès occasionnés par toutes ces affaires temporelles; peut-être avait-il aussi un cellerier pour l'approvisionnement en grains (4).

Quelles étaient les mœurs de ce clergé séculier à l'époque où il venait à peine d'être réformé par le concile de Trente? Ses membres ne paraissent pas avoir témoigné un bien grand zèle religieux et semblent s'être beaucoup plus occupés de leurs intérêts matériels que de leur mission spirituelle. A plusieurs des chapitres généraux, le doyen Gilles de Trèves s'éleva contre les prêtres qui commettaient le péché de la chair et menaient une vie scandaleuse (5) : c'étaient évidemment les membres de la collégiale. Rien ne permet, toutefois, de supposer qu'il s'agisse des cha-

(1) *Id.*, f°s 259 v°, 271 v°, 283, 291, 294, 299 v°, 301, 303, 306 et v°.
(2) *Id.*, f°s 318 v°, 319 v°, 320, 323 v°, 326 v° et 335 v°.
(3) *Id.*, f°s 319 v°, 321 v°, 328 v° et 331 v°.
(4) *Id.*, f°s 327 v° et 322 v°.
(5) En 1564, 1566 et 1569. *Id.*, f°s 279, 287 et 303.

noines autant que des suppôts : dans la demi-génération sur laquelle nous sommes le mieux renseignés par le registre capitulaire, nous ne trouvons que trois chanoines dont la vie soit notoirement scandaleuse : Morison, qui, un soir de décembre 1568, attaquait dans la rue et désarmait son collègue Jean Bazin; celui-ci, qui fournissait au procureur Gravel, pour son procès, des pièces soustraites au trésor du chapitre; Didier Rodouan, qui se vit condamné par l'official à la prison et à des amendes pécuniaires (1). C'est là, semble-t-il, l'exception; il faut absolument distinguer le haut clergé du bas clergé : le premier, issu de la noblesse ou de la bourgeoisie, riche et très souvent instruit, s'il ne pratiquait pas toujours les vertus évangéliques, remplissait toutes ses obligations religieuses et menait une vie pleine de dignité (2).

L'exemple lui était donné par son chef, Gilles de Trèves, qui fut le personnage le plus sympathique de tout le clergé barrisien. Né d'un père sans doute originaire de l'Anjou, Pierre de Trèves, et d'une mère barroise, Barbe de Vécl, Gilles devint chanoine, puis, en 1537, doyen de la collégiale et le resta pendant quarante-cinq ans. A un moment où les mœurs relâchées du clergé amenaient et favorisaient la Réforme, Gilles de Trèves fut l'incarnation du zèle religieux, donnant l'exemple de toutes les vertus, luttant sans cesse par la parole ou par les actes contre la corruption des mœurs du bas clergé et les progrès du protestantisme, faisant à la collégiale de nombreuses donations, y élevant diverses constructions pour rehausser le service divin et couronnant son œuvre en fondant et en dotant le collège qui devait porter son nom. Aussi, lorsqu'il mourut, le 1er février 1582, après avoir laissé aux pauvres de Bar d'importantes libéralités, son enterrement fut-il suivi par tous les ecclésiastiques de la ville et son corps inhumé dans la chapelle qu'il avait fondée à Saint-Maxe (3).

(1) R. de Souhesmes, *art.* cité, *Ann. de l'Est*, juillet 1902, p. 360. Registre capitulaire : G^1, f°s 326 v° et 305.

(2) Cf. Konarski, p. 461-2.

(3) Renard, p. 201-7 et *Annales : Ms. 53*, f° 7.

Il en était tout autrement du bas clergé, sorti du peuple, resté ignorant et primitif, pauvre et parfois famélique. Les suppôts de la collégiale avaient tous des mœurs grossières et relâchées (1). Le premier chantre dont nous avons parlé instruisait mal les enfants, les laissait « vagabonder par les rues » ou les battait sans raison jusqu'au sang; son successeur, Claude Payet, eut une conduite si scandaleuse et fit des dettes si criardes, qu'il fut excommunié par l'official et remplacé au bout d'un an (2). Lors de l'agression de 1568, le haut vicaire Pierre Prévot, armé de pied en cap, frappait jusqu'au sang le frère de Jean Bazin, le procureur Claude Bazin, qui le tua d'un coup de dague (3). Le doyen ne cessait de se plaindre de l'assistance aux offices des vicaires et des chapelains qui, lorsqu'ils ne se dispensaient pas de venir au chœur, se promenaient dans l'église, expédiaient les oraisons ou occupaient leur temps à lire des livres étrangers à la religion et à « caqueter les uns avec les autres »; il s'élevait aussi contre leur vie, car, non contents de fréquenter les laïques, ils les attiraient souvent dans la cuisine des prêtres pour leur offrir à boire et à manger et usaient « de paroles déshonnêtes », juraient et blasphémaient (4). L'official dut frapper d'amende les plus coupables; mais les autres ne s'en conduisirent guère mieux : ils continuèrent à négliger leurs devoirs religieux, à fréquenter les laïques (5) et, sans doute, à avoir des concubines et des bâtards. Le mal était trop général et les peines insuffisantes : l'official était généralement trop doux pour les clercs, tandis que, si les enfants de chœur ou les marliers, qui n'étaient pas gens d'église, se voyaient convaincus de méfaits graves, ils étaient impitoyablement cassés (6).

(1) Cf. Konarski, p. 463 et 469-71; Souhesmes, *Ann. de l'Est*, juillet 1901, p. 347-8.

(2) V. plus haut, p. 195, note 4.

(3) V. plus haut, p. 201, note 1.

(4) Registre capitulaire : G^1, fos 337, 318, 329 et 339.

(5) *Id.*, fos 292 vo et 320.

(6) Souhesmes, *art.* cité, *Ann. de l'Est*, juill. 1901, p. 346. Registre cité : G^1, fo 324.

A Bar, l'enseignement était uni à la collégiale Saint-Maxe ; il était, d'ailleurs, associé au clergé séculier dans le Barrois, où les maîtres d'école étaient généralement chantres à l'église : à Gondrecourt, la seule localité sur laquelle nous sommes un peu renseignés, le maître d'école, qui desservait la chapelle de la confrérie Saint-Nicolas recevait, au début du XVIIe siècle, un traitement de 27 francs barrois par an, « pour chanter tous les jours les messes hautes et les vigiles tous les dimanches » (1). L'enseignement paraît, d'ailleurs, avoir été assez développé dans le duché à la fin du XVIe siècle : nous avons alors relevé un prêtre, régent d'école à Montblainville, dans la prévôté de Varennes ; un « magister » à Châtillon, dans la prévôté d'Étain ; un au chef-lieu de celle de Gondrecourt ; dans celle de Bar, on en trouvait peut-être à Nant-le-Grand, sûrement à Neuville-sur-Orne, Resson, Combles et dans la ville voisine de Ligny (2).

Malgré son importance, la capitale du Barrois ne paraît avoir eu qu'une école, celle qui existait depuis le XIVe siècle au moins près de la Porte Tête-Fendue ; elle était dirigée par le « maître d'école » ou « recteur des écoles », qui ne pouvait, semble-t-il, s'établir à Bar sans la permission du duc ou de la collégiale Saint-Maxe (3). Ce maître était pris soit parmi les laïques, soit parmi les clercs ; d'ordinaire il était étranger à Bar où il restait assez peu de temps. Les laïques étaient présentés par des « bourgeois et habitants » de la ville, qui les garantissaient « suffisants et idoines pour régenter et instruire les

(1) Registre de la confrérie de Saint-Nicolas de Gondrecourt, en 1598 et 1611. *E. 356*, f°s 25, 26 et 36 v°.

(2) En 1563 : *Ann. de l'Est*, juillet 1902, p. 362. Comptes de 1567 : *B. 1202*, f° 106 v° (ceux de la prévôté de Briey, 1574, signalent « Pierre le Magister » de Moronges, prévôté de Thionville, *2.104*, f° 125). Registre cité : *G¹*, f° 280 et f° 291 v°. Comptes de 1557, 1566, 1576 et 1590-93 : *B. 558*, f° 157 ; *748*, f° 130 v° ; *CC1*, *s. a.*, s. p.

(3) Konarski, p. 213 et 442-3. L'expression « les écoles », dont on se sert souvent pour la désigner, est aussi employée par le village de Neuville (compte de 1557 cité ci-dessus), et, aujourd'hui encore, d'usage courant à la campagne. — Renard, p. 192.

enfants en bonnes mœurs » ; outre le logement, ils recevaient un traitement de 30 francs en espèces, sans compter évidemment des allocations en nature et des rétributions en argent ; de 1554 à 1565, nous en connaissons trois, Joachim d'Argusson qui exerça à deux reprises, Lambert qui n'était pas originaire de Bar et Sébastien qu'on fit venir de Nant-le-Grand (1). Comme ecclésiastique, il y eut plus tard, de la Saint-Remy 1570 à la fin de juillet 1574, un chanoine de Ligny, nommé Pierre Breton, qui eut sans doute à titre de traitement « le cours des messes comme un chapelain » à l'église Saint-Maxe (2). L'école de Bar, tout comme celle des simples paroisses, ne donnait évidemment qu'une instruction élémentaire comprenant sans doute la lecture, l'écriture, la religion et probablement un peu de calcul ; les vacances duraient peut-être deux mois et on rentrait vers le 1er octobre (3).

Quand on voulait compléter ses études, ce qui arrivait assez souvent dans la bourgeoisie (4), la noblesse de robe et le clergé, il fallait, jusqu'au dernier tiers du XVIe siècle, sortir du Barrois et même de la Lorraine (5). Pour ce qui correspond à nos études secondaires, les futurs ecclésiastiques allaient dans des villes où l'enseignement était plus développé qu'à Bar, peut-être à Ligny même avant la fonda-

(1) Registre cité : *G*1, fos 222 vo, 226 et 284. Comptes de 1555 : *B. 558*, fo 73 vo.

(2) Registre cité : *G*1, fos 308 vo et 324 vo. C'est peut-être le même personnage que messire Pierre Hardy qui, en 1571 et 1574, copie le coutumier et différents actes à Bar : *B. 565*, fo 154 et *568*, fo 178 vo.

(3) Ce programme nous paraît résulter de ce qu'on va chercher dans un village les maîtres pour Bar ; la durée des vacances, des dates d'entrée et de sortie du chanoine Breton.

(4) Aux exemples cités ci-dessous, on peut ajouter que le testament d'Antoine Gallois, demeurant à la Chaussée, le 13 février 1573, donne à ses enfants Jean et Nicolas, 50 francs « pour les entretenir aux écoles » : Arch. de la Meuse, *Fonds de Marne* ; dossier Gallois.

(5) Le 22 octobre 1566, Michel Castel, ancien enfant de chœur, devenu marlier à Saint-Maxe, prend congé du chapitre « pour aller aux écoles du lieu de Liney » et reçoit « 20 francs pour subvenir à ses études » ; le 5 février 1573, deux enfants de chœur demandent congé « pour aller aux études à Paris et à Reims ». Registre cité : *G*1, fos 290 vo et 320 vo.

tion de son collège, sûrement à Reims et à Paris; sans doute les laïques en faisaient autant. Pour recevoir l'enseignement supérieur, les uns et les autres se rendaient aux Universités, soit de France, surtout à Paris, soit de l'étranger; ils y faisaient leurs études à leurs frais (1) assez rarement, semble-t-il, et, d'ordinaire aux frais de l'État. Le duc leur accordait très souvent une sorte de bourse, dont la durée et l'importance variaient de trois à huit ans et de 100 à 200 francs par an; ces bourses étaient données parfois à des religieux ou des prêtres, d'ordinaire aux officiers du duc, pour l'un de leurs fils et même un pupille, ou aux veuves de ces fonctionnaires (2).

L'évêque Nicolas Psaulme avait fondé un collège à Verdun en 1558 et le duc Charles III créé une université à Pont-à-Mousson en 1572 pour le Barrois non-mouvant, tandis que Bar-le-Duc n'avait qu'une simple école. Gilles de Trèves, qui cherchait à « employer une partie de ses biens en œuvres charitables » et durables, voulut remédier à cette lacune et fonda son collège sur la côte de l'École, « pour instruire » la jeunesse tant de « Bar que autres lieux ». Il le fournit « de beaucoup de beaux meu-

(1) Ainsi François Drouin, fils de l'avocat fiscal Jacques Drouin, alla à Paris à la fin de 1569 « pour étudier aux lettres » et y resta sept ans, sans perdre sa qualité de chanoine; sans doute il paya des revenus de sa prébende. *Id.*, f°s 305, 321, 323 et 329.

(2) Exemple : Pierre Havet, religieux augustin à Bar, licencié de la Faculté de théologie à Paris, qui y alla acquérir son doctorat; le fils du secrétaire du cardinal de Lorraine, Nicolas Roland; les fils du valet de chambre du duc, Mengin Colliquet; ceux de ses procureurs à Paris et à Sens, Guymart et Jean Dissier; ceux des auditeurs à la Chambre des Comptes, Thierry Cousin, Guillaume Gleysenove et Jean Preudhomme; des veuves de Wanault Collesson, receveur général du Barrois, et de Ysabeau Collesson, veuve du sieur de Villiers, procureur au bailliage de Bassigny. Comptes de 1572, 1573, 1571, 1574 et 1597 : *B. 566*, f°s 142, 139 et v°; *567*, f°s 144, 167 v° à 168; *565*, f°s 245 et v°, 151 v°; *568*, f° 169 v° et *576*, f° 52 v°. — En 1568, 200 francs par an sont donnés à maître Jean Malaumont, docteur en médecine, conseiller du duc et auditeur des comptes, « pour entretenir et nourrir aux études Andreu le Paige ou autre qu'il jugera capable »; en 1571, le clerc juré Didier de Reims reçoit le huitième et dernier paiement pour ce le Paige. Comptes de 1568, cité *t. I*^{39}, *s. a.*, 1564; *B. 565*, f° 147.

bles, tant de menuiserie qu'autres », y ajouta les siens propres et lui légua, avec d'autres plus simples, ses robes les plus précieuses et ses chandeliers d'argent pour le service de la chapelle (1). Pour doter le nouvel établissement, il lui donna une rente de 2.500 francs qu'il avait sur les salines de Lorraine, une autre de 1.680 francs provenant d'un prêt de 24.000 livres qu'il avait fait au duc ; celui-ci y ajouta le revenu des deux tiers du four de la grande rue de Longueville, qu'il avait accordé au doyen sa vie durant, et affranchit de toutes redevances et servitudes les biens, les maîtres et les élèves du collège (2); c'était, pour l'époque, un revenu princier.

Suivant la volonté du fondateur, le collège devait renfermer quatre classes, dirigées par autant de régents, recrutés parmi des prêtres séculiers logés à l'établissement, et recevoir autant de boursiers, pris dans des jeunes gens instruits et de bonnes mœurs, choisis de préférence parmi les plus proches parents du fondateur ; les dimanches et jours de fête, ces boursiers devaient chanter à la messe dite à la chapelle par un prêtre qui pourrait être un des régents (3). A la tête du collège serait un principal, chargé sans doute de donner l'enseignement religieux ; l'instruction et l'éducation devaient être surveillées par un conseil de « superintendants », composé des doyens des deux collégiales, d'un parent mâle du fondateur et du président de la Chambre des Comptes. Les revenus du collège devaient être administrés par un receveur ou procureur, sorte d'économe qui rendait chaque année ses comptes devant le conseil, assisté du principal (4). Ce collège, fondé par lettres patentes du duc en 1581, fut ouvert aux écoliers le 12 février 1582, peu après la mort du gé-

(1) Requête de fin 1570 et surtout testament de 1578. Konarski, p. 218; Renard, p. 205 et 283-4.

(2) Renard, p. 206 et 283 ; cf. comptes de 1584 et 1596 : *B. 569*, f° 156 et *750*, f° 44 v°. — Comptes de 1571, 1590 et 1599 : *B. 565*, f° 11 ; *571*, f° 11 et *753*, f° 79.

(3) Lettres patentes du 12 janvier 1571. Konarski, p. 218.

(4) Testament de 1571. Renard, p. 283-5; cf. Konarski, p. 222-4.

néreux doyen (1). Celui-ci avait, paraît-il, « minutieusement » réglé les programmes et l'emploi du temps ; mais ces règlements ne nous sont pas parvenus et nous ne connaissons pas non plus l'instruction qu'on donnait au collège, qui comprenait sans doute les humanités (2). Quoi qu'il en soit, le collège attira rapidement les élèves, malgré la concurrence que pouvait lui faire celui de Ligny, fondé en 1585 par Marguerite de Savoie, car, vingt ans après, il servait « à l'instruction de toute la ville de Bar » (3), sans doute des riches bourgeois comme des privilégiés.

§ 2. — *Le clergé régulier et le culte.*

A la fin du XVIe siècle, la ville de Bar-le-Duc comprenait plusieurs ordres religieux ; mais, depuis que les Béguines avaient en partie passé au protestantisme, il n'existait plus qu'un ordre de femmes. C'était celui des *Clarisses*, habitant le monastère Sainte-Claire, ordre mineur qui, comme les ordres mendiants masculins, suivait la règle de Saint-François. Aussi « les pauvres Clarisses » vivaient d'aumônes : au XVe siècle le prieuré de Notre-Dame leur avait abandonné la plus grande partie des offrandes perçues à l'église paroissiale ; la collégiale Saint-Maxe leur accordait quelques aumônes en nature et, en revanche, les Clarisses lui fournissaient sans doute les hosties à consacrer ; depuis 1569, le duc leur accordait chaque année 10 muids de blé, 10 queues de vin, 2 tonnes de harengs, l'une pour le carême et l'autre pour l'Avent, 1 arpent de bois, et en 1584 il leur abandonna tous les droits qu'il pouvait avoir sur leur couvent (4). Ces saintes femmes allaient nu-pieds,

(1) Texte *B. 229*, f°s 1 ss. Cf. *Ms. 53*, f° 7.

(2) En 1641, on y créera une chaire de philosophie. *Ms. 214*[1], f° 235.

(3) Lettres patentes du 1er octobre 1605. *Ms. I*[41], *s. a.*; cf. Konarski, p. 224-5.

(4) Bellot-Herment, p. 412. Registre capitulaire : *G*[1], f°s 333 et 296 v° ; comptes de 1570, 1582, 1584, 1590, 1593 et 1597 : *B. 745*, f° 21 ; *873*, f° 81 ; *569*, f° 164 v° ; *571*, f° 182 ; *573*, f° 170 et v° ; *627*, f° 118 et v°. Acte du 27 août 1584 : *B. 267*, f° 247 v°.

portaient un cilice, et faisaient perpétuellement maigre ; elles passaient leur temps en prières et ne sortaient jamais de leur couvent, sauf sans doute aux processions (1). A leur tête était une abbesse choisie, semble-t-il, dans les plus grandes familles de la ville, puisque nous y voyons une fille du prévôt Jacques Drouin et du conseiller Guillaume de Gleysenove (2).

A la même époque on trouvait à Bar quatre ordres masculins. Vers le milieu du siècle, il n'y avait encore d'autre ordre mendiant que celui des *Augustins* ou « Petits Augustins », ermites de l'ordre de Saint-François d'Assise (3). Comme les Clarisses, les Augustins devaient vivre d'aumônes ; mais ils étaient beaucoup moins pauvres qu'elles et bien plus mêlés au siècle. Ils étaient, en effet, exclusivement chargés de faire « les prédications solennelles de l'Avent et du carême à la paroisse et à Saint-Maxe » et recevaient, pour cela, une somme de 40 francs de la ville et une rente de 10 francs prise sur la taille de Longueville; à ce revenu régulier le duc ajoutait un muid de sel à prendre sur les salines de Château-Salins, qu'il changea, en 1596, contre une rente perpétuelle de 60 francs, un muid de blé, un arpent de bois pour leur chauffage et quelque argent pour acheter du poisson pendant le carême (4). Les Augustins comprenaient trois ou quatre profès, sept religieux et avaient à leur tête un prieur, qui était le « prédicateur ordinaire du duc » à Bar; ils étaient placés sous la direction d'un provincial de l'ordre de Saint-François et s'assemblaient en chapitre quand il s'agissait des intérêts de la communauté (5). Dès la fin du siècle, à cet ordre mendiant s'ajouta celui des *Capucins*, nouvellement fondé en Italie pour combattre le protestantisme; ces religieux

(1) Rosières, *Stemmata*, p. 39. Cf. plus bas, aux processions particulières.
(2) V. plus bas, les notices sur ces familles.
(3) Bellot, p. 255 ; *Pouillé*, t. II, p. 77.
(4) *Pouillé* cité, t. II, p. 78. *CC1*, comptes de 1582-85, f° 57 et v°, et de 1586-88, f° 57. Comptes domaniaux de 1571, 1599, 1570 et 1583 : *B. 565*, f° 149 v° ; *579*, f° 19 ; *745*, f°s 76 v° et 82 ; *873*, f° 90.
(5) Fondation de Jean Vincent en 1601 : *Cartulaire* cité, f° 368.

s'étaient répandus en France sous le règne de Henri III et déjà installés en Lorraine à Ligny, à Verdun et à Saint-Mihiel (1). On les logea au Petit-Couvent, en attendant que leur maison des Clouyères fût construite; le 31 octobre 1597, Charles III, accompagné de son second fils, le comte de Vaudémont, et de toute la noblesse qui les avait suivis, posa la première pierre de leur église et mit dessous une pièce d'argent; l'année suivante, il leur accorda douze cordes de bois et huit cents fagots, tandis que la ville leur faisait différentes libéralités (2).

Les moines qui n'appartenaient pas aux ordres mineurs étaient les Antonistes et les Bénédictins. Les *Antonistes*, qui habitaient la commanderie Saint-Antoine, au Bourg, comprenaient quatre religieux vivant en communauté. Depuis qu'on avait dû leur enlever le soin de l'hôpital, ces « vénérables » ne faisaient plus aucune œuvre utile et se contentaient de vivre de leurs revenus; ces revenus, administrés par un moine procureur, étaient considérables : les Antonistes avaient de nombreuses propriétés, des capitaux placés à gros intérêts et, en outre, recevaient du domaine des revenus en argent ou en nature, à Bar ou aux environs (3). Les *Bénédictins* de l'abbaye de Saint-Mihiel, qui habitaient le prieuré de Notre-Dame, étaient au nombre de trois, un prieur et deux pères. Eux aussi étaient immensément riches : ils possédaient de nombreux biens à Bar et aux environs, comme le prieuré, les vignes situées derrière Notre-Dame, les moulins de Couchot et de Marbot et les trois quarts des dîmes de la ville; le duc leur avait racheté contre une petite rente certains droits qu'ils avaient à Savonnières et leur accordait deux arpents de bois pour leur chauffage (4). Par contre, ces religieux

(1) *Pouillé*, t. II, p. 91.

(2) *Annales : Ms. 53*, f°s 25-26. — Comptes de 1597 : *B. 627*, f° 118.

(3) Konarski, p. 171-2. En 1587, ils avaient placé plus de 2.000 francs à 7 0/0 : *Série H.* Commanderie Saint-Antoine. — Comptes de 1583 et 1599 : *B. 873*, f° 87 et *579*, f°s 19 v° à 20.

(4) Konarski, p. 102-3. — Comptes de 1599 et 1570 : *B. 570*, f° 19 et *745*, f° 21.

n'avaient presque d'autre charge que de donner à la ville le taureau communal et de « fournir à l'entretien de l'édifice paroissial » pour le chœur, ce qui paraît avoir été l'objet de nombreuses contestations (1). Nous n'avons presque aucun renseignement qui nous permette d'incriminer la moralité de ces religieux (2); mais, comme on les trouve très peu, mêlés aux manifestations du culte, on peut présumer que leur zèle religieux était des plus minces. Ainsi, le clergé régulier offrait le spectacle opposé du clergé séculier : les ordres mineurs, qu'on pourrait appeler chez lui le bas clergé, pratiquaient les vertus chrétiennes, sans doute parce qu'ils étaient composés de personnes entrées par vocation dans la vie religieuse ; au contraire, les autres ordres qu'on pourrait appeler le haut clergé, composés de religieux bien rentés, menaient une vie complètement inutile.

Le culte dépendait beaucoup plus, à Bar, du clergé régulier que du clergé séculier. La ville possédait au XVIe, comme au XVe siècle, cinq églises, dont quatre : Saint-Maxe, Saint-Pierre, les Augustins et Notre-Dame, étaient ouvertes au public (3). Les offices de Saint-Maxe n'étaient évidemment suivis que par son clergé et par les gens du château, tandis que ceux de Saint-Pierre l'étaient par ses chanoines et les habitants de la Ville haute ; les offices de l'église des Augustins étaient certainement suivis par les habitants de la Neuve ville et peut-être par ceux du Bourg, alors que ceux de Notre-Dame attiraient la

(1) Konarski, p. 101-2. L'entretien du taureau communal n'était pas spécial à Bar : en Alsace, le taureau et le verrat communaux étaient fournis par le prieur. Duvernoy, *Une enclave lorraine* en Alsace, Liepvre et l'Allemand Rombach. Nancy, 1912 (Extrait des *Mém.* de l'Acad. de Stanislas 1911-12), p. 37.

(2) Nous ignorons si le moine bénédictin Jean Girardin, qui, en 1580, abattit à coups de pistolet le vigneron Parisot, appartenait d'ordinaire au prieuré. Quant au curé de Notre-Dame, Nicolas Liétard, qui en 1581, tua quelqu'un, sa victime était ou paraissait être un protestant qui l'avait menacé. Souhesmes, *art.* cité, *Ann. de l'Est*, juillet 1902, p. 367 et 365-6.

(3) Comptes de 1404-5 : *B. 681*, *Inventaire* imprimé. — Comptes de 1574 : *B. 909*¹, f° 5 v°; cf. Dr Baillot, l'*Hospice*, p. 112.

population de Bar-la-Ville et des autres faubourgs[1]. En dehors des deux collégiales et de la paroisse, nous avons quelques renseignements sur le culte qui était pratiqué aux Augustins : on y disait, semble-t-il, chaque jour des messes basses, au moins dans les chapelles, et on les annonçait par « un coup de cloche en branle », après lequel on tintait quelque temps ; le dimanche, on célébrait la grand'messe et les vêpres entre lesquelles il y avait « une sonnerie de midi » ; la veille des fêtes solennelles on faisait « tinter » la cloche, et le jour même de la fête la grand'messe était dite par le diacre et le sous-diacre [2].

A ces différentes églises et à celle des Antonistes étaient attachées différentes confréries de dévotion ; mais la ville de Bar ne paraît pas en avoir eu beaucoup, en dehors de celles qui étaient attachées aux chapelles des églises ou qui se confondaient avec les corporations industrielles. Nous ne connaissons que deux confréries purement religieuses et une à laquelle étaient affiliés des laïques. Les deux premières appartenaient à la collégiale Saint-Maxe : c'était la *Confrérie des 10.000 martyres* ou Vierges de Cologne, fondée par le roi René à la chapelle Saint-Jean-l'Évangéliste, avec un revenu sur « le tonlieu et vente » de Bar, et la *Confrérie du Purgatoire*, fondée en 1567 par un chanoine de la collégiale [3]. La dernière était la *Confrérie du Saint-Sacrement*, fondée au milieu du siècle par Pierre Vaulchelin dans l'église de la commanderie Saint-Antoine, pour laquelle on célébrait une messe du Saint-Sacrement tous les jeudis, une messe solennelle le troisième dimanche de chaque mois et de nombreux offices pendant l'octave de la Fête-Dieu ; à cette confrérie étaient attachés des laïques, comme le procureur général Martin

(1) *Pouillé*, t. II, p. 22. Les quêtes sont faites à Saint-Maxe par le concierge du château, à Saint-Pierre par un évardeur ; certaines sont très fructueuses aux Augustins, d'autres presque nulles à Notre-Dame. Comptes cités ci-dessus, *B. 909*[1], f°s 6, 8 et 11 v°.

(2) Contrat de 1597 : *Cartulaire* Vincent, f° 369.

(3) Renard, p. 219. Comptes de 1457-59 et de 1590 : *B. 809, Inventaire* imprimé et *571*, f° 15.

le Marlorat (1). Toutefois, si le culte eucharistique était développé à Bar-le-Duc, comme dans de nombreuses localités du Barrois et à Verdun, il ne semble pas en avoir été de même de celui de saint Nicolas, le grand patron de la Lorraine : il y avait un autel et une chapelle de Saint-Nicolas aux Augustins et à Notre-Dame ; mais nous n'avons pas relevé l'existence d'une confrérie de Saint-Nicolas, comme il en existait à Gondrecourt (2).

Si l'église Notre-Dame n'attirait pas d'ordinaire la majorité des fidèles à cause de sa situation excentrique, elle n'en était pas moins un lieu de pèlerinage et surtout le centre du culte, en tant qu'église paroissiale. Au spirituel, la paroisse relevait du prieur, qui avait sous ses ordres un curé séculier, nommé par l'abbaye de Saint-Mihiel ; mais au temporel elle dépendait presque entièrement de la Ville, qui contrôlait perpétuellement de la façon la plus minutieuse tout ce qui avait trait au culte (3). Les habitants avaient la propriété de l'église Notre-Dame et de ses dépendances, le cimetière et les murailles ; ils en assuraient l'entretien par des contrats qu'ils passaient avec des artisans pour une durée de plusieurs années, leurs assemblées générales décidaient des réparations, pour lesquelles elles votaient des impôts spéciaux, l'entretien et les réparations étaient donnés en adjudication ; ils les faisaient administrer par différents fonctionnaires, mi-civils et mi-religieux, l'échevin et le gouverneur de la boîte du purgatoire, qui gardaient les titres de la paroisse et de la fabrique (4).

L'*échevin*, qui tenait les comptes de la fabrique, touchait les rentes et les revenus, payait les dépenses et sauvegardait les droits de la paroisse, était élu sans doute par les

(1) Comptes de 1594-96 : *B. 910²*, f° 14. Pouillé, t. II, p. 73 et Ch. Aimond, Aperçu historique sur l'histoire du Culte eucharistique dans le diocèse de Verdun. *Congrès eucharistique de Verdun*, 1911, p. 59.

(2) Cf. plus haut, p. 203, note 1.

(3) D. Calmet, *Notice*, col. 72. Konarski, t. I, p. 206 et t. II, p. 72.

(4) *CC1*, comptes de 1582-85, f°s 2 et v°, 60 et v°, 80 v° ; de 1593-95, f°s 45-46 et 48 et de 1596-98, f°s 75-76.

assemblées générales, pour une durée de trois ou quatre ans; aussi choisissait-on des personnages respectables et connaissant les affaires, d'ordinaire des marchands, comme le futur maire Jacques Chabrault, Simonin Étienne, Gérard Colin et Gérard Lepage(1). Pour que son élection fût valable, il devait, sous peine de nullité, prêter serment de bien remplir sa charge; à son entrée en fonctions, il recevait les ornements et les clés dont il avait la garde et assistait, avec son prédécesseur, le maire et le contrôleur, à un souper dont la ville payait les frais; dès lors, il s'asseyait, sans doute avec ses devanciers, au « banc des échevins » où l'on était chauffé au charbon l'hiver; à sa sortie de charge il devait rendre ses comptes(2). « *Le gouverneur* de la boîte du purgatoire » était ainsi nommé de ce qu'il avait l'administration de la « *boîte du purgatoire* » ou des trépassés, caisse destinée à recevoir les offrandes qui servaient à entretenir la chapelle des morts et à dire des messes pour le repos de leur âme aux principales fêtes de l'année; il était également élu, sans doute par la même assemblée, et devait aussi rendre ses comptes à la Ville(3). Outre ces deux « officiers », la paroisse avait, comme la collégiale Saint-Maxe, ses « bas officiers »(4); mais ils étaient bien moins nombreux. Les principaux étaient les *marguilliers*, qui paraissent avoir été au nombre de trois; c'étaient les serviteurs de la fabrique et de la Ville : ils s'occupaient du service intérieur de l'église et publiaient devant la porte principale, sans doute à la

(1) Comptes de 1574-76, 1582-83, etc. *GG*[53] et [54], début. Élection d'octobre 1618 : *Annales* citées, *s. a.*; cf. Konarski, p. 106. — Comptes précédents de 1584-85 et de 1586-88 : *GG*[55] début et *GG*[56], f° 58. En 1598-1600, il y a eu Nicolas Collin, peut-être parent de Gérard Collin : *GG*[57] début.

(2) Comptes de 1583-85, 1586-88 et 1596-98; de 1582-83, 1581-82 et 1598-1600 : *CC1*, *s. a.*, f°s 61 et 77, f°s 58; f°s 87 v° et 88. *GG*[54], f° 81; *GG*[57], f°s 76 et 77 v°, *GG*[57], f° 41 v°.

(3) Inventaire de la fabrique de Notre-Dame en 1624. *GG*[62], liasse 9e. Pouillé, t. II, p. 169. — Élections et Konarski cités ci-dessus, note 1. *CC1*, comptes de 1583-85, f° 78.

(4) Konarski, p. 106 et 100.

sortie des offices, les actes de la communauté, comme l'adjudication des travaux de restauration de la paroisse ou la vente des biens communaux; l'un d'entre eux joignait à ses fonctions celles d'organiste (1).

Les Barrisiens n'avaient rien négligé pour que le culte fût célébré dans l'église paroissiale avec toute la somptuosité possible (2). Il y avait à Notre-Dame des reliques que l'on enfermait d'ordinaire dans un coffre, sans doute avec les objets précieux; quand on craignait la guerre, on les conduisait, avec les ornements d'église, dans le trésor de Saint-Maxe, après en avoir fait l'inventaire (3). La plus précieuse de toutes les reliques était un morceau de la vraie croix qui avait été donné, semble-t-il, par le roi René; elle était enchâssée dans un « couronnement d'argent doré en forme de soleil » ou ostensoir, qu'on serrait dans un étui de cuir fermé par une serrure ou custode (4). L'église possédait au moins quatre croix, dont trois étaient portatives : une croix de cristal avec des verges de cuivre doré aux quatre bouts, enfermée de même dans une custode; une croix d'argent doré à pied d'argent où étaient gravées les armes de la Ville et qu'on serrait dans un étui de cuir; une croix de cuivre et un crucifix également de cuivre, sans doute fixe (5). Les autres objets précieux que nous connaissons étaient un encensoir d'argent et trois grands chandeliers de cuivre (6). Les linges sacrés comprenaient des aubes, des sacs de calice, des linges de carême, des nappes d'autel et des courtines ou rideaux qu'on faisait souvent blanchir (7).

(1) *CC1*, comptes de 1573-75, f° 42 v°; de 1582-85, f° 56 v°; de 1586-88, f° 72 et de 1593-95, f° 47.

(2) Pour l'interprétation des comptes paroissiaux contemporains, nous avons employé l'Inventaire de 1624 cité ci-dessus, p. 213, note 3.

(3) Comptes de 1598-1600 et 1586-88 : *GG*[57], f° 48 et *GG*[56], f° 85 et v°.

(4) Bellot-Herment, p. 212. Comptes de 1586-88 : *GG*[58], f° 72.

(5) Comptes de 1582-83, 1586-88, 1584-85 et 1598-1600 : *GG*, n° *54*, f° 86 et v°; n° *56*, f° 77; n° *55*, f°s 82 et 86; n° *57*, f° 77.

(6) Comptes de 1586-88 et 1582-83 : *GG*, n° *56*, f° 84 v° et n° *54*, f° 94 et v°.

(7) Comptes de 1581-82, 1582-83 et 1598-1600 : *GG*, n° *57*, f° 80; n° *54*, f° 93 v° et n° *57*, f° 44 v°.

Nous avons très peu de détails sur les cérémonies, en dehors des grandes fêtes. Nous savons seulement que devant le maître autel il y avait constamment une lampe pleine d'huile qui brûlait jour et nuit, qu'on allumait quelquefois sur cet autel trois gros cierges de cire jaune pesant chacun 10 livres et placés dans les grands chandeliers de cuivre, que sur l'autel même on mettait seulement deux petits chandeliers d'étain avec des cierges d'un quarteron(1), que les cloches étaient graissées à l'huile d'olive, que les orgues étaient à soufflets(2), qu'on servait la messe avec deux burettes et que, le dimanche, on distribuait le pain bénit dans un picotin(3) : sans doute la grand'messe était en musique et ressemblait à celle qui se célèbre aujourd'hui à Notre-Dame. Nous sommes beaucoup mieux renseignés sur les prédications, qui paraissent avoir fait l'objet des préoccupations de la Ville. Elles étaient faites d'ordinaire par les Augustins, peut-être tous les dimanches, sûrement au Carême et à l'Avent et, comme ces religieux prétendaient n'être pas tenus à celles de l'Avent, les habitants réunis en assemblée générale les obligèrent à fournir chaque année, à cette date, un prédicateur, à le nourrir et le loger, moyennant une pension régulière de 40 francs(4). Bar-le-Duc, n'ayant pas de Dominicains, utilisait les Augustins comme frères prêcheurs, le prieur des Augustins de Bar allait prêcher à Nancy devant le duc, tandis qu'on faisait venir à Bar celui de

(1) Comptes de 1582-83, 1581-82 et 1586-88 : *GG*, n° *54*, f°s 97, 94 et v°; n° *57*, f° 77 et n° *56*, f° 77.

(2) Comptes de 1574-76 et 1582-83 : *GG*, n° *53*, f° 77 et n° *54*, f° 97.

(3) Comptes de 1584-85 et 1586-88 : *GG*, n° *55*, f° 82 v° et n° *58*, f° 86 v°.

(4) Le 18 août 1566, « maître Colin », prieur des Augustins, prêcha « en l'église Notre-Dame durant la grand'messe » ; son successeur, Pierre Houet, docteur en théologie, prêcha un peu plus tard. Registre capitulaire de Saint-Maxe, G^1, f° 290 v° (cf. *Pouillé*, t. II, p. 81, note 2) et *CC1*, comptes de 1572-75, f° 42. — Sur le règlement des 40 francs, voir *CC1*, comptes de 1582-85, f° 57 et v°; de 1586-88, f° 57. En 1602, on leur donnera 60 francs : *Ms. 53*, f° 101.

Reims(1). Lorsqu'on voulait un prédicateur plus éloquent, par exemple pour convertir les protestants, on appelait du dehors et notamment de Paris des docteurs en théologie qui étaient reçus et défrayés, soit par les chanoines de Saint-Pierre, soit par les Augustins(2). A la fin du siècle, le président Vincent et sa femme fondèrent des prédications à Notre-Dame, sans doute en faveur des Augustins; des Bénédictins de Saint-Mihiel vinrent à l'église paroissiale « pour y faire le service divin » et sans doute pour y prêcher(3).

Les fêtes solennelles sur lesquelles nous avons quelques détails sont : les Rois, la Purification, la semaine sainte, l'Ascension, Noël et surtout la Fête-Dieu. A une époque où la religion faisait partie intégrante de la vie civile et où le culte devait, pour être populaire, parler à l'esprit de la foule, toutes ces fêtes étaient en quelque sorte symbolisées par un signe matériel ou une scène figurée : c'est ainsi que, en carême, on étendait une courtine, c'est-à-dire un rideau, « devant la grande allée »(4). Au jour des Rois, on avait l'habitude de distribuer, au lieu de pain bénit, du gâteau; un échevin, en procès avec la Ville, ayant une fois négligé de le faire, le maire dut s'en charger, « autrement il y eût eu scandale »(5). A la Purification de la Vierge ou « Gésine », les linges ou « courtines de la Gésine », qu'on avait auparavant soigneusement blanchis, étaient étendus tout autour de la « chapelle de la Gésine », sur l'autel de laquelle brûlait « le cierge de la Purification »(6). La semaine sainte était « la grande semaine » : le jeudi saint, qu'on appelait aussi le grand jeudi, ou

(1) Comptes de 1574 : *B. 568*, fos 170 et 171.

(2) Registre capitulaire cité et comptes de 1571 : *G1*, fo 314 vo; *B. 565*, fo 155 et vo ; *CC1*, comptes de 1582-84, fo 74 vo.

(3) *Annales* aux 13 mai 1597 et 17 octobre 1599 : *Ms. 53*, fos 25 et 28.

(4) Comptes de 1584-85 : *GG*, no *55*, fo 79.

(5) *CC1*, comptes municipaux de 1582-85, fos 61 vo et 62; et paroissiaux de 1582-83 : *GG*, no *54*, fo 84 vo.

(6) Comptes paroissiaux de 1581-82, 1582-83, 1584-85 et 1598-1600 : *GG*, no *57*, fo 77; no *54*, fos 92 vo et 93; no *55*, fo 78 vo et no *57*, fo 43.

« jeudi absolu », on achetait deux pots de vin, dont une partie servait à laver les autels et dont le reste était donné au prieur et aux chapelains pour faire la cène; après celle-ci, on distribuait aux assistants le pain bénit, puis les officiers de la paroisse et de la mairie allaient faire, chez un hôtelier, le « banquet de la Cène »(1); le jour du vendredi saint, ou « grand vendredi », on nettoyait le crucifix; le samedi saint, ou « grand samedi », après le service divin, on changeait « le millésime » c'est-à-dire la date de l'année, et cette coutume subsista tout au moins jusqu'en 1582 ; enfin, le jour de Pâques, il était défendu de travailler sous peine d'amende(2). A l'Ascension, on suivait encore à la fin du XVIe siècle un ancien usage, consistant à tirer « la couronne en haut » de l'église avec des cordes, pour « faire monter l'image de Dieu au ciel » aux yeux des fidèles(3). La dernière grande fête de l'année était Noël : la veille de ce jour, à la messe de minuit, on chauffait avec du charbon le milieu de la nef et « le parvis de devant la fabrique »(4).

La Fête-Dieu était, semble-t-il, la plus grande fête du Barrois, au moins depuis le début du XVIe siècle(5); à Bar c'était la plus solennelle. Tous les ans, le duc abandonnait aux habitants, pour leur permettre de décorer leur ville, le jour de la Fête-Dieu, d'abord près de 10, plus tard plus de 16 arpents « de bois de broussailles » au Petit-

(1) Sur la cérémonie, v. comptes paroissiaux de 1582-83, 1584-85 et 1586-88 : *GG*, n° *54*, f° 93; n° *55*, f° 80; n° *58*, f°s 68 et v°, 71 et v°. Peut-être avec le pain distribuait-on du vin : en 1444 un testament donne une tasse d'argent « pour faire boire les bonnes gens qui communient à Pâques » : *B. 264*, f° 72. — Sur le banquet, voir les comptes de 1581-82 et 1598-1600 : *GG*, n° *57*, f° 77 et n° *57*, f° 41.

(2) Comptes paroissiaux de 1584-85 : *GG*, n° 55, f° 86. — Comptes domaniaux de 1493-95, 1535-36 et 1574 : *B. 710* et 730, ***Inventaire cité.*** Cf. D. Calmet, ***Histoire de Lorraine,*** 1re éd., t. III, col. 447. — Comptes domaniaux de 1597, *B. 751*, f° 63.

(3) Comptes paroissiaux de 1581-82 à 1598-1600 : *GG*, n° *57*, f° 76 v°; n° *54*, f° 92 v°; n° *55*, f° 80 et v°; n° *56*, f° 72 et n° *57*, f° 45.

(4) Comptes paroissiaux de 1582-83 : *GG*^{54}, f° 93.

(5) Requête des habitants de Rembercourt et ordonnance à ce sujet, 6 juin 1506 : *Ms. I*^{40}, s. a. 1574.

Juré : tout le monde avait le droit d'y aller couper du feuillage la veille et, pour forcer les Barrisiens à se borner à la portion qui leur était assignée, le bois était gardé par une vingtaine de forestiers ; on amenait par charretées ces branchages ou « mais », on y ajoutait des « fardeaux » de glais, c'est-à-dire sans doute des hottées de roseaux ou de verdure : le tout était disposé dans toute la ville et même au château, quand le duc était à Bar(1). Le lendemain, après l'office, commençait la procession solennelle du Très Saint Sacrement. Un prêtre tenait « avec une écharpe de taffetas vert » et reposait sur deux « pans de satin rouge » l'ostensoir contenant le morceau de la vraie croix où il avait mis l'hostie consacrée ; un ciel ou dais de velours noir à franges noires et rouges, porté par quatre bâtons ferrés, protégeait le Saint-Sacrement ; les échevins, portant des bouquets de plumes de paon et d'autres bouquets « de plusieurs couleurs », entouraient le dais, derrière lequel était portée la croix de cristal(2). Le reste du cortège comprenait les chanoines de Saint-Maxe, chacun une torche à la main, et sans doute tout le clergé de la ville, suivi des membres de la Chambre des Comptes, des officiers de la paroisse et de la ville, des bourgeois et des gens du peuple. Tandis qu'un homme de confiance gardait les reliques à l'église paroissiale, la procession paraît s'être rendue d'église en église par le Bourg, jusqu'à la Ville Haute(3).

Outre celles qui faisaient ainsi partie des fêtes religieuses, il y avait encore à Bar de nombreuses processions, déterminées tantôt par les intérêts matériels, tantôt par le sentiment religieux. Comme on croyait à cette époque que

(1) Comptes domaniaux de 1576, 1599, 1588 et 1596 : *B. 748*, f° 21 ; *753*, f° 25 et v° ; *749*, f° 78 et *750*, f° 45. Cf. l'article, des *Mémoires de la Société*, t. VII (1879), p. 152-4. — Comptes paroissiaux de 1581-82 et 1582-83 ; domaniaux de 1571 et 1574 : *GG*, nos *57*, f° 73 v° et *54*, f° 92 ; *B. 565*, f° 170 v° et *568*, f° 192 v°. Sur le mot *glai*, v. Godefroy, *o. c.*, *s. v.*

(2) Comptes paroissiaux de 1582-83, 1598-1600 et inventaire de 1624. *GG*, nos *54*, fos 87 et 92 ; *57*, f° 42 et *62*, liasse 9e.

(3) Chapitre de Saint-Maxe en 1577 ; comptes paroissiaux de 1586-88 et 1598-1600 : *G1*, f° 339 ; *G*, nos *56*, f° 72 et *57*, f° 42 v°. Délibérations de 1743 citées : *Pouillé*, t. II, p. 25, note 2 ; Cf. Konarski, p. 210.

c'était pour châtier les hommes que Dieu leur envoyait les grandes calamités, on était persuadé qu'il suffisait, pour les faire cesser, d'apaiser la colère du ciel par des prières et des témoignages de piété. C'est pourquoi on faisait des processions à la suite de la peste, de la sécheresse, de la gelée, « à cause de la grande cherté et des guerres », pour obtenir la paix et pour remercier Dieu de l'avoir accordée [1]. Ces processions restaient, d'ailleurs, purement locales, car les processions les plus importantes paraissent être nées d'un élan spontané de la foi et avoir été des pèlerinages collectifs. Les processions qui n'intéressaient que la ville de Bar pouvaient être particulières ou générales, selon qu'elles embrassaient une partie seulement ou tout l'ensemble de la ville ; il y avait, sans doute, des processions des différentes parties du clergé, car les documents mentionnent celles des Clarisses [2] et des chanoines de Saint-Maxe ; mais nous ne connaissons bien que les processions générales. Leur itinéraire variait nécessairement avec le but à atteindre, mais il est probable qu'elles sortaient de l'église Notre-Dame pour y rentrer [3]. L'ordre et la constitution du cortège devaient déjà être établis par la coutume tels qu'ils seront fixés un peu plus tard, car ils représentent la hiérarchie des ordres : en tête le clergé, les collégiales précédant sans doute les ordres monastiques, puis la

(1) *Annales* aux 23 juin 1583, 8 juillet 1603 ; 21 avril 1598 ; juillet 1587, 15 août 1593 et juin 1598. *Ms. 53*, p. 8 et 102 ; p. 26 ; p. 13, 21 et 27. En 1647 et 1648 on fera de même des processions « pour demander à Dieu d'être délivré d'une quantité d'insectes qui désolaient la campagne » et pour arrêter la pluie. *Id. s. a.*

(2) En 1566. *Ibid.*

(3) Le jour de la Quasimodo 1590, à la suite d'une grand'messe chantée à Saint-Maxe, il y eut procession générale ; « le bailli, à la tête de 25 ou 30 chevaux y alla jusqu'au bois de Massonge, M. de Montagon avec sa compagnie était à la croix de Behonne et à la barrière du Couchot », par crainte de l'ennemi. Le 21 avril 1591, à la suite d'une grande gelée, « on fit la nuit une procession générale » qui monta la côte de Behonne et dut descendre à Morsolle ». En 1647, la procession va tout autour de la ville et sur la côte de Behonne, peut-être à la chapelle Sainte-Catherine. En 1650, on alla en procession à Popey « où depuis douze ans on n'était pas allé » ; il s'agit peut-être de Saint-Maxe. *Id.*, p. 17, 26 et *s. a.*

noblesse, comprenant le bailli, la Chambre des Comptes et tous les gens de justice, enfin les bourgeois et les roturiers, la police du cortège étant assurée par les échevins, les évardeurs et les sergents de ville ; quand un prêtre portait les reliques de Saint-Maxe ou de la paroisse, une partie des assistants, tout au moins les privilégiés, tenait sans doute, à la fin du XVIe siècle, comme un peu plus tard, « flambeaux, cierges ardents ou autres ornements d'église » (1).

C'était alors l'usage d'aller, soit individuellement, soit en groupe, vers les lieux de pèlerinage : nous trouvons ainsi, de passage à Bar, une jeune fille qui va à Sainte-Larme, une démente à Saint-Urbain, sans doute l'abbaye des bords de la Marne, un pauvre à Saint-Mansuy, le monastère voisin de Toul, et deux autres pauvres allant de Champagne à Saint-Nicolas (2). Les grands pèlerinages régionaux étaient alors, dans le Barrois, Bar même et Ligny, avec leurs sanctuaires de Notre-Dame; dans la Lorraine, Saint-Nicolas (3) : c'est là que se dirigea une partie de la population de Bar-le-Duc et des environs, aux mois de juin, juillet et septembre **1583**, « l'année des processions ». Le **23** juin, jour de la Fête-Dieu, avait commencé une procession générale pour avoir la pluie : « tous les collèges », c'est-à-dire toutes les corporations de Bar « et une grande partie du peuple » se rendirent à Behonne et le lendemain, jour de la Saint-Jean, ceux de Bar, de Behonne, de Savonnières et de Tannoy allèrent ensemble à Longeville; le dimanche suivant **26**, « tous les habitants de la terre d'Ancerville » vinrent en procession à Bar, sans doute par la grand'route de Saint-Dizier. « Avertis de leur venue,

(1) Règlements de 1605 et 1607 : *B. 255*, fos 156 vo-157. Obsèques de l'évêque de Toul, 20 septembre 1624 : *Journal* de Gabriel Marlorat, p. 154.

(2) Comptes de l'hôpital de 1598, 1596 et 1597 : *B. 911²*, fo 42 vo; *910³*, fo 46 et *911¹*, fo 44 vo.

(3) Nous ne trouvons mention de Benoite-Vaux qu'en 1643 et 1648, où le peuple et le clergé y font des processions générales. *Annales* citées, *s. a.* Ce n'est, d'ailleurs, qu'en 1641 que les grandes processions y affluèrent. Jean du Bois, *Histoir des miracles* de Notre-Dame de Benoite-Vaux; Verdun, 1644.

tous les collèges de la ville avec la plus grande partie du peuple » allèrent à leur encontre jusqu'au Juré et le cortège, pénétré de piété, se rendit à Notre-Dame. Le lendemain, « la procession de Bar, où il y avait une grande partie de filles et d'enfants habillés en religieux et religieuses », alla à Naives. Le dimanche suivant, 3 juillet, les habitants « de Revigny et de plusieurs autres villages » vinrent à Bar, tandis que ceux de Bar s'en allaient à Ligny, portant « les deux croix et bannières » de Notre-Dame. Huit jours après, il arriva à Bar des processions de la ville et de tous les villages du comté de Ligny, de ceux de Behonne, Chardogne, Trémont, « et toutes celles du Perthois »; « entre deux vêpres », il en survint plus de trente « et la semaine suivante, il en arrivait tant tous les jours qu'on ne pouvait les nombrer. »[1].

Toute cette ferveur aboutit à un pèlerinage à Saint-Nicolas, le vénéré patron de la Lorraine. Peut-être le départ fut-il retardé par un orage terrible qui éclata le dimanche 17; le lendemain, le cortège se forma, ayant à sa tête le bailli, René de Florainville, avec sa femme et ses enfants, les gouverneurs et le procureur syndic de la ville, tandis que le maire et le contrôleur restaient sans doute pour garder Bar-le-Duc, derrière suivaient des jeunes filles habillées de blanc portant des cierges et les hommes avec des torches. L'échevin avait dû livrer tous les ornements de la paroisse; le cortège portait trois croix de noyer peint qu'on laissa sur les principaux points du parcours, à Toul, à Nancy et à Saint-Nicolas. « Pendant ces processions, chacun abandonnait tous les ouvrages des champs »; partout où elles « passaient et logeaient, on nourrissait pour rien la plus grande partie » des assistants; à Bar même, où étaient venus les habitants de soixante-dix localités de la prévôté et du bailliage de Bar, on distribua « du pain et du vin à toutes les personnes » qui assistaient aux processions[2]. Le 7 septembre, veille de la Nativité, madame de

(1) *Annales, id.*, p. 8-9 et Comptes paroissiaux de 1582-83. GG^{54}, f° 85 v°.

(2) *Ms.* cité, p. 10; mêmes comptes, f°s 95 v°-96 et CC^{1}, comptes municipaux de 1582-83, f°s 66 v°-67.

Vaudémont, étant « venue en procession avec les habitants de Kœur et autres villages voisins » à Notre-Dame de Bar, les habitants allèrent au-devant d'elle avec la croix de la paroisse et la reconduisirent le dimanche suivant, 11 septembre(1). Tous ces séjours d'étrangers avaient coûté très cher à la ville, qui avait dû, pour ces pèlerinages et processions, voter des crédits spéciaux(2).

Un an plus tard, la Ligue catholique, déjà ébauchée à Péronne, se constituait définitivement à Nancy (septembre 1584); on peut donc croire qu'au moment des grandes processions, la crainte qu'éprouvaient les sujets de Charles III de voir la couronne de France passer à un roi protestant, soutenait la piété des Barrisiens. Mais le Barrois mouvant avait-il une foi aussi vive que le Barrois non-mouvant et, en particulier, sa capitale pouvait-elle rivaliser de zèle catholique avec Pont-à-Mousson, devenue le centre de la lutte contre l'hérésie? Cela nous paraît douteux. Le premier était trop voisin de la France, trop en relations avec elle pour n'avoir pas subi son influence. Comme nous le montrerons ailleurs (3), la Réforme avait fait d'abord de grands ravages à Bar; elle avait peu à peu reculé devant une répression énergique, mais qui nous paraît être venue beaucoup plus du dehors que du dedans du duché et avoir laissé subsister bien des germes du protestantisme. C'est ce qui tendrait à nous faire croire que, en dehors des occasions qui pouvaient la surexciter et qui nous paraissent des exceptions, la piété des Barrisiens n'était pas excessive, du moins chez le peuple(4). Il en était peut-être différemment, non seulement chez les ecclésiastiques, parmi le haut clergé séculier et le bas clergé régulier, mais encore chez les nobles et les bourgeois, c'est-à-

(1) Mêmes comptes paroissiaux et municipaux, *GG* 54, f° 87 v° et *CC1 s. a.*, f° 67.

(2) Mêmes comptes municipaux, *CC1*, 1582-85, fos 3 v° et 64.

(3) Cette question étant trop importante et faisant partie d'un ensemble, nous pensons l'étudier séparément avec toute la Réforme dans le Barrois.

(4) Comme paraît prouver le chiffre assez faible des quêtes faites dans les différentes églises.

dire, en somme, parmi les privilégiés, d'après le zèle religieux que les premiers apportaient dans leurs fonctions et les dons que les seconds faisaient à l'église ou aux pauvres.

II

La noblesse et la vie publique.

§ 1. — *La haute noblesse et la Cour.*

Les nobles, qui y détenaient une partie des fonctions publiques du duché, étaient bien plus nombreux à Bar-le-Duc que les ecclésiastiques. La noblesse du Barrois n'était pas, comme celle de Lorraine, séparée des roturiers par une sorte de fossé, puisqu'il n'existait pas dans le premier duché de chevalerie comme dans le second et qu'il n'y avait aucune différence de privilèges entre les nobles et les anoblis ; toutefois, ceux-là avaient le titre de chevaliers et d'écuyers, tandis que ceux-ci n'avaient droit qu'au qualificatif de noble homme et ne pouvaient prendre celui d'écuyers qu'à la troisième génération (1). Nous ne trouvons, d'ailleurs, à Bar-le-Duc, que quelques gentilshommes ou représentants de l'ancienne noblesse; ceux des plus grandes familles paraissent même être d'ordinaire originaires de Lorraine. C'est à cette haute noblesse qu'étaient réservées les plus grandes charges du gouvernement et de la Cour, comme celles de maréchal du Barrois, de bailli de Bar, et de grand maître d'hôtel.

Bar-le-Duc était à la fois le chef-lieu du duché de Barrois, du bailliage de Bar et un des sièges de la Cour du duc. En principe, celui-ci avait, pour le représenter dans son duché, un *maréchal du Barrois*, qui portait parfois le titre de sénéchal ; c'était le plus haut fonctionnaire du duché, car son traitement, qui était de 600 francs par an,

(1) E. Duvernoy, Les *États généraux* des duchés de Lorraine et de Bar.... Paris, 1904, p. 20. Cf. notre article : Note sur le droit lorrain au XVIe siècle... *Mémoires de la Société*, 1913, p. 261.

était le triple de celui de ses subordonnés les plus élevés en dignité, notamment du bailli (1). Représentant le souverain dans sa capitale, le maréchal du Barrois, comme celui de Lorraine, était toujours choisi dans l'ancienne chevalerie : aussi est-ce devant lui que les nobles devaient faire la preuve de leurs titres de noblesse; il fut ainsi chargé, en 1578, de reconnaître si les anoblis vivaient « noblement » (2). Les titulaires de cette charge furent, en 1560, Henri d'Anglure, en 1563, Africain d'Haussonville qui, en 1592, donna sa démission et fut remplacé par d'Amblise qui vécut jusqu'en 1601 (3). Ces fonctions étaient avant tout honorifiques et militaires; jamais les documents ne signalent la présence du maréchal dans la ville de Bar-le-Duc, tandis qu'on trouve à chaque instant d'Haussonville et son successeur en missions diplomatiques ou à la tête des armées lorraines pendant les guerres de la Ligue (4).

C'est pourquoi le véritable représentant du duc à Bar était le *bailli*, dont les fonctions représentatives, judiciaires, militaires et administratives rappellent à la fois celles des intendants français de l'ancien régime, de certains généraux commandants de place et des préfets actuels (5). Représentant le duc dans le bailliage de Bar, le bailli servait d'intermédiaire entre le souverain, les prévôts du bailliage, la Chambre des Comptes et les États

(1) Bellot-Herment, p. 461. — Comptes de 1584 : *B. 569*, f° 134 v°.

(2) Lepage, *Les offices* des duchés de Lorraine et de Bar.... Nancy, 1869, p. 70. Cf. notre article cité, *Mémoires* de 1913, p. 258. C'est sans doute à la suite de cet ordre que le maire Jean Gaynot dut faire preuve de sa noblesse devant le prévôt de Bar : Dom Pelletier, *Nobiliaire* de Lorraine, p. 286.

(3) Lettres patentes : Arch. de Meurthe-et-Moselle, *B. 33*, f° 210 v° ; *B. 35*, f° 32 v° et *B. 62*, f°s 9-10. Cf. Lepage, *Offices*, p. 76.

(4) V. notre livre, *Les prétentions de Charles III*.... à la couronne de France. Paris, 1909, *passim*. — C'est à dessein que nous ne parlons pas des sénéchaux du Barrois, dont les attributions sont si peu connues : nous n'avons pas trouvé dans les comptes une seule mention de Charles de Lenoncourt et de Claude de Reinach, cités par Lepage, *o. c.*, p. 79-80 et 84.

(5) *Id.*, p. 87-92.

généraux, auxquels il faisait savoir ses ordres (1). Il constituait aussi la juridiction suprême du bailliage, présidait le tribunal des Assises, jugeait en première instance les causes des nobles et revisait en appel les jugements « des prévôt, gruyer, maire et autres juges subalternes du bailliage » (2). Mais le bailli était plus encore un chef militaire, il avait le titre de « capitaine » de Bar et était en quelque sorte le gouverneur du Barrois; en temps de paix, il devait fournir des munitions aux troupes de passage à Bar; en temps de guerre, il était chargé de lever les soldats et de les conduire au lieu fixé par le duc; dès qu'on redoutait une attaque de la ville, il en faisait visiter et réparer les fortifications, accommoder les fossés, il ne cessait d'envoyer des messagers « aux champs » ou dans les villes voisines pour avoir des nouvelles de l'ennemi (3). A côté de ce rôle général concernant tout le bailliage, le bailli avait un rôle administratif non moins considérable s'exerçant sur la ville même de Bar. Il avait conservé quelques attributions financières, comme lorsqu'il faisait, pour le duc, des emprunts sur les habitants (4); il étendait sur eux ses attributions judiciaires, ratifiant les jugements concernant les propriétés, notamment quand il s'agissait d'aliéner les biens des orphelins mineurs en tutelle (5); il y joignait des attributions de police, puisqu'il pouvait leur imposer les mesures d'hygiène qu'il jugeait nécessaires, notamment dans les épidémies de peste; il y exerçait enfin

(1) Lettres du duc au bailli, 22 février 1575 : *B. 255*, f°s 35 v° à 36.

(2) *Coutumes* du bailliage de Bar-le-Duc..., édition de 1698, art. *43*, p. 50. Comptes domaniaux de 1599 : *B. 1286*, f° 101. Lettre du roi Henri II, 7 décembre 1552 : *Ms. I*[39], *s. a.*

(3) Comptes domaniaux de 1568 : *B. 863*, f° 303. — Lettre de 1589 citée plus haut, p. 141, note 4. *CC1*, comptes municipaux de 1590-93, *passim*, et de 1593-95, f° 42.

(4) Mêmes comptes de 1586-88, f° 68 v°.

(5) Actes de 1574, 1596 et 1599 : *Cartulaire Vincent*, f°s 8, 42 v° et 30 (en marge). Jugements des 17 mai, 22 novembre et 18 décembre 1588 : *C*. Bailliage, n° 2, Bar-le-Duc (Art. 2, Sentences n° 21).

ses attributions militaires, car il avait le droit d'imposer à la ville les garnisons qu'il voulait (1).

Aussi le duc choisissait-il comme baillis de Bar des personnages considérables du Barrois, que la ville entourait du plus grand respect. A la fin du XVIe siècle, leurs fonctions paraissent avoir appartenu presque exclusivement à deux familles, celles des Florainville et des Savigny, toutes deux étrangères au Barrois, et qui étaient de la vieille chevalerie (2). Claude de Florainville, écuyer, seigneur de Conflans et de Cousance, chambellan du duc, bailli depuis 1549, eut pour successeur, en 1577, son fils René, auparavant gentilhomme de la chambre et capitaine de la garde du duc, seigneur de Conflans et de Fains, plus tard, maître de camp des compagnies de lanciers et d'arquebusiers à cheval, seigneur de Cousance et de Hargéville (3). Varin de Savigny, sieur de Laimont et de Chardogne, remplit ensuite les fonctions de bailli de 1596 à 1611, où, par suite de sa mort, elles passèrent à Charles de Florainville, seigneur de Fains, évidemment fils de René (4). Les Barrisiens paraissent avoir témoigné beaucoup d'affection à la famille de Florainville, qui les touchait de si près : déjà le chapitre de Saint-Maxe avait différé un des chapitres généraux pour le service de la femme du premier bailli Claude (5), dont le fils René allait bientôt vendre sa maison de la côte de l'École au doyen Gilles de Trèves ; mais c'est

(1) *CC1*, comptes municipaux de 1582-85, f° 68, 1586-88, f° 70 et de 1590-93, s. p.

(2) Sur ces deux familles depuis le XVIe siècle, v. *Ms. 218* I et II, *s. v.*

(3) D'après Bellot, p. 464, Claude aurait été bailli de 1558 à 1561 et de 1569 à 1575 ; nous le trouvons dès 1555 et de 1568 à 1574 sans interruption. Extraits de sentences du bailliage cités ci-dessous, et *Registre* de Saint-Maxe, G^1, f° 298 ; comptes domaniaux, *B. 565*, f° 149 ; *567*, f° 135 v° et *568*, f° 132. — Sur René, v. comptes de 1573 : *B. 567*, f° 269 v° et lettres-patentes de 1585 : Arch. de Meurthe-et-Moselle, *B. 55*, f° 54.

(4) Le Marlorat, *Journal*, p. 75-76. — C'est ce Charles qui fonda, en 1633, près du château de Fains, le couvent des Tiercelins, dont la première pierre de la chapelle subsiste aujourd'hui dans l'asile d'aliénés. Gillant, *Pouillé*, t. II, p. 215-16.

(5) Le 9 février 1571, registre capitulaire : G^1, f° 310.

pour le dernier surtout qu'ils se dépensèrent. Il était déjà bailli de Bar depuis près de huit ans, quand il fit son entrée dans la ville, le 8 mai 1585, accompagné de sa femme, mademoiselle de Villepot, de 300 fantassins et de 100 cavaliers, la municipalité, suivie d'un « grand nombre de bourgeois des deux villes... en armes », alla à sa rencontre, fit présent à René d'un cheval « de courterie », à sa femme d'« un carcan d'or » acheté à Bar et leur offrit « en la maison du trésorier Vincent appelée la Rochelle... un festin et collation ». Rien n'avait été épargné pour ces hôtes de marque : le repas était donné dans des galeries garnies de feuillage et servi sur de la vaisselle plate, au son de la trompette, des tambours, des « violons, cornes à bouquins et autres instruments de musique » pour donner plaisir à l'assistance ; pendant ce temps, les soldats et les bourgeois étaient traités aux frais de la Ville dans les meilleurs hôtels. Le soir, on reconduisit le seigneur et sa femme à leur château de Fains [1]. On fit aussi « grand honneur et cérémonie » à l'entrée solennelle de son successeur, Varin de Savigny, le 21 juillet 1596, car on lui donna « un buffet garni » de vaisselle d'argent et pesant plus d'un marc, le tout acheté à Ligny pour 1.141 francs [2]; mais on ne lui offrit pas de festin.

Quand le bailli était empêché ou absent de Bar, il se faisait suppléer par ses lieutenants. Le « *lieutenant général au bailliage* » paraît avoir rendu d'ordinaire la justice à la place du bailli; c'est pourquoi on nommait d'ordinaire à ce poste des magistrats, toujours auditeurs à la Chambre des Comptes et parfois conseillers d'État, comme Thierry de la Mothe, auquel succédèrent en 1567 Philippe Merlin, en 1585 Jean Hennezon, le futur président des Grands Jours de Saint-Mihiel, en 1589 Jean Vincent le jeune, en 1598 Claude Le Marlorat et en 1600 Jean de l'Église, que remplacèrent ses fils Antoine et Jean [3]. Ce personnage

(1) *Annales* citées, *s. a. Ms. 53*, p. 11. *CC1*, comptes municipaux de 1583-85, f°s 68 v°-70.

(2) *Annales*, *s. a. Ms. 53*, p. 25. *CC1*, mêmes comptes de 1593-95, f° 50 et v°.

(3) Sentence du 8 février 1559 : *C.* Bailliage n° 2, Bar-le-Duc. Art. 2,

portait d'ordinaire le titre de « lieutenant de capitaine », et prenait, comme le bailli, part à la défense de la ville; aussi, quand la guerre obligeait le bailli à quitter Bar-le-Duc d'une façon continue, le duc envoyait-il dans la ville un noble portant le titre de « gouverneur » et qui prenait toutes les mesures nécessaires à la défense de la place : tels furent, de 1587 à 1590 au moins. MM. de Remenaucourt et de Montaugon (1). A côté du lieutenant général était un lieutenant particulier au bailliage, dont les attributions semblent avoir été purement judiciaires; aussi y avait-il au bailliage un greffier (2).

Ainsi, les principaux représentants de l'administration générale appartenaient à la plus haute noblesse, tandis que leurs subordonnés n'étaient que des anoblis. De même dans l'administration particulière de la maison ou hôtel du duc, c'est-à-dire du Château, nous trouvons, tout au haut des gentilshommes, au-dessous des anoblis, et tout au bas de simples roturiers. Le Château de Bar était naturellement moins important que le Palais ducal de Nancy, puisque les ducs n'y résidaient pas d'ordinaire, mais il n'en avait pas moins gardé l'administration du moyen âge; malheureusement, nous ignorons souvent quels en étaient les organes fixes, demeurant à Bar, et les organes ambulants, se déplaçant avec le souverain. Comme en France à la même époque, l'*Hôtel* était « l'ensemble des services organisés pour les besoins de l'existence privée du Souverain » et le principal personnage en était le *Grand Maître* (3); il portait, à Bar, le nom de Grand Maître « du Châtel » ou « en l'Hôtel du duc »; mais, en plus de

Sentences n° 3. Sentence du 3 juin 1574. *Ms. I*[40], *s. a.* La plupart des ordonnances sont adressées au bailli « ou son lieutenant ». — Lepage, *Offices*, p. 258-9. Longeaux, *La Chambre des Comptes du duché de Bar*, notes par le baron de Dumast, Bar, 1907, nos *90*, *111* et *132*.

(1) Acte de 1576 : *B. 228*, f° 150 v°. — *CC1*, comptes municipaux de 1586-88, fos 68 v°, 78 et 60; de 1590-93, s. p.

(2) Comptes de 1584 : *B. 569*, f° 134 v°. Assises de mai 1560, registre de sentences cité ci-dessus, note 3.

(3) H. Laumônier, *Histoire de France* dirigée par Lavisse, t. V, 1re partie, p. 205-6.

ces fonctions domestiques, il avait, à Bar, la direction des finances particulières du prince (1). Comme sa charge de Grand Maître lui permettait d'approcher sans cesse du souverain et de diriger en quelque sorte son existence matérielle, elle n'était donnée qu'à des gentilshommes de l'ancienne chevalerie, d'ordinaire à des Lorrains, qui la cumulaient souvent avec d'autres : c'est ce qui arriva en 1560 pour Balthasard d'Haussonville ; en 1563 pour Henri d'Anglure, sieur de Melay ; en 1583 pour le comte de Salm, déjà maréchal de Lorraine ; en 1589 pour Jean de Lenoncourt, bailli de Saint-Mihiel ; en 1593 pour Christophe de Bassompierre, déjà chef des finances ; en 1596 pour un d'Anglure, sieur de Melay. Aussi le Grand Maître ne résidait-il pas d'ordinaire à Bar, mais y avait sa chambre particulière (2). Il en était de même des « chambellans et gentilshommes servants », également issus de la haute noblesse et qui suivaient plus ou moins le duc dans ses déplacements, tandis qu'il y avait toujours au Château un garde de vaisselle et un mutier ou tonnelier (3).

Le personnel à demeure comprenait avant tout le *cellerier* de Bar, qui conservait d'ordinaire les grains des recettes dans les greniers du Château et les en sortait, en temps de famine ou de guerre, pour nourrir le peuple et l'armée ; réquisitionnait les fournitures en nature lors des voyages du duc ; distribuait les gélines et les chapons aux écuyers du garde-manger et la cire aux fruitiers du duc, pour en tirer le luminaire (4). Cette charge importante fut remplie avant 1578 par Claude Didelot, sans doute roturier, après 1582 par Jean Maillet, écuyer ; et après 1588

(1) Comptes de 1572 et 1573 : *B. 566*, f° 150 et *567*, f° 159 v°. — Lepage, *Offices*, p. 353-6.

(2) *Ibid.*, V. plus haut, p. 147, note 5.

(3) Comptes de 1591 : *B. 571*, f° 204. Cf. plus haut, p. 147, notes 5 et 6. — Sans doute aussi les archers ou gardes du corps suivaient le duc, car un seul est cité aux comptes de 1574 : *B. 868*, f° 85 v°.

(4) Comptes domaniaux de 1570, 1576, 1595, 1575, 1587, 1582 et 1583 : *B. 865*, f° 114 ; *870*, f° 85 v° ; *875*, f°s 186 et v° et 181-2 ; *869*, f° 92 ; *570*, f°s 161 v° et 162 ; *873*, f°s 103 v° ; *874*, f°s 103 v° et 105-6.

par Georges Clément, anobli (1). Il y avait encore au Château différents fonctionnaires qui cumulaient d'ordinaire plusieurs fonctions, comme celles de geôlier et concierge, de portier et jardinier, de touriers et portiers des Portes du Baile et Phulpin, d'horloger et de serrurier, de peintre et de vitrier; l'apothicaire du duc y résidait, tandis que son aumônier ordinaire, à qui on attribuait d'ordinaire une prébende à Saint-Maxe, ne paraît pas avoir habité Bar (2). Enfin, le souverain y avait toujours sa grande et sa petite écurie; dans ses voyages, il y amenait celles du marquis et de la duchesse. Chacun de ces personnages possédait ainsi ses chevaux d'écurie; il y avait, en outre, des chevaux de coche avec ou sans livrée, des courtauds pour les hommes et des mulets de litière pour les dames; tous ces animaux étaient soignés par des palefreniers et des valets d'écurie, à qui un commis de la fourière du duc fournissait l'avoine remise par le cellerier (3). C'était, semble-t-il, seulement lors de son passage que Charles III amenait avec lui son grand veneur et sa meute de chiens courants; on nourrissait ceux-ci avec du blé (4).

La construction et surtout la réparation des bâtiments du Château nous sont beaucoup mieux connues que son administration, à cause des dépenses perpétuelles qu'elles provoquaient. Quand il fallait élever de nouveaux bâtiments, le maître maçon du duché de Lorraine était envoyé de Nancy pour « visiter et ordonner les travaux » (5); mais ordinairement celui du duché de Bar inspectait les constructions endommagées ou menaçant ruine. L'entretien des bâtiments était marchandé « à raval » par la Chambre des Comptes, c'est-à-dire attribué au rabais par

(1) Voir leurs comptes presque ininterrompus de 1567 à 1592 : *B. 863 à 880.*

(2) Comptes de 1584 : *B. 569*, fos 134 à 135 vo. — V. plus haut, p. 139, note 2. Registre capitulaire : *G1*, fos 281 et 284.

(3) Comptes de 1571, 1583 et 1593 : *B. 866*, fo 102 ; *874*, fo 84 et *880*, fo 96.

(4) Comptes de 1568 et 1582 : *B. 863*, fo 102 vo et *873*, fo 81.

(5) Comptes de 1598 : *B. 578*, fo 67 et vo.

adjudication(1); c'est sans doute pourquoi il fallait si souvent les réparer. Les plus solides maçonneries étaient construites eu pierre de Trémont et revêtues de pierre de taille; on faisait venir du village de Trémont, non seulement les matériaux de construction, mais parfois les maçons pour exécuter l'ouvrage(2). Les charpentes étaient faites ordinairement de chênes empruntés aux bois de Massonges ou du Juré; on mettait parfois entre les planches des fagots de genièvre, sans doute pour les préserver des insectes; ces pièces de bois servaient à faire des poutres soutenant les toitures et appelées « saulmiers » et « pannes »(3). Les toits, recouverts de tuiles creuses ou plates et d'ardoises, étaient entretenus par le couvreur du Château, Robert Plisson, d'après un marché conclu pour trois ans par la Chambre des Comptes(4). Les cheminées avaient des tuyaux fabriqués ou, tout au moins, réparés par un « potier de terre » de Bar, et le foyer en était garni de taques de fer, dont cinq grandes avaient été vendues par l'abbé de Jeandheures(5). Les fenêtres des pièces secondaires paraissent avoir eu leurs châssis remplis simplement de papier et de verre; au contraire, les vantaux des fenêtres principales étaient garnis de verrières ou vitraux soudés au plomb, d'ordinaire en forme de losange, parfois composés de « pièces de moresques et entrelacs »; le tout était fourni et exécuté par le « peintre » du Château, Claude Gilbert(6). Quand les longues pièces ne pouvaient prendre

(1) Comptes de 1587 : *B. 570*, f° 169 v°.

(2) Comptes domaniaux de 1584 et 1595 : *B. 569*, f° 185 et *575*, f° 192. *CCI*, comptes municipaux de 1573-75, f°s 30 v°-31.

(3) Comptes de 1598, 1588 et 1595 : *B. 578*, f° 68; *570*, f° 175 et *575*, f° 192 v°. V. le mot *panne* dans Havard, *Dictionnaire d'ameublement*.

(4) Comptes de 1572 et 1592 : *B. 566*, f°s 160 v° et 161; *B. 572*, f° 199.

(5) Comptes de 1571 et 1585 : *B. 565*, f° 169 et *569*, f°s 194 et 197. Cf. Renard, *art.* cité, p. 26.

(6) Comptes de 1572, 1573, 1585, 1588 et 1591 : *B. 566*, f° 162; *567*, f° 194 v°; *569*, f° 201; *570*, f° 173 v° et *571*, f° 204. Ce peintre devait plus tard exécuter deux tableaux pour la chapelle des Capucins : Digot, t. V, p. 145.

jour sur le côté, on les éclairait d'en haut par des lucarnes appelées flamandes ou hollandaises, qu'on appuyait contre un rebord de pierre de taille ou « anglay »(1). On entrait dans les maisons par un escalier de quelques marches nommé « montée », on communiquait d'une pièce à l'autre par des allées souvent obscures et d'un étage à l'étage superposé par des escaliers tournants appelés « vis », d'ordinaire placés dans des tourelles situées en dehors des bâtiments(2).

Le mobilier, conservé au galetas ou garde-meuble, était des plus rudimentaires : il comprenait, à la cuisine, cinq dressoirs, partout ailleurs des tables ordinairement carrées, des tréteaux, des bancs et des escabeaux(3) ; pour la nuit des *chalits* et des couchettes de bois, garnies de paille fraîche ; on ne trouve nulle part le moindre ornement : il semble qu'il ait fallu que le marquis Henri, devenu duc de Bar, épousât la sœur de Henri IV, Catherine de Bourbon, pour qu'on fît venir de Châlons une natte qui fut posée « ès chambres et cabinets du neuf bâtiment » du Château(4). Dans les monumentales cheminées qui se trouvaient dans chaque pièce, on se chauffait l'hiver avec des fagots et de grosses souches d'arbres fournies par les forêts du duc(5). Il ne faudrait pourtant pas croire que toute condition d'hygiène ait été bannie du logis ducal : on y construisait, au contraire, des latrines ou « privés », situés d'ordinaire auprès des tours, c'est-à-dire à l'extrémité des bâtiments, aussi loin que possible des logements ; chacun de ces cabinets était, sans doute, malgré leur nom, destiné à plusieurs personnes, puisque tout appar-

(1) Comptes de 1584 et 1587 : *B. 569*, f° 182 et *570*, f° 169 v°. Il s'agit sans doute d'un recoin à angle aigu ou *anglet*. V. Havard, *Dictionnaire* cité, *s. v.*

(2) V. plus haut, p. 143 à 146.

(3) Comptes de 1590, 1584, 1572 et 1573 : *B. 571*, f° 199 ; *569*, f°s 196 v° et 197 v° ; *566*, f° 162 et *567*, f° 196.

(4) Comptes de 1587 et 1570 : *B. 570*, f° 170 et *565*, f° 163 v°. Les chalits étaient des couchettes basses, supportées par de forts pieds les séparant du sol. — Comptes de 1598 : *B. 578*, f°s 67 v°-69.

(5) Comptes de 1597 : *B. 577*, f° 46.

tement spécial avait le sien(1). Après chaque séjour de la Cour, on faisait nettoyer par des hommes ou des femmes munis de balais les ordures ou « immondices » qui étaient ensuite charroyés hors du château ; à chaque arrivée du duc et de ses gens, tout était préparé et remis à neuf(2).

L'existence qui se déroulait dans un tel cadre devait être singulièrement monotone. Tout séjour des souverains comprenait nécessairement les mêmes occupations : des offices religieux à Saint-Maxe, des réceptions officielles suivies de festins pantagruéliques, où on utilisait sans doute les ressources provenant des provisions et du jardin du Château et surtout les contributions en nature fournies par le cellecier, des jeux à la courte paume au Tripot et des chasses à courre à travers les forêts du Barrois ; à l'époque que nous étudions, nous n'avons trouvé trace d'aucune représentation dramatique, même lors de la visite des souverains étrangers : en pleine Renaissance, on paraît avoir songé, au Château de Bar, bien moins à l'esprit qu'au corps. Les seuls faits notables sont constitués par les séjours et les réceptions des princes, auxquels sont parfois mêlés des événements politiques. Comme Charles III n'avait pas à redouter à Bar, comme à Nancy, les prétentions des gentilshommes de l'ancienne chevalerie, on peut supposer qu'il préférait le duché de Bar à la Lorraine et qu'il aimait le séjour de sa capitale(3) ; si, le plus souvent, il demeurait à Nancy, au centre de ses États, il n'en vint pas moins souvent à Bar : cette ville était sur le chemin de la France, où il allait fréquemment, puisqu'il avait épousé une fille de France, Claude, sœur des derniers Valois.

Le jeune duc avait passé une partie de sa jeunesse en

(1) Comptes de 1588 : *B. 570*, f°s 173 et 174 v°. Peut-être était-ce la même chose que les « civiles » nettoyés en 1595 : *B. 575*, f° 192 v°.

(2) Comptes de 1572, 1573 et 1588 : *B. 566*, f° 161 ; *567*, f° 195 et *570*, f° 173.

(3) Cf. notre Note sur le droit lorrain : *Mémoires* de 1913, p. 262-3. — Peut-être le duc avait-il fait faire la généalogie des comtes de Bar, pour laquelle il récompensa en 1570 un peintre : *Les prétentions de Charles III*, p. 9.

France où il s'était marié le 22 janvier 1559 (1); après la mort de son beau-père Henri II, il assista, le 17 septembre, au sacre du nouveau roi, son beau-frère François II; puis ce prince, accompagné de sa mère, Catherine de Médicis, de sa femme, la lorraine Marie Stuart, et du cardinal de Lorraine, vint reconduire son allié à Bar. Le 28 septembre et le lendemain, jour de la Saint-Michel, le roi et le duc « assistèrent à l'office de Saint-Maxe, avec toute leur Cour, en habit et manteau de cérémonie », portant tous deux « le collier de l'Ordre de Saint-Michel. Les messes et les vêpres furent chantés en musique par les musiciens du roi; ce fut une répétition des chants et des cérémonies de Reims » (2). L'année suivante, Claude de France, à qui son mari avait fait donation du Château de Bar, au cas où elle lui survivrait, fit dans cette ville une entrée solennelle pour laquelle tous les habitants s'étaient cotisés (3). Quatre ans après, elle vint de nouveau à Bar pour y faire baptiser l'héritier présomptif du duché, comme on le faisait d'ordinaire : le marquis du Pont était né à Nancy le 8 novembre 1563, mais son baptême fut retardé parce que la Cour de France ne put y assister avant la fin du mois d'avril suivant (4). La cérémonie eut lieu à Saint-Maxe, le 1er mai, avec beaucoup de pompe, en présence du roi Charles IX, de la reine-mère et d'autres princes et princesses; ensuite « il y eut triomphes et tournois ès places de devant Saint-Pierre, auxquels prirent part la noblesse des deux États »; le peuple, curieux d'apercevoir ces réjouissances, se porta tellement en foule sur le toit de la Halle qu'elle en fut « toute rompue » (5). On servit aux invités des plats de

(1) *Les prétentions*, p. 2 et 15.

(2) *Pouillé*, t. II, p. 23-24.

(3) Contrat du 19 janvier 1559 : D. Calmet, *Histoire*, preuves, t. III, p. CCCCXXVIII. — Renard, p. 127, d'après le registre de Saint-Maxe : G^1, f°s 256 v° et 258.

(4) Lettres des 28 janvier, 28 février et 3 mars 1564 : *Mémoires* de Castelnau. *Additions* de Le Laboureur, p. 315-6 et 339.

(5) Registre capitulaire : G^1, f° 276. — Comptes de 1564 : *B. 561*, f°s 142 et 147 v°.

venaison, de perdrix et de levreaux, des écrevisses et des pâtés de truite de l'Ornain (1), que l'on arrosa sans doute de vins des meilleurs crus de Bar. Tout faillit cependant se gâter : le grand aumônier du roi, Jacques Amyot, le fameux helléniste, fit ouvrir les prisons aux criminels, comme il était d'usage « dans les villes où le souverain faisait sa première entrée »; mais, sur les remontrances du duc, Charles IX lui accorda, le 9 mai, un acte de non-préjudice (2).

Dès lors, Charles III et Claude de France firent d'assez fréquents séjours à Bar. La duchesse y passait généralement pour se rendre à la cour de France et au château de Joinville, auprès de la vieille duchesse douairière de Guise, Antoinette de Bourbon, sa cousine; le duc venait ordinairement l'accompagner et la rechercher, et tous deux passaient quelques jours au Château : on signale ainsi Charles III seul en 1568, Claude seule en 1570, tandis que dans les quatre années suivantes on les trouve tous deux à Bar jusqu'à deux et trois reprises; au début de 1573, le duc étant de nouveau en cour de France, ce fut son cousin, le duc de Mercœur, nommé lieutenant général du duché, qui vint à Bar (3). Deux ans après, Charles III, laissant Claude dans son duché, était allé trouver sa belle-mère, Catherine de Médicis, à Reims, quand il apprit que sa femme venait de mourir en couches, le 25 février 1575; il revint précipitamment par Bar à Nancy (4), où il la fit enterrer à la chapelle ducale des Cordeliers, aujourd'hui la Chapelle ronde. A la mort de la duchesse Renée

(1) Comptes de 1564 : *B. 1933*, f°s 18 à 19. Ce fut sans doute pour loger les invités qu'on avait bâti deux petits pavillons « derrière le logis de la Conciergerie ». Comptes de 1595 : *B. 575*, f° 192 v°.

(2) D. Calmet, t. II, col. 1359.

(3) Comptes de 1568; de septembre et octobre 1570; d'avril, juillet et août 1571; de juillet et novembre 1572 et de 1573; d'avril 1574 : *B. 863*, f° 101; *865*, f°s 95 v°, 102 et 163 v°; *866*, f°s 83 v°, 95 et 102; *867*, f° 101 et v°, et *566*, f°s 146 v°, 161 v° et 162 v°; *567*, f°s 181 v°, 182 et 186 v°; *568*, f°s 195, 181, 193 et 194.

(4) Comptes de 1574 et 1575 : *B. 568*, f°s 181 et 215 v°; *B. 2104*, f° 106 v°. *Lettres* de Catherine de Médicis, t. V, p. XLVII.

de Bourbon, sœur du trop fameux connétable, son mari, le duc Antoine, avait fait sonner trois jours durant par toutes les villes et tous les villages du bailliage de Bar; Charles III voulut faire mieux encore. Il ordonna de sonner pendant huit jours entiers, de 4 à 5 h. 1/2 du matin, de 1 à 3 heures de l'après-midi et de 6 à 8 ou 9 heures du soir, « afin que le peuple et [les] sujets prient Dieu et intercèdent pour » la défunte (1). A Bar même, on sonna toutes les cloches de Saint-Pierre et les grosses cloches de Notre-Dame. « Au bout des huit jours, on fit un service » solennel à Saint-Maxe, le 6 avril; le surlendemain, après un jour de « vigiles », un autre service fut célébré à Notre-Dame « aux frais communs de la ville ». Dans l'église paroissiale était dressée « une chapelle ardente » : une bière, couverte d'un drap noir garni d'une croix blanche et entourée de quarante et une armoiries du duc et de la duchesse, était précédée d'un candélabre noirci, garni de torches et de cierges. Le clergé des diverses églises de la ville était présent, tous les laïques, bourgeois et manants, portaient un cierge à la main; la messe fut « chantée en musique » par les chantres de la paroisse et le chœur de Saint-Maxe. Pendant ces deux derniers jours, on sonna encore les cloches de la paroisse (2).

Le roi de France n'était pas seulement le beau-frère de Charles III, il était encore le souverain du Barrois mouvant dont faisait partie le bailliage de Bar; aussi, les nombreux voyages et les fréquents séjours que le duc faisait à la cour de France s'expliquent-ils en partie par la nécessité où il était de conserver de bons rapports avec son puissant voisin (3). Charles III avait profité de ces relations pour faire définir ses droits dans les pays qu'il possédait sur la rive gauche de la Meuse : le *Concordat* de 1571 lui avait reconnu sur ces territoires « tous les droits régaliens

(1) Lettres au bailli citées plus haut, p. 225, note 1. Le mandement fut porté aux prévôts par le sergent. Comptes de 1574 : *B. 568*, f° 215 v°.

(2) Note du greffier Davrillot : registre, *B. 255*, f° 36 v°; *CC1*, comptes de 1573-75, f° 39 et v°. Cf. *Journal* de Le Marlorat, p. 221-3.

(3) Magnienville, *Claude de France*, Paris, 1885, p. 108.

et de souveraineté » et déclaré qu'en cas d'appel des sentences des baillis de Bar et du Bassigny, les causes ressortiraient au présidial de Sens et au Parlement de Paris; mais des difficultés s'étaient élevées au sujet de l'interprétation de ce traité (1). Sur ces entrefaites était mort Charles IX, avec qui avait été signé ce premier concordat; son successeur, Henri III, marié à Louise de Lorraine, pouvait paraître plus traitable : déjà, d'ailleurs, quand il s'en allait ceindre la couronne de Pologne, le duc l'avait fait recevoir à Bar par son bailli avant de l'accueillir lui-même à Nancy (2). Aussitôt que son dernier frère fut devenu roi de France, Charles III réclama de lui une nouvelle interprétation qui lui fut accordée, malgré le Parlement de Paris (3) : ce fut le second concordat, signé en 1575. Il était beaucoup plus explicite que le premier; il déclarait que le roi ne pouvait prétendre sur le Barrois mouvant qu'à des droits féodaux ou à la connaissance des causes en appel et développait tous les droits souverains qui étaient reconnus au duc (4).

Après la mort de sa femme et le règlement de cette question de souveraineté, Charles III paraît d'abord être allé plus rarement en France, et, par suite, être venu moins à Bar. Il n'y passa pas, croyons-nous, avant la fin de 1577 et le début de l'année suivante, en revenant de Joinville et en se rendant en France; au retour de ce dernier voyage, il demeura au Château trois mois, d'août à octobre 1578, accompagné de son chef des finances, de « ses grands chevaux et de ses chevaux d'Espagne », et de toute sa vénerie; un an après, il était de nouveau à Bar, lors de la rédaction des coutumes, et y réformait le traitement de la Chambre des Comptes (5). De 1580 à 1583, il y

(1) D. Calmet, t. II, col. 1368-9.

(2) Comptes de 1573 : *B. 567*, f°s 172 v° et 185.

(3) Le 18 août 1575 : L'Estoile, *Mémoires-journaux*, éd. de la Soc. de l'Hist. de France, t. I, p. 87.

(4) D. Calmet, t. II, col. 1369-70.

(5) Comptes de 1576-77 et 1577-78 : *B. 871*, f°s 91 et 101; *872*, f°s 84, 92 v° et 107; *B. 1387*, f° 68 v°. V. un peu plus bas, au même chapitre.

passa tous les ans une ou deux fois, le plus souvent accompagné de son fils aîné; à la fin de la dernière année, il y séjourna plus de deux mois (1). A partir de la fondation de la Ligue de Nancy, les séjours du duc à Bar, à la porte de la France et dans le voisinage de Joinville, la ville de Henri de Guise, devinrent, sinon plus nombreux, du moins plus importants. En cette année 1584, où la mort de François de Valois lui permit de créer la seconde Ligue, Charles III pensa jusqu'à trois fois se rendre à Bar (2); mais, retenu à Nancy, il ne vint qu'en hiver. Peu après avoir conclu le pacte d'union dans sa capitale principale (septembre), le duc alla à Joinville, chez le Balafré, pour traiter des subsides à fournir aux ligueurs : avant et après ce voyage en Perthois, il passa dans la capitale du Barrois, où il resta environ du 15 au 24 décembre et du 4 au 17 janvier suivants; quand la reine-mère l'appela à Épernay, comme médiateur entre le roi et les Guises, Bar fut naturellement sur son chemin de départ et de retour (3). Charles III demeura en Lorraine pendant toute l'année 1586, où il préparait la guerre contre les protestants; ce ne fut qu'après avoir pu les repousser de ses États qu'il revint à Bar, où il séjourna de la fin d'octobre au début de décembre 1587, mais il ne paraît pas y avoir reparu l'année suivante, où la Ligue fut de nouveau resserrée à Nancy (4). En dehors du duc et du marquis du Pont, qui continuait d'ordinaire à le suivre,

(1) Comptes de septembre et octobre 1580; décembre 1581; octobre 1582; janvier, mai et 10 octobre à 12 décembre 1583 : Arch. de Meurthe-et-Moselle, *B. 1186*, fos 312 vo et 115; *49*, fo 210, et *51*, fo 150. Arch. de la Meuse : *B. 873*, fos 81, 99 et vo, 103 vo et 105; *874*, fo 91, 99 et vo.

(2) Comptes de 1584 : *B. 569*, fo 187 vo.

(3) *Les Prétentions*, p. 81-85 et 92-93. Comptes de 1584 et 1585 : Arch. de Meurthe-et-Moselle, *B. 1204*, fo 290, et *1206*, fos 369-70. Arch. de la Meuse, *B. 875*, fos 99 et 91.

(4) Catherine l'avait encore appelé à Reims, et, comme il ne pouvait venir, elle offrait d'aller le trouver à Bar. Lettre de l'ambassadeur vénitien, 5 juin 1586 : Bibliothèque nationale, *Ms. italien 1736*, fo 73. Comptes de 1587 : *B. 877*, fos 91 et 99. *Les Prétentions*, p. 136 et 142-6.

nous n'avons relevé que le passage à Bar de sa fille aînée, la princesse Christine, allant sans doute à la cour de sa grand'mère, Catherine de Médicis, et celui du duc de Nemours, au début de 1587 (1).

Dès la mort de Henri III (1er août 1589), Charles III ne cessa de combattre son successeur, le protestant Henri de Navarre, qui était son ennemi acharné et presque son rival au trône. Aussi, dès le début de la lutte, la place de Bar, la plus proche de la France sur la route de Paris à Nancy, devint-elle, pour un moment, une sorte de quartier général. Presque aussitôt après l'avènement de Henri IV, le duc vint à Bar accompagner le marquis du Pont, qui allait en France conduire aux Ligueurs une armée de secours; il y resta du 20 au 26 août au moins (2). Il venait à peine de retourner en Lorraine, que Henri IV faisait attaquer Bar-le-Duc, dont la Ville haute fut occupée pendant quelques heures par l'ennemi (3). Charles III revint à Bar le mois suivant, et y resta du 13 octobre au 19 novembre au moins; le premier jour, il tint au Château avec l'évêque et les députes de Verdun une assemblée où il promit de prendre la ville de Verdun sous sa protection (4). Il repassa à Bar avec son fils en novembre 1590, après avoir surveillé la guerre que faisaient ses troupes en Champagne; mais ne paraît pas avoir reparu avant le 24 avril et le 4 mai 1593, à l'aller et au retour de la conférence tenue par les Ligueurs à Reims (5). Il y demeura davantage au mois d'avril de l'année suivante, où il tint, huit jours durant, une conférence avec Mayenne et son second, le maréchal de Saint-Paul; Charles III y déclara qu'il voulait s'accommoder avec Henri IV et obtint peut-être de traiter avec lui

(1) *CC1*, comptes municipaux de 1582-84, f° 75 v°, et de 1586-88, f° 66 v°.

(2) H. Lepage, *Lettres... de Charles III*, relatives à la Ligue, 1864, p. 175-81 et comptes de Meurthe-et Moselle, *B. 58*, f° 305 v°.

(3) V. plus bas, à propos de l'armée.

(4) Lepage, *Lettres* citées, p. 240, 266. Roussel, *Histoire de Verdun*, 2e éd., t. II, p. 39-40.

(5) Comptes de 1590 et 1593 : *B. 879*, f°s 91 et 99 ; *880*, f°s 89 et 96. *Les Prétentions*, p. 231-2 et 261-5.

au nom de la maison de Lorraine : c'est ainsi que la Ligue « tint sa dernière assemblée » au Château de Bar[1]. Si ces vieux murs pouvaient parler, que de détails ils pourraient nous donner sur ces intrigues, dont il reste à peine quelques traces dans les documents du temps!

Avec la Ligue finissait l'importance politique de Bar-le-Duc. Bientôt le roi signait avec le duc la paix de Folembray (12 mars 1596) qui rendait au Barrois Dun et Stenay; c'est en allant visiter ces places frontières que le duc passa à Bar, vers la fin de l'année[2]. Le 26 septembre 1597, comme la peste régnait à Nancy, Charles III arriva à Bar, « accompagné des princes ses enfants, avec ses gardes et les Suisses et fut logé aux faubourgs » et bientôt au Château; il resta dans la ville jusqu'au mois de novembre, tenant « journellement » son conseil à la Chambre des Comptes[3]. C'est alors qu'il inaugura l'église des Capucins, avec son second fils, le comte de Vaudémont; l'aîné, le marquis Henri, était alors en cour de France, où il négociait son mariage avec Catherine de Bourbon, sœur de Henri IV, mariage à l'occasion duquel il devait obtenir le titre de duc de Bar[4]. Il ne semble pas que Charles III ait passé à Bar en 1599, puisqu'il n'assista pas à la noce; il se contenta de faire venir à Nancy les meubles du Château pour loger la princesse qui, devenue duchesse de Bar, devait visiter sa capitale un peu plus tard[5].

(1) Comptes de 1594 : *B. 573*, f° 186 v°. *Les Prétentions*, p. 288-9. Bellot-Herment, p. 288-9.

(2) *Les Prétentions*, p. 301-4. Comptes du 20 novembre 1596 : Arch. de Meurthe-et-Moselle, *B. 1244*, f° 339 v°.

(3) *Annales, s. a : Ms. 53*, f° 26; comptes de 1597 : *B. 577*, f°s 44 v° et 46.

(4) Revenu à Bar le 3 mai 1597, le marquis en repartit le lendemain pour ses fiançailles, qui furent conclues le 27. *Annales, s. a : Ms. 53*, f° 25.

(5) Cf. notre article, *Le mariage de Catherine de Bourbon. Annales de l'Est*, juillet 1901, p. 392, 394 et 400.

§ 2. — *Les fonctionnaires et le gouvernement.*

Bar renfermait beaucoup plus d'anoblis que de nobles; Charles III, qui en créa tant dans ses États, accorda, à Bar même, à ses fonctionnaires, au moins deux lettres de noblesse en dix ans(1). Les offices ou fonctions publiques soit laïques, soit ecclésiastiques, du duché, étaient, semble-t-il, aux mains d'un petit nombre de familles généralement originaires du Barrois, très souvent alliées entre elles et quelques-uns de ces offices y étaient quasi héréditaires. De plus, le duché de Bar étant moins important que celui de Lorraine, presque tous les personnages qui devaient jouer un rôle prépondérant à Nancy s'essayaient à Bar. Parmi les détenteurs d'offices purement barrisiens, on peut citer les Rosières, les Bouvet, les Drouin et les Marlorat; parmi ceux qui quittèrent le Barrois, les Vincent et les Gleysenove.

Une des plus anciennes familles de fonctionnaires était celle des *Rosières*, anoblie depuis la fin du xve siècle, et dont les membres portaient le titre d'écuyers. Au début du siècle suivant, elle avait pour représentant Jean de Rosières, auditeur à la Chambre des Comptes en 1537, qui avait épousé en seconde noces Jeanne de la Mothe, fille d'un conseiller de la Chambre et en eut de nombreux enfants(2); sauf le fils du premier lit; Claude, tous les autres, Étienne, Antoine, Albéric et François, jouèrent un rôle considérable. Étienne fut successivement, en 1555, conseiller-auditeur à la Chambre et, dix ans plus tard, secrétaire de la maison du duc et prévôt de Bar(3); Antoine, d'abord avocat fiscal, succéda à la Chambre des

(1) Claude Valée, valet de chambre du marquis du Pont en 1573, et Louis Léger, médecin, en 1582 : Arch. de Meurthe-et-Moselle, *B. 42*, f° 249 et *51*, f° 72 v°.

(2) Longeaux, *La Chambre des Comptes* du duché de Bar, p. 97-98 et 109-11.

(3) Arch. de Meurthe-et-Moselle, *B. 36*, f° 199. Il est cité comme prévôt en 1565 et 1584, comme mort en 1588 : Arch. de la Meuse, *B. 502*, f° 120; *569*, f° 135 et *749*, f° 78.

Comptes à son père qui, en 1569, démissionna en sa faveur; Albéric, seigneur de Chaudeney, devint prévôt de Saint-Mihiel et eut comme successeur son fils François (1). François de Rosières, parrain de ce dernier, qui nous est le mieux connu à la fois par son portrait et par ses œuvres, mérite une place à part comme humaniste et comme ligueur: il était né à Bar en 1539; il y devint à l'âge de vingt et un ans chapelain de la chapelle Saint-Nicolas à Notre-Dame (2), mais semble avoir bientôt quitté la ville; il devint alors vicaire général, puis archidiacre de l'évêché de Toul, plus tard conseiller et historiographe de Charles III: c'est en cette qualité qu'il écrivit plusieurs ouvrages en latin et en français, imprimés ou manuscrits, œuvres indigestes et tendancieuses, pédantes et inexactes, mais intéressantes pour l'histoire du Barrois et de la Lorraine, comme ces *Stemmata* qui lui valurent un procès retentissant devant le Parlement de Paris, ou cette volumineuse histoire de Charles III dont son filleul devait s'attribuer la paternité (3). Une des filles de Jean de Rosières, Françoise, avait épousé le conseiller à la Chambre, Nicolas Xaubourel (4).

La famille des *Bouvet*, anoblie en 1501, bien que moins ancienne et moins nombreuse, était presque aussi importante que celle des Rosières. Elle comprenait Michel Bouvet, procureur général au bailliage de Bar, mort en 1566, et ses fils Jean, Jacques et Michel (5). Jean parait avoir été avocat à Bar et procureur de la collégiale Saint-Maxe avant d'être devenu en 1580 auditeur des Comptes et en 1585 prévôt de Bar; il eut pour descendant Michel, qui lui succéda comme prévôt, fut conseiller à la Chambre

(1) Arch. de Meurthe-et-Moselle, *B. 37*, f° 150 v°; *39*, f°s 50 v° et 176; *50*, f° 143 v° et Arch. de la Meuse, *B. 751*, f° 61. — Comptes de la prévôté de Saint-Mihiel, de 1578 à 1627 : *B. 1100 à 1107*.

(2) Lettres patentes de 1560 : Arch. de Meurthe-et-Moselle, *B. 33*, f° 317.

(3) Cf. notre ouvrage : *Les Prétentions*, p. 9-12 et 54-64, et notre article : Rosières de Chaudeney et l'histoire de Charles III. *Annales de l'Est et du Nord*, t. III, (1907), p. 194-208. Son portrait est au Musée de Bar.

(4) Elle sera veuve en 1602 : *Cartulaire* Vincent, f° 76.

(5) Longeaux, p. 131-4.

en 1596 et épousa la sœur de Jean Errard(1). Jacques, d'abord contrôleur de l'état du marquis du Pont, remplit ensuite, de 1589 au moins à 1636, la charge de gruyer de Bar qui paraît avoir été presque héréditaire chez les Bouvet; quant à Michel, il devait devenir président de la Cour des Comptes de Lorraine et, en cette qualité, jouer le rôle de premier ministre de Charles III et de son successeur Henri II(2).

Les *Drouin*, apparentés aux Bouvet, étaient originaires de Champagne, mais établis dans le Barrois au moins depuis le début du XVIe siècle. Au milieu de celui-ci, cette famille avait pour tige Jacques Drouin, prévôt de Bar, auditeur des Comptes en 1537, qui, vers 1568, ayant perdu sa femme, la fille du président de la Chambre René Bouvet, entra dans les ordres et mourut comme chanoine de Saint-Pierre(3). Il avait eu de nombreux enfants : Jean, François, Quiriace, Barbe et Marie, dont plusieurs, aussi bien les filles que les fils, paraissent avoir eu, comme leur père, la vocation religieuse. François, qui devient en 1584 auditeur des Comptes, plus tard lieutenant particulier au bailliage, eut un fils, François, qui épousa sa cousine, la fille de Michel Bouvet, et succéda à celui-ci comme prévôt de Bar(4). Jean fut doyen de Saint-Pierre de 1588 au moins à 1602; Quiriace, nommé en 1569 chanoine à Saint-Maxe, devint ensuite official de Bar et succéda à son frère comme doyen de Saint-Pierre; Barbe était abbesse des Clarisses en 1585, tandis que Marie épousa le prévôt Étienne de Rosières(5).

(1) Registre capitulaire de Saint-Maxe : G^1, f°s 333 v° et 337. — *Cartulaire Vincent*, f° 76 v°.

(2) *Id.*, f° 24. Nous avons les comptes de Jacques, Michel et Charles Bouvet, comme gruyers : *B. 740-783*. — Sur le « président Bouvet » appelé souvent Bonnet, comme les précédents, v. notre article : Instructions données par Henri IV à ses députés en Lorraine. *Annales de l'Est*, janvier 1901, p. 88, note 5.

(3) Arch. de Meurthe-et-Moselle, *B. 38*, f° 114; Arch. de la Meuse, G^1, f° 302 et *B. 567*, f° 137 v°.

(4) *Cartulaire* Vincent, f° 37. — *Journal* de Le Marlorat, en 1620, p. 109.

(5) Arch. de Meurthe-et-Moselle, *B. 39*, f° 23 et Arch. de la Meuse, G^1, f° 305. *Cartulaire* cité; cf. Pouillé, t. II, p. 69.

La famille des *Marlorat* était moins ancienne et moins étendue que les précédentes; elle n'en joua pas moins un rôle considérable à Bar. Martin le Marlorat, bourgeois de la ville, qui avait prêté quelque argent au duc(1), était père de deux fils, Augustin et Martin. Le premier, devenu religieux augustin, se convertit au calvinisme, alla prêcher à Rouen et y fut supplicié(2); le second, père d'une nombreuse famille, occupa des fonctions judiciaires importantes, ainsi que tous ses fils. Né à Bar en 1509, Martin s'y maria avec demoiselle Jeanne de Bar, fille de maître Toussaint de Bar, écuyer, et fut anobli en 1559; plus tard, il devint seigneur d'une partie des villages de Guerpont, Sillemont, Sampigny et Rembercourt-aux-Pots(3). Il avait étudié le droit, était devenu notaire et s'attirait sans doute les bonnes grâces de Charles III : le 22 janvier 1567, il fut nommé procureur général au bailliage de Bar et, le 6 août suivant, le duc lui promit la première place de conseiller-auditeur qui vaquerait à la Chambre des Comptes(4). Sa qualité de procureur général lui donnait une importance exceptionnelle dans les affaires judiciaires et même dans les affaires politiques du duché; il eut ainsi à s'occuper de ses relations judiciaires ou économiques avec la France, prit une part considérable à la rédaction des coutumes du bailliage de Bar et en donna en 1580 une édition officielle(5). C'était un esprit curieux, mais étroit, à la fois homme de la Renaissance et de la Contre-Réforme. « Il écrit élégamment le latin, sait le grec, taquine la muse, entend la théologie et ne dédaigne

(1) Comptes de 1573 : *B. 576*, f° 167.

(2) H. Dannreuther, Les Marlorat (1506-1642). Extrait de l'*Annuaire de la Meuse* pour 1891, p. 2 et s.

(3) Reprises de 1570 et 1571 : Arch. de Meurthe-et-Moselle, *B. 40*, fos 72 et 125 v°.

(4) Il est qualifié de notaire dès 1544 : Arch. de la Meuse, *B. 228*, f° 146 v°. Lettres patentes de 1566 (avant Pâques) et 1568 : Arch. de Meurthe-et-Moselle, *B. 37*, f° 198 et *38*, f° 48.

(5) Il négocia pour le bureau de la « foraine » établi à Vaucouleurs. Comptes de 1573 : Arch. de la Meuse, *B. 567*, fos 175 et 177. Dannreuther, p. 7, donne le titre de l'édition.

pas la controverse », rédige en un français fleuri une préface aux Coutumes (1) et en latin un livre où il attaque les mœurs du clergé de son temps et montre « la nécessité de baptiser de force ou par surprise les enfants des hérétiques », afin d'extirper du Barrois le protestantisme auquel avait succombé son frère (2). Comme celui-ci, il était d'une grande piété; mais à l'opposé d'Augustin, aveuglément attaché au catholicisme. Dès 1552 il était procureur et receveur des sœurs grises du Petit Couvent; en 1585, il donna à l'hôpital une rente pour y faire célébrer à la chapelle dix messes par les Antonistes et nous savons qu'il était affilié à la confrérie du Saint-Sacrement (3). Il mourut en 1586, laissant quatre fils, qui étaient docteurs en droit et se qualifiaient d'écuyers; ils héritèrent de ses fonctions et probablement de sa piété. L'aîné, Charles, lui succéda comme procureur général; le second, Claude, devint en 1588 auditeur des Comptes et en 1598 lieutenant général au bailliage (4); le troisième, nommé Pierre ou Nicolas, fut reçu auditeur à la Chambre, et devint lieutenant général du bailliage de Bassigny, à Gondrecourt, où il s'affilia à la confrérie de Saint-Nicolas, et représenta Charles III à la conférence où l'on traita du concordat pour la « foraine » ou douane avec la France; le dernier, Gabriel, conseiller à la Chambre des Comptes en 1601 (5), devait écrire le journal qui a été publié il y a quelques années par notre Société (6).

(1) Boyé, Les coutumes du bailliage de Bar-le-Duc, 1905 (extrait du *Bulletin historique et philologique* de 1904), p. 17.

(2) Konarski, p. 463; cf. Dannreuther, p. 11-15.

(3) *Id.*, p. 9. — *Ms.* I[16], *s. a.*, et comptes de 1599 : *B. 910*[1], f° 45 v°. Cf. plus haut, p. 212, note 1.

(4) Charles est qualifié de lieutenant général, non à la prévôté, comme dit Dannreuther, p. 9, mais au bailliage, dans un acte du 24 février 1599 : Arch. de la Meuse, Abbaye de Saint-Airy, *1*. Cf. Bellot, p. 465.

(5) Comptes de 1599 : *B. 1501*, f° 93 v°. — Il est cité à la confrérie de Gondrecourt du 6 décembre 1601 au 27 décembre 1621 : *E. 356*, f° 27. — Conférence du 16 juillet 1599. Histoire de Charles III : Bibl. de Nancy, *Ms. 152*, p. 763 v°.

(6) Dannreuther, p. 9-10 et *Journal* de Gabriel Le Marlorat... 1605-1632. *Documents pour servir à l'histoire du Barrois*.

Un autre fils de ses œuvres, dont les fonctions n'ont pas été moins importantes et qui devait laisser une lignée encore plus nombreuse, fut Jean *Vincent*. Il était né en 1539 à Longeville, aux portes de Bar, où il vint sans doute de bonne heure; il devint ensuite sommelier d'échansonnerie du duc et épousa, en 1562, demoiselle Alix Lescamoussier, fille d'un lieutenant général au bailliage de Verdun; il venait alors d'être anobli depuis un an; quand il eut acheté, en 1586, les terres de Tronville et de Génicourt, il devint seigneur de Génicourt (1). Il ne semble pas qu'il ait été gradué en droit, peut-être n'avait-t-il pas fait de grandes études, car il mit d'abord quelque temps à percer; mais, à partir de la quarantaine, sa carrière fut rapide. Après être resté longtemps sommelier ordinaire du duc, puis contrôleur de l'hôtel, il devint en 1579 conseiller-auditeur à la Chambre des Comptes, en 1584 trésorier général des finances de Lorraine et du Barrois, en 1586 conseiller d'État et en 1596 président de la Chambre du Barrois (2), fonction qu'il conserva jusqu'à sa mort survenue en 1609. Il est difficile de dire à quoi il devait cette haute fortune en dehors de ses alliances et de ses mérites personnels : sans doute il avait rendu à Charles III des services politiques comme agent en Cour de France, soit avant d'entrer à la Chambre des Comptes, soit après sa nomination au Conseil d'État; mais il paraît lui avoir prêté surtout une aide financière (3). Au moment où les Ligueurs allaient entamer la lutte contre les protestants, le duc avait besoin de beaucoup d'argent; il emprunta de tous côtés et engagea une partie de son domaine; Vincent lui avança une première fois 48.000 francs à 8 0/0, puis 4.000 autres « contre le revenu

(1) *Cartulaire* Vincent, fos 317 vo, 311 et 308; cf. *Nobiliaire*, p. 72.

(2) D'après une *curriculum vitæ : Cartulaire*, fo 311 vo.

(3) Pension accordée en 1580 : *Id.*, fo 73. Comptes de 1588 : *B. 570*, fo 163 vo. La transcription dans le *Cartulaire*, fo 437 vo, de la paix de Folembray, fait supposer qu'il a été mêlé à sa négociation. — Dès 1582, il avait pris en adjudication le pressoir du Petit-Bourg : *Id.*, fos 68-69. En 1583 il avait de même une partie des recettes de la terre de Pierrefitte; plus tard il prit celle de Rupt : *B. 2865*[3], fos 13 à 15.

annuel » des pressoirs du Petit Bourg et des fours du Couchot et de la rue de Véel, et de nouvelles sommes contre le rapport des fours ou des pressoirs de Behonne, Génicourt et Tronville; après la guerre, Charles III devait encore lui engager pour plus de 10.000 francs plusieurs étangs du Barrois (1). En même temps, à Bar, Vincent prêtait de l'argent à des particuliers, petites gens ou gros personnages, achetait ou faisait bâtir des maisons dans toute la ville de Bar, surtout à la Neuve ville et à la Rochelle, créait des jardins et possédait les meilleurs vignobles de la côte Sainte-Catherine, acquérait des rentes, des maisons ou des terres dans une quarantaine de localités de la Lorraine et du Barrois, devenant certainement le plus riche propriétaire foncier et mobilier de Bar-le-Duc et peut-être de tout le Barrois; mais il usa sans doute convenablement de sa fortune en faveur de sa ville d'adoption, puisqu'il prêtait sa maison de la Rochelle pour y recevoir le bailli, donnait un nouveau cadran à l'horloge et fondait, avec sa femme, des prédications aux Augustins et à Notre-Dame (2). Aussi était-il choisi, dès 1575, comme représentant de la Ville basse qu'il habitait, pour en défendre auprès de Charles III les privilèges contre la Ville haute et fut-il envoyé en 1593 aux États généraux de Nancy comme représentant du tiers (3). Sa femme lui avait donné sept enfants, quatre fils et trois filles (4). L'aîné de ses fils, Jean, qui devint seigneur de Génicourt et prit le titre d'écuyer, né en 1563, fut d'abord coadjuteur à l'église Saint-Jean de Vaudémont, mais ne tarda pas à quitter les ordres pour le droit; il devint alors successivement auditeur des Comptes, lieutenant général au bailliage de Bar, conseiller du roi

(1) Actes de 1586 et 1587 : *Cartulaire*, f°s 71 v° et 70 v°. Comptes de 1587 : *B. 570*, f°s 10 v°, 19 v°, 22 v° et 29. — Lettres du 21 mars 1596 : *Ms. I*^{40}, s. a.

(2) *Cartulaire*, *passim*, surtout f°s 74-76. — Cf. plus haut, p. 166-7, 168 et 177-8.

(3) Konarski, p. 200. — *CC1*, comptes municipaux de 1593-95, f° 3.

(4) *Cartulaire*, f° 317 v°.

Henri IV et maître ordinaire en son Hôtel (1). Le second fils, Henri, paraît être mort en bas âge; le troisième, Isaac, né en 1570, était conseiller d'État et trésorier des finances par résignation de son père, quand il mourut en 1592; sur le dernier, Charles, nous ne savons rien (2). Quant aux filles, nous connaissons la seconde, Barbe, née en 1574, qui épousa Noël du Jard et lui apporta en dot la propriété de La Rochelle, dont elle devait donner en 1618 la plus grande partie aux Minimes (3).

La famille de *Gleysenove* était originaire d'Auvergne (4). Son premier représentant en Lorraine fut Guillaume de Gleysenove, seigneur de Charmes, anobli en 1553, qui suivit les ducs de Lorraine depuis 1554, devint conseiller et secrétaire du duc, puis auditeur des Comptes à Bar; il fut chargé, notamment en 1571 et 1572, de plusieurs missions en Cour de France qui lui firent accorder une pension viagère de 400 francs; de 1565 à 1573, Charles III lui avait déjà accordé une bourse « pour l'entretenement d'un de ses trois fils aux études, tant en l'Université de Paris qu'autres pays étrangers » et il la prolongea de trois ans pour tous ces fils (5). Guillaume avait épousé Agnès d'Avrillot et mourut en 1590, à Bar, où il fut enterré à l'église Saint-Pierre (6). De ses enfants, l'aîné, Nicolas, futur seigneur de Marainville, eut une haute destinée : il devint conseiller d'État en 1590, après avoir été envoyé en France, en Espagne et en Italie, fut nommé agent du duc dans ce dernier pays et devint secrétaire des

(1) Lettres-patentes de 1572 : Arch. de Meurthe-et-Moselle, *B. 42*, f° 68 v°. — Comptes de 1591 à 1593 : *B. 572*, f°s 189 et 201 ; *573*, f° 190. Acte de 1598 : *Cartulaire*, f° 319 v°.

(2) *Id.*, f° 311 v°.

(3) *Ibidem*; cf. notre communication de juin 1914.

(4) Fourier de Bacourt, Une épitaphe d'un jeune Gleysenove... *Mémoires* de la Société, 3e éd., t. X (1901), p. 279-80; Longeaux, p. 24-25 et 111-2.

(5) Reprises de 1570 : Archives de Meurthe-et-Moselle, *B. 40*, f° 71. Extrait du 6 avril 1573 (avant Pâques) : *Ms. I^40*, *s. a.* — Comptes de 1565 et 1584 : *B. 565*, f°s 146 et 149; *569*, f° 139. — Comptes cités plus haut, p. 205, note 2.

(6) Longeaux, p. 111-2.

commandements du pape et de la république de Venise (1). Revenu en Lorraine et devenu secrétaire des commandements de Charles III, il joua un grand rôle comme ambassadeur en France, notamment pendant le mariage de Henri de Bar avec Catherine de Bourbon; pour le remercier de ses services, ce prince, devenu duc de Lorraine, devait, à la mort de Jean Vincent, le nommer président de la Chambre des Comptes et garde du scel du duché de Bar (2). Pendant ce temps, ses autres frères et sœurs restaient dans leur ville natale, et entraient dans les ordres : François devint chanoine à la collégiale Saint-Pierre et Agnès abbesse au monastère Sainte-Claire (3).

Toutes ces familles et, en général, celles des anoblis détenaient les fonctions du gouvernement central et local. Ce gouvernement était très compliqué : tel organe ou tel fonctionnaire de l'autorité centrale avait des attributions concernant à la fois le Barrois et la ville de Bar. Aussi bien, comme le cadre de notre étude ne nous permet pas de suivre un ordre rigoureux, le plus simple est de traiter successivement du prévôt et des principaux représentants de la justice, des fonctionnaires des finances, de ceux de la gruerie et de la Chambre des Comptes, en développant davantage les deux dernières administrations, sur lesquelles nous sommes amplement renseignés.

Au-dessous du bailli venaient les prévôts qui, dans le bailliage de Bar, paraissent avoir été au nombre de sept. A la différence du bailli et de ce qui se passait dans les prévôtés moins importantes où il n'y avait pas d'autre chef militaire, le prévôt ne paraît pas avoir eu d'attributions militaires, tandis que ses fonctions judiciaires et administratives étaient fort importantes. Sa compétence judiciaire était très étendue, car elle embrassait les affaires criminelles en première instance, les affaires civiles telles que la reconnaissance de noblesse, les titres de propriété et

(1) *Les prétentions*, p. 280, note 8.

(2) Instructions citées : *Annales de l'Est*, 1901, p. 88, note 6. — *Journal* de Le Marlorat, p. 27.

(3) Longeaux, *loc. cit.*

tous les conflits ordinaires dont décident aujourd'hui les juges de paix (1); en matière de police, il avait, par exemple, à surveiller les corporations et à sauvegarder les droits du duc (2). Les prévôts de Bar étaient presque exclusivement tirés des mêmes familles : ce furent successivement Jacques Drouin jusqu'en 1565, Étienne de Rosières jusque vers 1585, Jean et Michel Bouvet, auquel devait succéder son gendre François Drouin (3). Comme le bailli, le prévôt était assisté d'un lieutenant général et d'un lieutenant particulier et il avait, au lieu d'un greffier, un commis-greffier (4).

Il y avait, à Bar, d'autres fonctionnaires dont la compétence judiciaire était plus considérable, comme le procureur général du Barrois et le procureur général du bailliage de Bar pour les causes des habitants; le procureur fiscal et l'avocat fiscal, assistés de nombreux sergents, pour les causes particulières du duc (5); *le prévôt des maréchaux*, son lieutenant et ses quatre archers, qui jugeaient et arrêtaient les vagabonds (6). Les principaux étaient les deux procureurs généraux, pourvus chacun d'un substitut. *Le procureur général du Barrois* était « à la fois un fonctionnaire de l'ordre administratif et de l'ordre judiciaire », chargé de défendre les droits du prince contre ses sujets et de requérir la punition des criminels, notamment auprès de la Cour des Grands-Jours de Saint-Mihiel pour le Barrois non-mouvant; *le procureur général du bailliage de Bar* avait des attributions semblables dans son ressort : tandis que le premier était un « véritable ministre de la justice » dans le duché, le second était un « chef du parquet du bailliage ». Les procureurs géné-

(1) Comptes de 1572 et 1590 : *B. 566*, f° 172 v° et *571*, f° 212. — Sentences de 1578, 1592 et du 27 mars 1598 : *Nobiliaire*, p. 286; *Cartulaire Vincent*, f° 62 et *B. 2972*.

(2) Ordonnance du 6 octobre 1594 : *Ms. I*[41], *s. a.* — *CC1*, comptes municipaux, 1586-88, f° 72 v°.

(3) V. plus haut, *passim*.

(4) Comptes de 1573 : *B. 567*, f°s 140 v°, 143 et 142 v°.

(5) Lettres-patentes de 1571 et 1573 : Arch. de Meurthe-et-Moselle, *B. 41*, f° 83 et *42*, f° 246 v°. *Coutume* de Bar, p. 33.

(6) Comptes de 1598 : *B. 578*, f° 52; cf. Le Marlorat, *Journal*, p. 96.

raux du Barrois furent, depuis 1552 Jean Le Pougnant, futur président des Grands-Jours, en 1571 Jacques et en 1587 Baptiste Bournon, de 1598 à 1601 Jean Bourgeois; les procureurs généraux du bailliage eurent beaucoup plus des offices presque héréditaires exercés par des Barrisiens, puisqu'en 1555 Jean Bouvet y succédait à son père Michel, qu'on y trouve ensuite en 1556 Martin le Marlorat, en 1586 son fils Charles, en 1598 Charles Prudhomme, après qui viendront ses fils Blaise et Christophe (1).

L'administration financière n'était pas moins compliquée. Son chef suprême était le « trésorier général de Lorraine et de Barrois », ou « général des finances », véritable ministre des finances pour tous les États de Charles III, dont dépendaient le « grand maître d'hôtel et chef des finances de Lorraine et Barrois », le receveur général du Barrois et le receveur particulier, assisté d'un clerc-juré, et le contrôleur général de Lorraine et de Barrois (2); le receveur général du Barrois centralisait les produits versés par les receveurs particuliers des prévôtés : il n'y en avait pas pour celle de Bar, mais il en existait un pour le domaine du bailliage (3). Les receveurs généraux du duché, dont nous possédons les comptes, ont été, avant 1564, Wanault-Collesson; puis, jusqu'au début du siècle suivant, Jean Maillet, qui prendra le titre d'écuyer et aura pour successeur Alexandre; comme receveur du domaine de Bar, on trouve à la fin du siècle Claude Didelot (4).

L'administration des eaux et forêts appartenant au domaine relevait du *gruyer*. On avait créé en 1550 un grand-gruyer pour le Barrois comme il en existait un pour la Lorraine; mais il ne dut pas subsister jusqu'à la fin du siècle, car on ne le trouve mentionné dans aucun docu-

(1) Lepage, *Offices*, p. 142-3, 163-4, 128, 146 et 167-8; Longeaux, p. 93.

(2) Acte de 1580 : *B. 255*, f° 76 v°. — Comptes de 1573 et 1580-81 : *B. 610*, f° 34; *567*, f°s 140 et v°, 138 v°.

(3) Comptes domaniaux de 1587 : *B. 570*, f° 159 et *CC1*, comptes municipaux de 1586-88, f° 78.

(4) *B. 559-579*. — *B. 627*.

ment (1). Nous connaissons, au contraire, fort bien les gruyers de Bar, dont nous possédons une partie des comptes; ce furent successivement Jean d'Aucy, son fils aîné Henri de 1573 à 1589 environ, et Jacques Bouvet, auditeur des Comptes (2). A côté et peut-être au-dessus du gruyer venait le *maître-louvier* du duché; au-dessous de lui étaient le maître-arpenteur, l'arpenteur juré, le contrôleur ou clerc-juré et les gardes forestiers (3). Tous ces fonctionnaires avaient, dans la prévôté de Bar, à s'occuper beaucoup moins des eaux que des forêts.

Les forêts de la gruerie de Bar comprenaient les bois et les buissons qui, arpentés par ordre de la Chambre des Comptes, formaient un total de 11.100 arpents, près de 4.000 hectares d'aujourd'hui (4). Elles étaient divisées en 14 *gardes*, subdivisées elles-mêmes généralement en deux *tranchées*, dont les principales étaient, autour de la ville, les gardes de Bar, de Massonges, de Sainte-Geneviève, de Longeville et de Fains (5). La *garde de Bar* comprenait les bois du *Haut* et du *Petit-Juré* ainsi que presque tous les bois situés au Sud de la ville, sauf le bois *Javart* qui était mi-parti entre le duc et l'abbaye de Trois-Fontaines; d'elle relevait au Nord-Est le buisson de *Grimonbois*. La forêt de *Massonges*, qui appartenait entièrement au domaine, avait une étendue de 1.568 arpents — plus de 500 hectares — et était divisée en 11 contrées; au-dessus d'une fontaine s'y trouvait un ermitage qui tombait peu à peu en ruine et était habité par un religieux vivant des

(1) Lepage, *Offices*, p. 251-3, en cite un en 1604, alors que « l'office était vacant depuis plusieurs années ».

(2) J. Marchal, La famille d'Aucy : *Journal de la Société d'archéologie lorraine*, juillet 1900, p. 147-55. — Comptes : *B. 736* à *762*. — Dès 1569, Jean s'était fait donner la survivance de sa charge pour Henri « qu'il fait instruire aux bonnes lettres » : Arch. de Meurthe-et-Moselle, *B. 39*, f°s 47-48.

(3) Comptes de 1574 et 1573; ordonnance de 1576 : *B. 568*, f° 139 et *567*, f° 140 et v°; *255*, f° 63 v°.

(4) Comptes de 1595 et 1576; ordonnance de même date citée : *B. 575*, f° 183 v° et *748*, f° 127; *255*, f°s 63 v° et s.

(5) Même ordonnance et comptes de 1598 : *B. 753*, f°s 33 et s.

offrandes des fidèles, à sa cabane attenait une chapelle dédiée à *saint Christophe*, qui était recouverte de tuiles rouges et entretenue par l'ermite [1]. La *garde de Sainte-Geneviève* tirait son nom d'un autre ermitage, situé du côté de Loisey, là où s'élève encore aujourd'hui une chapelle, et qui fut complètement rebâti à la fin du XVIe siècle [2].

Les bois et les buissons correspondaient à peu près à nos futaies et à nos taillis. Les bois étaient composés d'arbres de haute futaie, surtout de chênes, qu'on exploitait avec soin : quand les plantations en paraissaient trop drues, comme au Haut-Juré, on les faisait « jardiner », c'est-à-dire espacer, de manière à ne garder par arpent — plus d'un tiers d'hectare — que « vingt-cinq étalons choisis des plus verts » et des mieux constitués, qu'on laissait généralement grandir jusqu'à « vingt-cinq ans de recrue » ; alors on les abattait; les souches servaient aux constructions qui réclamaient de solides charpentes, notamment aux réfections des ponts, moulins, écluses et autres « usines », les branchages étaient vendus aux boulangers et aux vignerons ; tous les ans, on mettait en adjudication les herbes du sous-bois et les fruits des arbres, constituant « la paisson et glandée », en réservant toujours un arpent de bois pour le chauffage du preneur [3]. Les buissons ou broussailles, nommés aussi accrues ou rapailles, étaient des bois moins considérables, situés soit à la lisière des précédents, soit sur des terrains rocailleux, et, parfois, composés d'épines et de genévriers; le duc permettait, au besoin, de les défricher pour en faire des terres labourables : le président des Comptes de Lorraine, Thierry Alix, fut ainsi autorisé à

(1) *Registre capitulaire* de Saint-Maxe en 1558, 1559 et 1570 : *G*[1], f°s 245, 251 v° et 308 v°. Cf. Bellot, p. 202, et Renard, p. 221.

(2) Comptes de 1570 et 1598 : *B. 745*, f° 14 et *752*, f° 84. — L'ermitage et la chapelle occupaient peut-être l'emplacement d'un ancien château, ou « maison forte près de Culey ». Actes de 1415 et 1453; comptes de 1454-56 : *B. 228*, f°s 163-4 et *Inventaire* imprimé.

(3) Ordonnance de 1576 citée : *B. 255*, f°s 64 à 65. — Comptes de 1576 et 1598 : *B. 748*, f°s 61 et 92 v°; *752*, f°s 65 et 66 v°.

essarter des accrues situées près de la *Croix le Coquelier*, c'est-à-dire à l'ouest du Haut-Juré, du côté de Combles (1), mais, comme ils constituaient d'excellentes garennes, ils étaient réservés à la chasse. Le gibier, lapins et lapereaux, étaient chassés avec des chiens et des furets et pris dans des bourses, tandis que les animaux nuisibles, belettes, fouines, renards, chats sauvages et putois étaient pris dans des filets, ainsi que des oiseaux de proie. La chasse du gibier était réservée aux officiers du duc et aux « garenniers », qui élevaient les lapereaux dans des garennes avec du foin et de l'avoine « durant les grandes neiges » de l'hiver, de manière qu'il y en eût toujours pour l'arrivée du duc; au contraire, il était permis à tout le monde de détruire les animaux nuisibles : pour chacun d'eux le preneur recevait six gros « selon la coutume », à condition de rapporter la patte droite aux officiers de la gruerie (2). Les braconniers, surveillés par les forestiers, relevaient du gruyer et, en appel, du bailli; ils étaient punis d'une façon sérieuse, mais non inhumaine : Philippe Dermor, de Guerpont, qui passait son temps à tirer le gibier dans la garenne de Culey, ayant été trouvé dans le bois porteur d'une arquebuse, fut condamné à une amende extraordinaire de 200 francs, somme qui, pour un paysan, constituait une véritable fortune (3).

Les eaux dépendaient aussi de la gruerie, qui tirait des forêts la matière principale nécessaire à réparer les « usines » du domaine. Les étangs étaient affermés pour une certaine période ; l'Ornain était surveillé par un forestier et des « maîtres pêcheurs en la gruerie » y pêchaient, « à coup de harnais » et de filets, des truites à bon droit renommées (4); on affermait de même, pour une durée allant jusqu'à douze ans, la pêche des fossés de la ville de

(1) Autorisation de 1579 : *B. 228*, fos 183 vo-184.

(2) Comptes de Bar, 1572 et 1576, et de Louppy, 1574 et 1578 : *B. 746*, fo 70 et *748*, fo 129; *1386*, fo 73 vo et *1387*, fo 61.

(3) Comptes de 1576 : *B. 748*, fos 128 vo, 130 et 131.

(4) Comptes de 1570 et 1573 : *B. 745*, fo 79 et *747*, fo 73. — Comptes de 1573 et 1572 : *B. 747*, fo 85 et *746*, fo 72 vo.

Bar, où on multipliait depuis longtemps le poisson par l'alevinage et où on le conservait dans des « huches à poisson » (1). La pêche et la chasse, après avoir relevé du gruyer, furent en 1580 attribuées au maître d'hôtel, parce qu'elles devaient servir à fournir la table du duc; le grand maître reçut alors la chasse aux lapins et lapereaux et aux animaux « portant dommage » aux garennes, avec la fabrication et l'entretien des engins de chasse, notamment des clapiers; on y ajouta la « pêche ès fosses à poisson » réservées pour l'hôtel ducal. Les gardes et les garenniers durent alors prêter serment au maître d'hôtel de ne chasser et de ne pêcher que d'après ses ordres; mais tout ce qui concernait les bois, les fosses et leur juridiction continua à dépendre du gruyer, qui pouvait condamner à des amendes de 60 sous (2).

Au-dessus de tous ces membres épars de l'administration centrale ou locale, il y avait un organe central qui en constituait comme l'ossature : c'était *la Chambre des Comptes du Barrois*, qui a joué, à Bar, dans le monde laïque un rôle au moins aussi prépondérant et beaucoup plus général que la collégiale Saint-Maxe dans le monde ecclésiastique; elle nous est parfaitement connue par les archives considérables qu'elle a laissées et les travaux remarquables qu'elle a suscités (3); mais nous ne l'étudierons pas en détail, parce que son histoire déborde par trop celle de la ville de Bar. A la fin du XVIe siècle, la Chambre paraît avoir compris 1 président, 13 conseillers auditeurs, 1 greffier ou secrétaire et 1 huissier ou concierge (4). La charge de président était donnée à d'anciens conseillers qui s'étaient signalés dans l'administration; elle eut ainsi

(1) Comptes de 1573 et 1596 : *B. 748*, f° 117 v° et *750*, f° 38 v°. La donation par la reine de Sicile des fossés de la Neuve ville aux habitants, en 1511, parle déjà de les « alviner » : *E. 187*.

(2) Ordonnance du 27 janvier 1580 : *B. 255*, f°s 75 v° et 76 v°. Comptes de 1597 : *B. 571*, f° 63.

(3) V. les ouvrages cités plus haut, p. 149, note 2 et p. 227, note 3.

(4) Comptes de 1573 : *B. 567*, f°s 137-8. Schimberg, p. 42, 56 et 60, d'après le règlement de 1580.

pour premier titulaire René Boudet jusqu'en 1571, où il eut pour successeur Jean Merlin, écuyer, qui, à sa mort, en 1595, fut enterré dans une chapelle de la paroisse, et céda la place à Jean Vincent (1). Quant aux conseillers, ils étaient recrutés parfois parmi le haut clergé de Bar (2), d'ordinaire parmi les familles de fonctionnaires; dans cette sorte de noblesse de robe, les places à la Chambre des Comptes tendaient à devenir héréditaires, non seulement chez les Rosières, les Bouvet, les Marlorat ou les Vincent, mais encore chez les d'Avrillot, les Merlin, les Prudhomme ou les La Mothe (3); d'ailleurs, qu'ils fussent clercs ou laïques, ces fils de famille avaient fait, le plus souvent, des études superieures et étaient, d'ordinaire, gradués en droit (4). Parfois ces conseillers cumulaient leurs fonctions à la Chambre avec d'autres qui y étaient étrangères; parfois aussi ils se bornaient à toucher le traitement afférent à la charge en attendant qu'elle devînt vacante (5).

Ce traitement était assez considérable pour l'époque : il s'élevait à 320 francs, plus tard à 400, pour le président et à la moitié pour les conseillers (6). Outre ces gages

(1) Longeaux, p. 17-23. — Voir dans Bellot, p. 217, l'épitaphe de Jean Merlin, aujourd'hui dans la cour du Musée de Bar-le-Duc.

(2) Ex. En 1567, Alexandre d'Avrillot, chanoine de Saint-Pierre. Longeaux, p. 112.

(3) Même la charge d'huissier était presque héréditaire. A Jean Prinsay, qui la remplit de 1570 à 1598 au moins, succéda son fils, Bertrand. Comptes des années citées : *B. 745*, f° 78 et *578*, f° 44; Schimberg, p. 54-55. — Sur les familles non citées plus haut, v. Longeaux, nos *57*, *61-62*, *66-67*, *69*, *71-72*, *76-77*, *83-84*, *87* et *99*.

(4) Ainsi en 1569, Alexandre d'Avrillot, fils de François, qui le « nourrit aux études à Paris, Toulouse et autres Universités où les lois se pratiquent » : Arch. de Meurthe-et-Moselle, *B. 39*, f° 68. — V. plus haut, p. 245 et 248, note 5, les trois fils de Le Marlorat et ceux de Gleysenove, docteurs en droit.

(5) Ex. Le prévôt Étienne Rosières et le clerc-juré Didier de Reims. Comptes de 1572 : *B. 567*, fos 137 v°, 138 et 140. — Ex. Jean Maillet et Jean de l'Église. *Id.*, fos 138 et 143 v°.

(6) Mêmes comptes : f° 137 et v°; Schimberg, p. 59-60 et 64. Ce traitement comprenait les « gages et robes dudit état ».

fixes, les uns et les autres recevaient toutes sortes d'avantages en nature : depuis 1579, ils avaient droit chacun à 36 poules et à un, le président à deux, arpents de bois pour leur chauffage ; aux approches de Noël, le domaine leur donnait de véritables étrennes : une livre de cire pour une torche à la messe de minuit et une somme assez élevée « pour leurs poissons et souches de Noël », sans préjudice d'un demi-cent de carpes qu'ils avaient le « droit de prendre » chaque année sur l'étang de Louppy (1). A côté de ces avantages matériels, les officiers des Comptes jouissaient de grands privilèges honorifiques : s'ils étaient subordonnés au chef des finances et inférieurs au bailli, ils venaient au-dessus de tous les autres officiers ducaux et, dans toutes les processions, ils avaient la préséance (2).

La Chambre des Comptes siégeait, depuis 1568, dans le « neuf logis », dont le mobilier était des plus sommaires. Il comprenait un grand banc de 11 pieds de long, six « escabelles » ou escabeaux de chêne et deux « chaires » ou chaises de noyer tourné devant et derrière, tous les huit sièges étaient garnis de coussins ; ce banc et ces sièges étaient sans doute disposés le long de « la grande table du Conseil », sous laquelle on avait placé deux boîtes en bois ou layettes contenant les lettres du duc et les autres papiers qu'on avait besoin de consulter fréquemment (3). Les titres et les principaux papiers du « trésor de la Chambre des Comptes » étaient également placés dans un grand nombre de layettes, disposées peut-être aussi sous des tables et fermées par des couvercles à serrure quand il s'agissait de papiers de première importance (4) ;

(1) Schimberg, p. 62-66. Le nombre des poules avait été augmenté; en 1568, il était de 104, en 1570 de 262 pour tous les officiers de Bar : *B. 1382*, f° 54 et *865*, f° 108. — Comptes de 1562 et 1576 : *B. 744*, f° 89 v° et *1386*, f° 72 v°.

(2) Schimberg, p. 24-25 et p. 87 pour le costume.

(3) Schimberg, p. 92. Comptes de 1584 : *B. 569*, f°s 198 et 171. — Comptes de 1598 : *B. 576*, f° 55 v°.

(4) En 1572, on fait jusqu'à vingt-quatre layettes : *B. 566*, f°s 146 v° et 148 v°. — Comptes de 1597 : *B. 576*, f°s 55 v° et 59.

arrivait-il une alerte, comme l'invasion des protestants en 1587, on déménageait les « principaux titres » dans des sacs de toile et on les chargeait sur des chariots pour les conduire à Nancy, au trésor des Chartes (1). A côté de ces documents officiels, la Chambre paraît n'avoir possédé qu'un cours de droit civil, acheté assez tard par le conseiller Bernard Bournon (2).

L'administration de la Chambre des Comptes de Bar comprenait deux parties, le bureau et la Chambre proprement dite. Le « bureau » était constitué sans doute par les scribes qui grossoyaient les actes et exécutaient les besognes matérielles résultant des délibérations des conseillers, car c'est à lui qu'allaient les fournitures de papier, d'encre, de plumes, de canifs, de ciseaux, de ficelle, de cire et de jetons (3). Le papier du Barrois, notamment celui qui était fabriqué sur les bords de la Saulx, autour de Jeandheures, n'était pas moins renommé que celui de Lorraine et il était aussi bon, puisque les registres de Bar subsistent tout comme ceux de Nancy ; la Chambre l'achetait en gros, par rames, aux papeteries de Lisle-en-Rigault et de Ville-sur-Saulx (4) et, quand elle avait besoin de « fin papier », elle s'adressait à un apothicaire ou à un clerc; en 1572, elle acheta pour 2 francs au libraire de Bar « un livre de papier blanc, couvert de cuir vert », qui devait devenir le *livre vert* contenant les traités, les ordonnances et les règlements concernant le Barrois en général et la ville de Bar

(1) Comptes de 1587 : *B. 570*, fos 155, 156 et 161 vo; le voiturier fut accompagné par Guillaume Gleysenove. Cf. Schimberg, p. 5, note 2.

(2) Comptes de 1597 : *B. 576*, fo 59.

(3) Comptes de 1584, 1590, 1593, 1594 et 1595 : *B. 569*, fo 171; *571*, fo 185 vo; *573*, fo 173; *574*, fo 174 et *575*, fo 178. — Il ne semble pas qu'à Bar ce bureau ait eu une existence séparée de la Chambre des Comptes, ni qu'il ait eu des fonctionnaires propres, tandis qu'à Nancy il était le centre de l'administration des finances de la Chambre des Comptes et supérieur à elle. Lepage, *Offices*, p. 257-60 et 362. Sur le « bureau » cité plus haut, p. 144, note 5, nous n'avons trouvé aucun renseignement.

(4) Comptes de 1571, 1573 et 1584 : *B. 565*, fo 154 vo; *567*, fo 178 vo et *569*, fo 50 et vo.

en particulier [1]. L'encre était fournie par l'huissier de la Chambre ou par un apothicaire; les plumes, dont on usait de 200 à 250 par an, par l'apothicaire ou par un clerc [2]; on achetait d'ordinaire tous les ans deux douzaines de « canivets » ou canifs, deux poinçons et des ciseaux à un coutelier, d'ordinaire à maître Robinet Mathieu [3]; l'huissier fournissait les aiguilles, les ficelles et la filasse et l'apothicaire la cire rouge, dont on achetait de 6 à 12 billes par an [4]. Le maître de la monnaie envoyait d'ordinaire au bureau de la Chambre un millier de « jets à calculer » [5] ; à la fin du siècle, lorsque Charles III voulut réduire les mesures de Bar à celles de Nancy, il fit envoyer à la Chambre des Comptes du Barrois trois pintes et trois bichets de cuivre fondu, quatre bichets et un drap de lit, pour servir « à l'ajusteur des mesures à sel » et « à la réduction des mesures à blé » [6].

Ce bureau ne faisait qu'enregistrer et exécuter le travail préparé et commandé par la Chambre elle-même, qui avait, à Bar comme à Nancy, une triple compétence, en matière financière, domaniale et administrative et, à tous ces points de vue, représentait l'État et l'intérêt général en face des particuliers et des intérêts privés [7]. C'est ainsi

(1) Comptes de 1573, 1590, 1591 et 1596 : *B. 567*, f° 179 v°; *571*, f° 185 v°; *572*, f° 184 v° et *576*, f° 61. — *B. 566*, f° 245 v°. C'est le « registre anciennement intitulé Livre vert, contenant plusieurs ordonnances, règlements, concordats, etc., commençant en 1571 et finissant en 1617 » : *B. 255* (jadis *B. 199*, dont il y a de nombreux extraits dans la *Collection Servais*).

(2) Comptes de 1573 et 1593 : *B. 567*, f°s 178 v° et 179 v° ; *573*, f° 173 v°. — Comptes de 1584 et 1596 : *B. 569*, f° 171 et *576*, f° 59 v°.

(3) Comptes de 1573, 1590 et 1596 : *B. 567*, f° 179 ; *571*, f° 185 et *575*, f° 176 v°.

(4) Comptes de 1572, 1590 et 1596 : *B. 567*, f° 147 v° ; *571*, f° 185 v° et *575*, f° 175 v°. — Comptes de 1574, 1584 et 1595 : *B. 568*, f° 180 ; *569*, f° 171 et *575*, f° 175 v°.

(5) Comptes de 1591 et 1595 : *B. 572*, f° 184 et *575*, f° 176. — Sur ce point, v. Schimberg, p. 93-94, avec gravures.

(6) Comptes de 1595 et 1597 : *B. 575*, f° 172 et *576*, f° 61.

(7) Schimberg, p. 95-154; cf. comte A. de Mahuet, *Biographie de la Chambre des Comptes de Lorraine*. Nancy, 1914, gr. in-8°, Introduction.

que, fidèle à son nom, la Chambre des Comptes du Barrois examinait la gestion de tous les comptables du duché, qu'elle faisait le « jet et cotisation », c'est-à-dire établissait l'assiette et la répartition des impôts perçus par le duc, et faisait vendre les grains des recettes des prévôtés; qu'elle surveillait les domaines, visitait et faisait réparer les bâtiments ducaux, faisait arpenter et exploiter les forêts, pêcher les étangs, amodier les « usines » et les propriétés foncières; qu'elle recherchait et sauvegardait les droits féodaux du souverain, faisait publier ses ordonnances et vérifier les lettres de noblesse : à chaque instant, les membres de la Chambre étaient chargés, dans toute l'étendue du duché, de sortes de missions de surveillance, de contrôle et d'exécution. Nous n'avons à examiner ici son rôle que dans son rapport avec la ville de Bar-le-Duc.

Ce rôle s'inspirait des mêmes principes généraux. Ainsi, les auditeurs des Comptes assistaient régulièrement à la vérification des comptes du maire de la ville et des échevins de la paroisse, s'associaient aux habitants pour pousser les deux chapitres de la Ville haute à participer aux dons collectifs à faire aux princes (1), faisaient vendre les grains du revenu du duc, soit au profit du trésor, soit pour nourrir les pauvres de la ville ou en délivraient les quantités nécessaires aux armées de passage (2); ils témoignaient des droits féodaux que les ducs possédaient à Bar et connaissaient des procès que les habitants de la ville avaient avec ceux des villages voisins et faisaient publier les lettres de confirmation de leurs privilèges (3); aussi la Chambre donnait-elle son avis quand il était question d'aménager les fossés en jardins et même d'établir un passage purement privé entre deux immeubles, à plus forte raison quand on devait faire un règle-

(1) Comptes municipaux et paroissiaux : *CC1* et *GG*, fin. — *Registre capitulaire* de Saint-Maxe, en 1555 : *G*¹, f° 225.

(2) Comptes de 1568, 1574 et 1575 : *B. 863*, f°s 101 v° et 106 v°; *868*, f° 97 et *869*, f°s 92 et 93 v°.

(3) Acte de 1640 : *B. 271*, f° 76 v°. — Comptes de 1571 : *B. 565*, f° 156. — Ordonnance du 25 janvier 1577 : *Ms. 1*⁴⁰, *s. a.*

ment pour des corporations (1); elle confirmait la nomination des portiers de la ville, surveillait la maîtrise de Saint-Maxe, ratifiait la nomination du chantre et des enfants de chœur, avait la haute main sur l'hôpital, dont elle recevait les comptes des gouverneurs et plaçait les pupilles (2); en un mot, il n'est pas une affaire de quelque importance intéressant la communauté des habitants qui lui restât complètement étrangère.

§ 3. — *La vie politique.*

La vie politique était assez peu développée à Bar-le-Duc; elle comprenait le fonctionnement des « grands corps du Barrois », qui avaient une existence périodique et non plus constante, comme la Chambre des Comptes; ces grands corps étaient formés par les Assises et les États généraux, dont les premières étaient régulières et les autres intermittents.

Les *Assises*, qui sont à peine connues, mériteraient une étude spéciale (3); c'était sans doute à l'origine « un tribunal composé de nobles et de prélats, qui jugeaient en dernier ressort les causes féodales, et même les plus importantes, en particulier la quotité ou fixation des prestations », contribution qui, à la campagne, se payait en nature ou en travail (4). Si, au XVIe siècle, on ne trouve plus trace de cette dernière attribution, le souvenir en avait peut-être subsisté dans le terme même d'assises, qui, dans certaines localités du Barrois, comme à Louppy,

(1) Actes de 1479 et 1586 : *Cartulaire Vincent*, f°s 34 v° et 22. — Ordonnances de 1594 et 1598 : *B. 255*, f° 78 et Arch. de Meurthe-et-Moselle, Bar, Ville et faubourgs, n° 77 (*B. 565*); cf. Le Marlorat, *Journal*, p. 201.

(2) Konarski, p. 157. — Maillet, p. 321 et 323; cf. *Registre capitulaire* en 1564 : *G*[1], f° 278. — Règlement du 27 mai 1565 : *B. 2972*; comptes de 1594 : *910*[3], f° 41. Cf. Schimberg, p. 119-20.

(3) Il y aurait là, comme il s'est trouvé pour l'histoire de la Chambre des Comptes de Bar, un beau sujet de thèse de doctorat en droit, car il exige des connaissances juridiques.

(4) Renard, p. 144.

Villotte, ou certains villages de la prévôté de Souilly, servait encore à désigner des impôts en nature payés par les laboureurs, soit pour eux seuls, soit pour eux et leurs bestiaux; cet impôt était si important qu'il valait à certains villages le nom de « villes d'assises » (1). Ces assises étaient perçues et comptées dans chaque prévôté par les « officiers » et la « justice » de la prévôté, c'est-à-dire, dans celle de Bar, par le cellerier et le commis du contrôleur et, dans les autres prévôtés, par le prévôt ou le gruyer, avec son clerc-juré, les maires, échevins et sergents des villages d'assise; ces redevances se payaient d'ordinaire en deux termes, l'un variable, Pâques, l'autre fixe, la Saint-Remy ou la Saint-Martin (2).

Ces assises financières donnaient lieu à des réunions périodiques de nature féodale; il en était de même des assises judiciaires. Dans la langue si peu précise du XVIe siècle, le mot d' « assises » paraît avoir désigné tout tribunal siégeant au bailliage et, en ce sens, il y avait des assises judiciaires dans tous les bailliages du Barrois, comme dans ceux de la Lorraine (3); mais c'était là sans aucun doute des assises particulières, car on réservait à celles qui se tenaient deux fois l'an le nom d' « assises générales ». Dans le duché de Bar, il y avait de ces assises générales aux bailliages de Bassigny, de Saint-Mihiel, de Bar-le Duc et, sans doute, de Clermont. Dans les deux premiers, elles étaient ambulatoires : dans le Bassigny, les assises se tenaient tour à tour à chaque chef-lieu de pré-

(1) Comptes de 1581, 1589 et 1599 : *B. 1389*, f° 2; *1392*, f°s 32 v° et 35; *1286*, f° 101 v°. Le même droit existait sur les bestiaux dans le pays de Toul : Abbé Mathieu, *L'ancien régime en Lorraine*, p. 297. — Dans la prévôté de Bouconville, Ansauville était la « ville d'assise », mais Gironville « ville de guet et de taille » : *B. 1608*, f°s 20 et 29.

(2) Comptes de 1586, 1574, 1565 et 1568 : *B. 1606*, f° 65; *568*, f° 197 v° et *1274*, f° 85 v°; *1269*, f° 94 et *1383*, f° 40.

(3) « Jours dépendant des Assises du bailliage de Bar tenues audit Bar, les..... 10 et 12 janvier 1559 », puis le 8 février : C. *Bailliage n° 2*, Bar-le-Duc, art. 2, Sentences, n° 3. — Outre celles de Nancy et de Mirecourt, Charles III en rétablit au bailliage d'Allemagne. Ch. Sadoul, *Essai... sur les institutions judiciaires* de Lorraine et de Bar, p. 155.

vôté; dans le bailliage de Saint-Mihiel, elles siégeaient tantôt à Saint-Mihiel même, tantôt à Étain ou Pont-à-Mousson; mais, quel que fût le lieu de réunion, ces assises se tenaient deux fois l'an et réunissaient le bailli et son lieutenant général, le procureur général, les prévôts, tous les officiers et les seigneurs fieffés de la prévôté (1).

Dans le bailliage de Bar, les assises générales n'avaient jamais d'autre siège que la capitale du duché; si grave que fût la situation politique (2), elles s'y tenaient régulièrement deux fois par an, à la fin du printemps et de l'automne, avant l'Ascension et après la Saint-Martin. Selon l'importance ou le nombre des affaires, elles duraient de deux à quatre jours, d'ordinaire du mercredi ou du lundi au jeudi, plus rarement du mardi au vendredi (3). Elles réunissaient tous les fonctionnaires du bailliage, le bailli, ses lieutenants, l'avocat et le procureur fiscal, les prévôts et leurs lieutenants, les greffiers, les gruyers, leurs lieutenants, leurs contrôleurs et leurs clercs-jurés, les forestiers et les pêcheurs, les chevaucheurs des bois et des salines, le maire et les quatre évardeurs de Bar, les maires de certaines paroisses et les sergents de tout le bailliage; tous devaient « comparaître » en personne et se faire inscrire au registre des assises, pour être défrayés de toutes leurs dépenses (4) : les officiers étrangers à Bar descendaient dans les meilleurs hôtels de la ville et ceux de Bar même y venaient festoyer avec eux, sous la direction du bailli.

(1) *Id.*, p. 172. — Comptes de 1563-64 et 1579 : *B. 1199*², f° 17 v°; *1100*, f° 146 v°; *1993*, f° 73 et *1009*, f° 112.

(2) Mandement de tenir les assises nonobstant les guerres, 6 décembre 1587. *Ms. I*⁴⁰, *s. a.*

(3) Document de 1559 cité plus haut, p. 262, note 3. Extraits des assises du bailliage de Bar de 1555 à 1571 : Arch. de Meurthe-et-Moselle, Bar et dépendances, n° 132 (*B. 538*), pièces 22 à 26; comptes de 1573, 1597 et 1584 : Arch. de la Meuse, *B. 567*, f° 175 v°; *577*, f° 45 v° et *569*, f° 218 v°.

(4) Document cité de 1559. Comptes de 1562, 1573 et 1574 : *B. 1268*⁴, f° 14 v°; *567*, f° 179; *568*, f° 177 et *1386*, f° 72 v°. — Comptes de 1582 et 1587 : *B. 1390*, f° 43 v° et *1284*, f° 45 v°.

Nous ignorons, par contre, si tous les nobles devaient aussi y assister.

La séance avait lieu dans la salle carrée ou « salle des Assises »; le bailli la présidait, assis sur une « chaire » de bois, garnie de cuivre et de clous dorés, dont le siège était formé de sangles recouvertes d'un coussin de feutre « bourré dessous », c'est-à-dire rembourré; sans doute le greffier de Bar, comme celui de Saint-Mihiel, étendait sur une table couverte d'un tapis de bureau le registre des causes à juger [1]. Nous ne savons pas exactement quelle était la compétence de ce tribunal : sans doute il jugeait directement les affaires des privilégiés [2], sûrement il connaissait en appel les causes des roturiers jugés en première instance par les prévôts ou les maires. La procédure paraît en avoir été régulière, sinon simple et expéditive [3]. Les appelants et les inculpés se présentaient en personne, assistés d'un avocat-conseil, ou se faisaient représenter par un procureur, c'est-à-dire un avoué; les premières séances étaient employées à l'examen des pièces et à l'audition des témoins, les dernières aux plaidoiries. Toutes les pièces devaient être rédigées par écrit et renfermées dans des sacs déposés au greffe [4]. Les appelants et

(1) V. plus haut, p. 142, note 3. — Comptes de 1587 : *B. 570*, fo 169. — 12 francs à un marchand de Saint-Mihiel, « pour un tapis de drap vert... pour couvrir la table où le greffier du bailliage de Saint-Mihiel a accoutumé de mettre... son registre en tenant les assises générales du bailliage et icelles assises tenues, ledit tapis retournera audit greffier ». Comptes de 1579 : *B. 1100*, fo 146 vo. Cf. pour les Assises de Nancy, Digot, t. V, p. 89.

(2) En 1576, Jean Bouvet reçoit 4 francs « pour avoir plaidé quatre causes du chapitre aux assises de la Saint-Martin » de cette année. Registre capitulaire de Saint-Maxe : *G*1, fo 337.

(3) Il ne semble pas que ce soit aux assises particulières que se reporte l'« Ordonnance sur le règlement et style de la justice du Baillage et Prévôté de Bar » du 14 octobre 1579, provoquée par les remontrances du bailli, assisté du procureur et de l'avocat du bailliage sur « l'incertitude et variété du style » employé en justice, et publiée aux assises du 26 novembre : *B. 228*, fos 41-43 vo.

(4) Nous connaissons cette procédure par les extraits cités plus haut, p. 263, note 3, qui se rapportent toutes à la paroisse de Mognéville. Les

les inculpés déposaient verbalement, les avocats plaidaient, puis le bailli ou son lieutenant décidait, au point de vue juridique, s'il avait été mal ou bien « appelé » : dans le premier cas, le jugement était confirmé, l'appelant condamné à l'amende et aux frais; dans le second cas, il était renvoyé à un nouveau jugement, mais d'ordinaire l'affaire se traînait de quinzaine en quinzaine (1). Les Assises générales nous apparaissent ainsi à la fois comme une cour d'appel et comme une sorte de cour de cassation particulière au bailliage de Bar, qui décidait les questions de droit.

Les *États généraux* étaient, dans le Barrois, un corps beaucoup moins permanent que ces Assises, car ils ne tinrent pas une seule de leurs séances à Bar dans tout le courant du XVIe siècle (2); dans la période qui nous occupe Charles III, qui voulait centraliser son gouvernement, convoqua presque toujours ses États à Nancy. Les Barrisiens s'y firent constamment représenter; ils y envoyaient sans doute un membre au moins de la noblesse, certainement un du clergé, et de deux à trois du tiers, choisis parmi les fonctionnaires ducaux ou municipaux. Ainsi, en décembre 1576, les deux chapitres de la ville députèrent Hubert Gallet, chanoine de Saint-Maxe; en

habitants de ce village paraissent avoir été très processifs : la cause du 9 février 1559 dans le registre cité plus haut, p. 262, note 3, se rapporte à quelqu'un de Mognéville « appelant »; en 1571, 4 francs sont donnés à Sébastien Gravel pour avoir fait sur l'ordre de la Chambre des Comptes, « plusieurs extraits des derniers registres de la prévôté de Bar des causes... d'entre plusieurs habitants de Bar et lieux circonvoisins contre plusieurs habitants de Mognéville appelés en première instance par devant » le prévôt de Bar ou son lieutenant : *B. 565*, f° 156. Il est vrai que Charles III avait, à cause de ses droits régaliens dans le bailliage de Bar, un procès contre le seigneur de Mognéville, Bussy d'Amboise, pour lequel plaida Étienne Pasquier : *Œuvres* de celui-ci, t. I, p. 1068 et s. Il est question d'un arrêt du Parlement de Paris demandé par le seigneur de Mognéville contre Claude Poupart en septembre 1574 : *CC1*, comptes de 1573-75, f° 33.

(1) La formule ordinaire est : « l'appelant baillera griefs à quinzaine pour y répondre à la quinzaine suivante pour faire droit ».

(2) De 1500 à 1603. Duvernoy, *op. cit.*, p. 186, note 5 et 259-60.

1584 ou 1585, les habitants se firent représenter par le prévôt Étienne de Rosières et l'ancien maire Pierre Mousin; en 1590 par le gruyer Jacques Bouvet et le maire Michel Henrion; en 1595, par Jean Vincent, assisté des gouverneurs Cuny Lambert et Pierre Beaudoux; en 1599, par le syndic Nicolas Camus et l'ancien maire Gaynot (1).

Aussi ce furent, non de véritables États généraux du Barrois, mais de simples États du bailliage qui furent chargés, dans le dernier tiers du XVIe siècle, de rédiger les coutumes des différents bailliages du Barrois, jusqu'alors exclusivement orales (2). Un pareil travail avait été fait en France sous le règne de Louis XII et commencé en Lorraine sous René II; comme le Barrois mouvant dépendait judiciairement de la France, il importait d'y pouvoir opposer une coutume locale à la coutume française du bailliage de Sens : c'est pourquoi, dès 1506, une assemblée des trois ordres convoquée au château de Bar ébaucha une première rédaction ou « vieil cahier » des coutumes du bailliage de Bar (3). Toutefois, ces coutumes n'avaient pas été homologuées, c'est-à-dire confirmées par l'autorité souveraine; elles étaient incomplètes et peu explicites; aussi, dès que le concordat du 25 janvier 1571 lui eut reconnu tous ses droits de souveraineté dans les terres de mouvance, le 13 août, Charles III ordonna-t-il au bailli de Bar, Claude de Florainville, de convoquer dans sa capitale les trois états du bailliage pour revoir l'ancien cahier, et y apporter tous les changements et interprétations qui paraîtraient nécessaires (4). L'assemblée se réunit, semble-t-il, en

(1) Duvernoy, p. 273, 285 et 299. — Registre capitulaire : *G*[1], f° 337. Comptes municipaux : *CC1*, 1582-85, f° 68 v°; 1590-93, s. p.; 1593-95, f° 3 et 4; 1596-98, f° 90 et v°.

(2) Duvernoy, p. 265; Digot, t. IV, p. 358-9.

(3) Boyé, *art.* cité, p. 1-8.

(4) *Coutumes* citées, édition de 1698, procès-verbal final, p. 2. L'assemblée n'ayant pu se réunir à la date fixée, Charles III la remit au 4 novembre prochain, avec pouvoir pour le bailli « de proroger » ce jour, s'il le jugeait bon, « pourvu toutefois qu'il soit procédé à ladite rédaction » des coutumes, « à laquelle... pourront ceux desdits états assister tous en leur personne... ou [par] procureur... et où ils ne voudront tous assister,

trois corps distincts, la noblesse, « le clergé, les manants et les habitants des communautés, leurs maires et leurs officiers », et rédigea un nouveau coutumier absolument différent, qui paraît avoir été copié à plusieurs exemplaires et envoyé au duc, aux baillis du Bassigny et de Clermont (1). Charles III examina « en son conseil » le nouveau cahier et en trouva les articles « par trop contraires à l'ancienne coutume » ; il résolut de les faire réformer, de faire fixer les coutumes du bailliage de Bar d'une façon définitive et aussi proche que possible du dispositif antérieur, puis de les faire homologuer (2).

Avant de s'en occuper, il laissa passer huit ans, nous ne savons pourquoi; le 12 novembre 1579, il chargea le fils et successeur de Claude, René de Florainville, de réunir de nouveau au château les représentants des trois ordres. Ces députés, convoqués soit en personne, soit par procuration, furent, parmi les habitants : pour le clergé, Gilles de Trèves, Jean Bazin et Gérard Garnier, doyen et chanoines de Saint-Maxe, de Roucy et Jacques Drouin, doyen et chanoine de Saint-Pierre, Humbert Gallet, chanoine des deux collégiales, Dom François Delmel, prieur de Notre-Dame, Jean Collot, procureur des Antonistes, Jacques Drouin, official de Bar, et Nicolas Lyétard, curé de la paroisse ; pour la noblesse, il n'y avait aucun seigneur de Bar même, mais des anoblis comme Martin le Marlorat, pour sa seigneurie de Guerpont et de Silmont, et Alexandre d'Avrillot, pour celle de l'Isle-en-Rigault; pour le tiers état, Philippe Merlin, lieutenant général, et François de la Planche, lieutenant particulier du bailliage, Étienne de Rosières, prévôt, Jean de l'Église, son lieutenant général, et Dominique Dordelu, son lieutenant particulier, Claude Viart, avocat fiscal, le gruyer Henri d'Aucy, son lieutenant

y commettre et déléguer de chacun état trois personnages suivant le contenu des premières lettres de commission ». Lettres-patentes du 31 octobre 1571 : Arch. de Meurthe-et-Moselle, *B. 42*, f° 11.

(1) *Ms.* 78, *s. a.* — Mandements de dépense des 19 et 20 novembre 1571 et 9 février 1572 : *B. 565*, f°s 154 v°; 162 et 163 v°.

(2) Procès-verbal cité ci-dessus, note 4.

François Hurbal, Jean Bouvet, Jean Dorval, François Maucervel, Nicolas Oulryot, avocat, Jean Sancey et François Maillart, substituts du procureur, Claude Bazin, Sébastien Gravel, Pierre Mousin, Toussaint Allye, Nicole Platel, Nicolas Camus, Didier Donnot et Jean Maucervel, procureurs au bailliage; la ville de Bar était spécialement représentée par François de Mussey, maire, Nicolas Boudot, son conseiller, et Jean Bouvet, procureur syndic (1).

Les députés se réunirent à la salle des Assises, le jeudi 1er octobre 1579. Beaucoup de ceux qui étaient convoqués faisaient défaut : sur tous les ecclésiastiques 88 étaient présents; des 75 nobles 61; des 144 membres du tiers 118. Le lendemain, dès 7 heures du matin, le nouveau cahier des coutumes fut lu aux députés, qui demandèrent que trois commissaires de chaque ordre fussent choisis pour le revoir; on nomma alors, séance tenante, pour le clergé, l'abbé de Jovilliers, le doyen de Saint-Pierre de Bar et un chanoine de Ligny; pour la noblesse, les seigneurs de Couvonges, de Réménécourt et de Tillombois; pour le tiers, François Hurbal, Dominique Dordelu et Sébastien Gravel (2). La session ne reprit que le lundi 5 octobre et dura jusqu'au mercredi 13; tandis que le bailli et le procureur général entendaient les députés qui avaient comparu, la commission des neuf, où le rôle principal paraît avoir été joué par Hurbal et Dordelu, achevait son œuvre. Le 13 octobre, le nouveau cahier fut présenté à Charles III, alors à Bar, qui l'approuva le lendemain; le 15, les coutumes furent publiées à l'auditoire devant les députés et les gens de justice, puis enregistrées au greffe du bailliage (3).

Le duc avait quitté Bar aussitôt; mais il avait dû prendre ses mesures pour que la nouvelle coutume parût le plus tôt possible : le procureur général le Marlorat

(1) *Id.*, p. 6-7, 14, 16-17 et 18.

(2) *Id.*, p. 4 et 25-26.

(3) *Id.*, p. 27 et 37-38. Boyé, p. 11-14. Le *Ms. 27* de la Bibliothèque de Bar-le-Duc, dont parle Boyé, p. 27-28, contient, au folio 51, les signatures des neuf commissaires.

paraît en avoir donné à Verdun, dès le début de l'année suivante, une édition anonyme, précédée d'une épître dédicatoire datée du 20 janvier 1580, agrémentée de vers latins et français dus à lui-même, à son fils Claude, à François Gleysenove, François Hurbal et Dominique Dordelu (1). La rédaction des coutumes de Bar-le-Duc allait être suivie presque aussitôt de celle des coutumes du bailliage du Bassigny, également mouvant de la France. Charles III avait ainsi voulu affirmer sa souveraineté législative dans le Barrois; mais il voulut aller trop loin. D'après les concordats passés avec le royaume, les nouvelles coutumes devaient être déposées aux greffes du présidial de Sens ou du Parlement de Paris, dont dépendait judiciairement le Barrois mouvant; le duc négligea de le faire : le Parlement réclama et les officiers du prince durent s'exécuter à Paris et à Sens, en 1581 et 1583 (2).

Quant à l'existence de la noblesse, surtout de la basse noblesse, il nous est assez difficile de nous la représenter, faute de renseignements. Nous n'avons, pour ainsi dire, pas trouvé un seul document qui permette de croire que la moralité des fonctionnaires était aussi peu élevée que celle du clergé. Le fait qu'aucun des membres de la petite noblesse ou des anoblis de Bar n'est impliqué dans la moindre affaire criminelle et même dans aucun procès de concussion, nous paraît être une forte présomption en faveur de son honnêteté au moins relative : il permettrait d'imaginer les fonctionnaires barrisiens à l'exemple des gens de la noblesse de robe et en particulier des magistrats de France; ils auraient ainsi mené une vie calme et digne, partagée entre les joies de la famille et les soucis de leur profession, remplissant scrupuleusement leurs fonctions dans l'intérêt du souverain et des particuliers,

(1) Boyé, p. 14-19. Cette préface est reproduite dans l'édition de 1584, in-8°, conservée à la Bibliothèque de Bar, *Ms. 29*, comme exemplaire annoté par Lepaige.

(2) Boyé, p. 20-23. On trouve aux Archives de la Meuse, *B. 2921*, n°s 8, 12 et 15, des copies, en partie collationnées, concernant cette affaire.

jouissant de leurs privilèges sans abuser de leur situation et profitant souvent de leur fortune pour faire du bien à leurs concitoyens : tels auraient été, notamment, les membres de la Chambre des Comptes et, parmi ceux dont nous avons pu pénétrer l'intimité, Martin le Marlorat et Jean Vincent. Nous nous rendons bien compte de l'exagération que peut présenter un tableau si idyllique à une époque de passions violentes comme en déchaînèrent les guerres de religion et d'intrigues politiques comme celles que provoqua la Ligue; il est bien certain que ces fonctionnaires, qui festoyaient joyeusement entre eux dans les hôtels à toute occasion et dont beaucoup eurent un avancement si rapide, étaient bien des hommes de leur temps, ressemblant d'ailleurs à beaucoup de nos contemporains; toutefois, il nous semble que, dans cette société si mêlée et si brutale, ils constituaient une élite et que, sortis pour la plupart du peuple, ils restaient, en majorité, voisins de lui par le zèle professionnel et la sincérité des convictions.

TROISIÈME PARTIE

LE PEUPLE ET LA VIE COURANTE

Au-dessous des classes privilégiées, venait le peuple, qui formait la majorité de la population. Il constituait le tiers état et ses membres étaient les roturiers; cette classe formait un ensemble très complexe, dont l'organisation présentait comme un raccourci de la société entière. Au sommet était une minorité de riches et de privilégiés, les bourgeois, qui exerçaient les professions libérales et détenaient les charges de l'administration municipale; au bas étaient la masse des pauvres dénués de tout privilège, les manants, cultivateurs, artisans ou petits marchands, qui faisaient vivre tout le monde, exerçaient les métiers manuels et faisaient le commerce de détail. C'est sur cette partie de la population que pesaient surtout les impôts et la guerre; c'est principalement pour elle qu'on organisait les services publics d'hygiène ou d'assistance et qu'on rendait la justice.

I

Les bourgeois et la vie municipale.

Bar-le-Duc était habité par un grand nombre de bourgeois, « gens de lettres » exerçant des professions libérales et marchands s'adonnant au commerce. Les professions libérales étaient surtout relatives à la justice et à la médecine. Les premières, qui permettaient d'anoblir ceux qui les exerçaient, formaient comme un degré intermédiaire entre la noblesse et la bourgeoisie ; c'est ainsi que, à la fin du xvie siècle, six nobles au moins exerçaient la profession de « notaire-juré au tabellionage de Bar » sans qu'elle les fit déroger (1). Ces *notaires* étaient assez nombreux, car deux ou trois d'entre eux prenaient, tous les trois ans, la ferme du tabellionage pour la somme de 1.500 francs (2). Leurs fonctions étaient, d'ailleurs, très importantes à une époque où presque tout ce qui n'était pas strictement individuel et privé exigeait un écrit authentique, dressé souvent par deux notaires, d'ordinaire sur parchemin, et d'une longueur interminable. Il y avait, du reste, des coutumes curieuses de droit : quand il s'agissait de partager une succession entre plusieurs personnes, le notaire allait chercher dans la rue deux enfants de douze à treize ans et leur faisait tirer au sort des billets où étaient inscrits les noms des héritiers (3). Les *avocats* ou procureurs qui tenaient aussi lieu d'avoués n'étaient pas moins nombreux, pour pouvoir plaider ou représenter les parties, dans les interminables procès intentés par les particuliers ou par l'État. Les fonctions d'huissiers étaient remplies par les *sergents*, qui étaient au nombre de dix-neuf, tous réunis en une communauté, la « confrérie de Saint-Claude », tandis que les avocats ne formaient pas encore, comme au siècle suivant, la confrérie de Saint-Yves, qui comprendra « la communauté des avocats de Bar » (4).

A la médecine se rattachaient les médecins, les chirurgiens et les apothicaires. Les *médecins* paraissent avoir été bien moins nombreux que les chirurgiens; nous n'en avons trouvé que quatre, dont trois étaient docteurs en

(1) Remontrances du 18 septembre et entérinement du 8 octobre 1598 : Arch. de la Meuse, *Fonds de Marne*, généalogie de familles étrangères. De même en France, dès 1544, il y avait des avocats nobles : *Histoire de France* de Lavisse, t. V, 1re partie, p. 247.

(2) Comptes de 1574 et 1594 : *B. 568*, f° 2 v° et *574*, f° 172.

(3) Actes de 1563 et 1585 : *Cartulaire Vincent*, fos *13* v° et 16 v°.

(4) Comptes de 1571 et 1584 : *B. 565*, f° 153 v° et *569*, p. 218. — Règlement de 1630 cité : *Ms. I*[48], *s. a.*

médecine, tandis que, dans une période moins étendue, nous avons relevé jusqu'à huit *chirurgiens* ou « maîtres opérateurs » (1). Un règlement du commencement du siècle avait séparé nettement la profession de chirurgien de celle de barbier, en décidant que tout le monde pouvait être barbier, mais que, pour devenir chirurgien, il fallait subir un examen spécial; sans doute beaucoup de chirurgiens exerçaient en même temps les deux métiers, car nous avons trouvé trois barbiers dont deux étaient aussi chirurgiens (2). D'après ce même règlement, les opérations des chirurgiens consistaient à « soigner et curer le corps humain », entre autres, à faire, avec des lancettes de trois formes différentes, des « incisions de veines et artères en diverses parties du corps humain ». « ôter pierres. tailler de la rupture », tandis que les barbiers ne sachant faire que la barbe pouvaient, tout au plus, « fabriquer un appareil en cas de nécessité ». Les *apothicaires*, qui vendaient des drogues, des médicaments et différents objets de quincaillerie et même de librairie, comme l'encre, les plumes et la cire, paraissent avoir été en nombre aussi limité que les médecins, car nous n'en avons compté que cinq, y compris celui du Château (3).

Au contraire, la quantité des gens qui sont qualifiés de *marchands* est vraiment considérable; certains d'entre eux sont probablement de véritables commerçants, car ils exercent les hautes charges municipales, il en est même

(1) Pension de 1568 : *Ms. F*[39], *s. a.* 1564. Comptes de 1587 : *B. 570*, f° 179. Voir plus bas, à propos de l'hôpital. — Comptes domaniaux de 1574 : *B. 568*, f° 170 v°; *CC1*, comptes municipaux de 1586-88, *s. a.*, f°s 63 et 79. Un de ces chirurgiens, Jean Valfleury, cité depuis 1573 : *B. 909*[1], f° 2 v°, paraît avoir eu pour successeur son fils, cité en 1609 par le Marlorat : *Journal*, p. 44.

(2) Règlement de 1513 : *B. 229*, f°s 32 v° à 33 v°. — Bail de 1551; comptes de 1573 et 1574 : *DD1* (pièce analysée, en déficit); *B. 567*, f° 201 et *568*, f° 174.

(3) Voir plus haut, p. 259, notes 2 et 4. Comptes domaniaux de 1582 : *B. 909*[1], f° 2, et comptes municipaux de 1582-85 : *CC1*, *s. a.*, f° 66. Acte de 1592 : *Cartulaire Vincent*, f° 62. Cf. plus haut, p. 132, note 3, François, fils de Simon Midy.

qui commercent à l'étranger (1), mais beaucoup paraissent avoir été des hôteliers. Au contraire, les *merciers* étaient les petits marchands : nous retrouverons les uns et les autres à propos de l'industrie et du commerce. C'était à la fois un artisan et un petit commerçant que l'unique *libraire* de Bar, qui était à la fois libraire, papetier et relieur; il s'appelait, en 1589, Daniel Simon, dit de Vertu, et fut poursuivi pour avoir vendu des libelles sans l'autorisation du duc (2). S'il y avait beaucoup de marchands à Bar à la fin du XVIe siècle, nous n'y avons jamais rien rencontré qui ressemblât à nos rentiers, classe qui devait pourtant exister, depuis que les grandes découvertes avaient développé la fortune mobilière et que le gouvernement empruntait aux particuliers (3); peut-être faut-il y voir les « bourgeois » sans autre qualificatif.

De ces bourgeois, beaucoup nous sont connus et nous retrouverons leur nom à propos de l'administration municipale; mais sur leurs familles nous avons beaucoup moins de renseignements. Il est, du reste, peu de familles remarquables de roturiers qui soient demeurées dans le tiers état sans s'élever jusqu'à la noblesse, témoin les Marlorat et les Vincent; parmi ceux qui sont restés dans le peuple, au moins jusqu'à la fin du siècle, figurent Sébastien Gravel, les Errard, les Gratas et les Remy.

Un des personnages qui jouèrent un des principaux rôles à Bar dans la période que nous étudions fut certainement *Sébastien Gravel*. Il n'était pas « natif de Bar », mais en devint de bonne heure « bourgeois et habitant » (4). Il commença par être « notaire juré au tabellionage » et « procureur au siège » de Bar et exerça ces fonctions au moins quarante ans; en 1560, il devint procureur

(1) *CC1*, comptes municipaux de 1596-98, *s. a.*, fos 84-85.

(2) *Registre capitulaire* de Saint-Maxe en 1555 : *G1*, fo 225 vo. Comptes de 1572 : *B. 586*, fo 145 vo; cf. plus haut, p. 259, note 1. — Lepage, *Lettres* citées, p. 245, note.

(3) Cf. *Histoire de France* de Lavisse, t. V, 1re partie, p. 264.

(4) *CC1*, comptes municipaux de 1573-75, f. 32 vo.

général de la collégiale Saint-Maxe (1). Son administration fut déplorable : il enlevait du trésor plusieurs titres de constitution de rente sans en donner récépissé, négligeait de recouvrer les créances et les arrérages du chapitre, de payer les clercs, de rendre ses comptes; on dut le déposer en 1571 et on lui intenta un procès devant le Parlement, mais il s'entendit avec Jean Bazin et il fallut envoyer à Paris deux autres chanoines « pour solliciter le procès ». Enfin, sur la proposition d'arbitres, on fit en 1575 un compromis : Gravel délivra à la collégiale les comptes de neuf années, reçut par contre les dîmes de Naives et de Vavincourt et devint, l'année suivante, amodiateur des grosses dîmes de Tannoy et d'Andernay (2). Déjà, il avait pris en adjudication, avec deux autres collègues, la ferme du tabellionage, du 1er juillet 1573 au 31 juin 1576, et, avant comme après son procès, il s'occupait de nombreuses affaires de sa profession concernant la ville de Bar (3). Ainsi, s'il avait peu de scrupules, c'était certainement un habile praticien et un manieur d'argent : c'est sans doute pourquoi il fut élu maire de Bar, de 1573 à 1576, par la grande majorité des habitants, malgré l'opposition d'une faible minorité qui lui opposait son origine étrangère à la ville; en 1587, il paraît avoir été gouverneur d'un quartier et, en 1597, il fut nommé « lieutenant » du maire pendant son absence (4). Les Barrisiens devaient apprécier sa connaissance du droit, car il fut choisi, en 1575, avec deux autres juristes et Jean Vincent, pour réclamer en faveur de la Ville basse contre la Ville haute et nous l'avons vu figurer, quatre ans plus tard, parmi les trois représentants du tiers

(1) Actes de 1583 et du 10 décembre 1598 : *B. 229*, f° 46 et *Cartulaire Vincent*, f° 43 v°. — *Registre capitulaire* de Saint-Maxe : G^1, f° 259 v°.

(2) *Id.*, f°s 318 v° à 320, 323 v°, 326 v° et 335 v°.

(3) Comptes de 1574 : *B. 568*, f° 2 v°. Copie des affaires concernant Mognéville citée plus haut, p. 264, note 4. En 1585, il était « curateur en partage » des enfants de Marie Lescamoussier, belle-sœur de Jean Vincent : *Cartulaire*, f° 14 v°.

(4) *CC1*, comptes municipaux de 1573-75, f°s 1 et 32 v°; 1586-88, f° 76 et 1596-98, f°s 72 v° et 75 v°.

lors de la rédaction des coutumes du bailliage (1). La confiance qu'il inspirait aux habitants passa à son fils, qui fut élu, en 1618, syndic de l'hôtel de ville et en 1625 maire de Bar (2).

Maxe Errard était aussi un notaire de la Ville basse, mais semble avoir été un propriétaire foncier plutôt qu'un financier. Il possédait, auprès de celles de Jean Vincent, trois maisons dans la rue Sainte-Claire, la Grande rue de la Neuve ville, et la rue du Petit-Bourg, dont les deux dernières, prolongées par des jardins, se faisaient peut-être suite; il avait encore un jardin aux Clouyères, situé tout près du cimetière, du côté du pré Jarrey, et l'agrandit en 1577 (3). Il exerça les fonctions de notaire de 1564 au moins à l'année 1607, où il mourut et, en cette qualité, fut choisi comme procureur de la collégiale Saint-Maxe; il était assez riche pour avoir plusieurs servantes, sans doute dans sa maison de la Grande rue (4), mais nous ne voyons pas qu'il ait jamais affermé aucun revenu; aussi joua-t-il un rôle public moins considérable que Gravel : il fut simplement gouverneur de son carrefour vers 1580 et, sur la fin de sa vie, se vit choisir, avec deux autres bourgeois, pour visiter l'église Notre-Dame qui « tendait en ruine » et juger des réparations nécessaires (5). Maxe Errard, qui s'occupait moins que son confrère de politique et de chicane, était sans doute un homme de loi scrupuleux et un bon père de famille; il eut au moins trois enfants, un fils Jean, et deux filles, Françoise et Marthe, qu'il maria respectivement à Jacques de Thionville et

(1) Voir plus haut, p. 268, note 1.

(2) *Annales* de Bar : *Ms. 53, s. a.*

(3) Voir plus haut, 1re partie, chapitre II, d'après les contrats de 1564, 1570 et 1588 : *Cartulaire Vincent*, fos 7, 9 vo et 27 vo. — *CC1*, comptes municipaux de 1573-75, fos 22 vo et 26; 1596-98, fo 59 vo.

(4) Actes cités plus haut, note précédente, p. 200, note 3, et plus bas, p. 277, note 1, et à propos de la peste de 1587. Cf. notre article : *La maison natale de Jean Errard, Bulletin* de 1914.

(5) Acte de 1586 : *B. 229*, fo 41. *CC1*, comptes municipaux de 1593-95, fo 47.

Michel Bouvet (1). Jean, le grand fortificateur, né en 1554, sans doute dans la maison de la Grande rue, entré au service de Charles III, peut-être à Bar même, devint de bonne heure protestant, se réfugia à Jametz qu'il aida les habitants à défendre en 1588 contre Charles III ; plus tard, il entra au service de Henri IV, fut anobli et devança Vauban dans l'art du génie (2). Maxe avait peut-être eu pour frère Hector Errard, bourgeois de Bar, qui avait acheté à Bonaventure Arrabourg une partie du Pressoir des Prés, dans le voisinage de la future propriété de Jean Vincent à la Rochelle, et qui avait aussi un jardin sous le moulin du Couchot, contre les corvées de l'Isle; peut-être avait-il aussi une sœur, Marthe, qui épousa Gérard le Page, marchand et un moment échevin de la paroisse (3).

Gravel et Errard étaient des bourgeois pratiquant des professions libérales; les *Gratas* formaient une famille d'artisans, exerçant un métier manuel, mais c'était presque des artistes qui par leur habileté s'étaient élevés au premier rang dans la ville et le duché de Bar. Le chef de cette famille était Antoine Gratas, maître maçon, qui, de 1573 à 1599 au moins, exécuta à Bar-le-Duc différents ouvrages pour l'entretien des rues et des monuments, notamment pour refaire au château les bâtiments destinés au marquis du Pont; il travailla aussi dans le duché et éleva, par exemple, à Pont-à-Mousson, en 1580, le magnifique pont en pierre qui devait subsister presque intact jusqu'à la fin du XIXe siè-

(1) Acte du 4 décembre 1607 : *Ms. 190*[iv], dossier Jean Errard.

(2) Lallemand, *Jean Errard*, p. 12-17, 32 et 84. Le *Traité de la fortification* est de 1594. — Bar-le-Duc est de même la patrie de l'ingénieur Du Pratz qui fortifia le village de Vignot en 1588, et d'autres ingénieurs militaires. *Id.*, p. 14.

(3) *CC1*, comptes municipaux de 1590-93, *s. p.* — Mêmes comptes de 1586-88, f° 58 et v°. — L'ouvrage cité ci-dessus est très mal renseigné sur la famille de Jean Errard : il nomme son père Jean, qui serait né en 1440 et aurait été anobli en 1470, auquel il donne pour enfants, outre ceux que nous connaissons, Hector, qui mourut en 1611, laissant trois fils. Le notaire Maximien ou Maximilien appartiendrait à une seconde branche. Voir p. 3, 10-11 et 310-11.

cle (1). Le maître maçon Antoine Gratas paraît avoir été allié à la famille du maître charpentier Nicolas du Hamel, car il devint tuteur des enfants de celui-ci ; il avait pour fils Claude, également maître maçon, qui, de 1570 à 1605, prit une part considérable aux constructions élevées à Bar et dirigea, entre autres, en 1579, celle du neuf bâtiment du Château ; un de ses collatéraux était Jeannin Gratas, qui était aussi maître maçon, reçut une pension du duc, mais ne semble pas avoir joué à Bar un rôle aussi grand qu'Antoine et Claude (2). Tous ces Gratas paraissent avoir habité le Bourg et y avoir élevé, à la fin du XVIe et au début du XVIIe siècle, quelques-unes des maisons artistiques qui en sont encore aujourd'hui l'ornement.

A côté de ces personnages ou de ces familles si connues, il en est une autre non moins intéressante pour l'histoire de Bar : c'est celle des *Remy*, dont un des membres commença les « Annales de Bar-le-Duc » et les mena jusqu'en 1599 ; mais l'identification de ce premier annaliste constitue une véritable énigme historique. Nous savons qu'il était fils de Claude Remy et de Marguerite Trémont, morts tous deux en 1587, que son oncle s'appelait Didier et qu'il eut un fils du nom de François ; quant à lui, nous ignorons son prénom (3). Toutefois, dans son ouvrage il nous parle tellement de Bar-la-Ville, de l'église Notre-Dame et de la chalaide de Behonne, que nous croyons pouvoir l'identifier avec ce Gérard Remy, dont nous avons trouvé la maison au Couchot, qui avait loué le pré des Orgemont à Behonne et possédait une vigne à la côte de Beaulieu ; son oncle, Didier Remy, pourrait être un pâtissier de la Ville haute, père d'un autre pâtissier de la même ville, Nicolas

(1) *CC1*, comptes municipaux de 1573-75, f°s 45 et 27 ; de 1596-98, f°s 81 et 91. Comptes domaniaux de 1573 et 1597 : *B. 567*, f° 193 et *577*, f° 145. V. plus haut, p. 151, note 5 et p. 152, note 5. — D. Calmet, t. II, col. 1378.

(2) Konarski, p. 201-2 ; Renard, p. 26. Comptes de 1573 : *B. 567*, f° 139 v°.

(3) A. G., article de l'*Indépendance de l'Est*, 19 octobre 1888 (Bibl. de Bar, n° 23.333, que nous a signalé notre confrère, M. le chanoine Aimond).

Remy (1). On a pu conjecturer qu'il était marchand et qu'il avait ainsi voyagé dans une partie de l'Europe occidentale : ceci expliquerait que, dans toute la période que nous étudions, nous n'ayons pas trouvé une seule fois son nom dans les documents officiels; mais la question n'en devint que plus compliquée, puisqu'il n'a pu, dans ce cas, être témoin oculaire des faits qu'il raconte : comme ces faits sont très circonstanciés et très exacts, il a dû être parfaitement renseigné par quelqu'un qui le touchait de près. La place qu'il a réservée, dans ses *Annales*, à tout ce qui a trait à la vie religieuse, nous permet de croire qu'il était très pieux; mais nous ne connaissons pas ses idées politiques.

Tels étaient les principaux de ces bourgeois à qui était dévolue l'administration de la Ville. L'organisation municipale de Bar-le-Duc ne nous est bien connue qu'au XVIIe siècle, où elle a été fixée et a laissé tous ses registres (2); néanmoins c'est dans la période que nous envisageons qu'on peut commencer à l'étudier avec quelque détail, d'après les comptes des maires que nous possédons. Cette administration comprenait un maire, un procureur syndic, un contrôleur, un receveur, un greffier et des sergents de mairie; il y avait, de plus, quatre évardeurs pour toute la ville et un gouverneur par quartier. Tous ceux qui remplissaient ces charges étaient nommés par des assemblées, soit générales, soit de quartier, où l'on délibérait des affaires municipales.

Le *maire* était nommé d'ordinaire pour trois ans, quelquefois pour quatre et parfois on prolongeait encore ses pouvoirs d'un an ; mais, quelle que fût la durée de son mandat, celui-ci commençait toujours le 8 septembre, à la Nativité

(1) Actes de 1584, 1585 et 1586 : *GG*, n° *53*, f° 13 v°, n° *54*, f° 26 v° et *DD1*, f° 156. — *CC1*, comptes de 1582-85, f° 62. Bailliage, n° 2, art. 2, Sentences, 15 mai 1592. Comptes de 1608 : *B. 631*, f°s 10 v° et 117.

(2) Cf. Fourier de Bacourt, *L'ancien régime municipal à Bar-le-Duc avant la création de l'Hôtel de Ville*, *Mémoires* de la Société, série 4, t. VII, 1909, p. 22-30, où on remarque, p. 27, une tentative prématurée d'établir une Chambre de Ville en 1591.

de Notre-Dame [1]. Son élection était faite sans doute en assemblée générale; si elle était contestée, des notaires allaient «par les maisons pour colliger les voix des habitants» et l'on ratifiait le choix de celui qui obtenait la majorité des suffrages [2]. Toutefois, si ces élections étaient mouvementées, rien ne nous prouve que, comme au XVIIe siècle, elles « s'accompagnaient de scènes de désordre, venues de la rivalité de la Ville haute et de la Ville basse », et qu'on prît alternativement le maire dans chacune des deux [3]; mais s'il n'y avait encore là rien d'officiel, il semble bien qu'on recrutait le maire tantôt dans l'une, tantôt dans l'autre partie de la ville, car, parmi les maires dont nous connaissons le domicile, nous trouvons en 1568 Jean de Mussey, en 1586 Jacques Chabrault, habitants de la Ville haute, en 1573 Sébastien Gravel et en 1593 Pierre Gaynot, de la Ville basse. On choisissait d'ordinaire comme maire quelqu'un qui fût originaire de Bar ou, tout au moins, qui y fût depuis longtemps domicilié [4], tantôt un anobli, tantôt un bourgeois, notaire ou marchand. Quand on était satisfait de l'administration d'un maire, non seulement on prolongeait ses fonctions, mais encore on le réélisait, au bout de quelques années.

Nous connaissons assez bien les maires de Bar-le-Duc durant les quarante dernières années du XVIe siècle, surtout depuis 1573 où leurs comptes sont conservés. Ce furent : en 1560, Jean Bigougnel, dont nous ignorons le successeur [5]; vers 1568, Jean de Mussey, maître arpenteur, anobli, dont le neveu, qui portait le même prénom,

(1) *CC1*, comptes de 1573-75, 1586-88, 1593-95, 1596-98, 1582-85 et 1590-93, pages initiales.

(2) Nous n'avons là-dessus que l'élection de Gravel : *Id.*, 1573-75, f° 32 et v°. L'absence de dépenses correspondantes dans les autres comptes permet de supposer que c'est là un cas individuel.

(3) Fourier de Bacourt, *art.* cité, p. 29.

(4) D'après l'élection de Gravel. Cf. plus haut, p. 275, note 4.

(5) Cité dans les Assises de mai 1560. Registre de 1559 cité plus haut, p. 262, note 3. C'est sans doute le même que Jean Le Bigornier, placé en 1570 par Bellot-Herment, p. 470. Longeaux, p. 67, cite une famille Bigrognel.

fut capitaine, gruyer et receveur de Louppy-le-Château : il était mort en 1573, où on élut le notaire Sébastien Gravel ; on nomma ensuite, en 1575, un autre « procureur ès-sièges de Bar », Pierre Mousin, qui paraît avoir exercé son mandat pendant cinq ans (1). Le maire de la ville fut alors le fils de l'arpenteur Jean, noble homme François de Mussey, qui paraît être mort de la peste en 1582, date à laquelle noble homme Michel Henrion lui succéda pour quatre et peut-être cinq ans (2). En 1586, on élut un marchand, qui avait déjà été échevin de la paroisse et était peut-être alors gouverneur de la Ville haute, maître Jacques Chabrault, qui paraît être mort au début de l'année suivante ; on prit alors pour trois ans André Lamy, auquel succéda de 1590 à 1593 l'ancien maire Michel Henrion (3). Les derniers maires de Bar au XVIe siècle furent : noble homme Pierre Gaynot, fils d'un capitaine du Bourg, jusqu'en 1596, puis pendant quatre nouvelles années André Lamy qui, en 1600, céda la place à Jean Argentel (4).

(1) Comptes de 1568 et *Registre capitulaire* en 1569 : *B. 863*, f° 103 et G^1, f° 304. Un acte du 1er mars 1573 l'indique comme mort : *DD1*, f° 26. Les comptes du gruyer Jean de Mussey, auquel succéda son parent René, vont de 1565 à 1596 : *B. 1381-1396*. — Mousin est indiqué comme successeur de Gravel : *CC1*, comptes de 1573-75, f° 47 ; comme maire le 16 janvier 1578 et le 24 décembre 1579 : GG^{13}, liasse 9e et *Cartulaire Vincent*, f° 42. C'était, sans doute, le père de Pierre Mousin, membre de la Chambre des Comptes en 1596 et qui sera anobli en 1607. Longeaux, p. 153-4.

(2) François de Mussey est donné comme maire les 5 mai et 12 juillet 1582 : *DD1*, f° 102 et *Cartulaire Vincent*, f° 42 ; comme « précédent mayeur » : *CC1*, comptes de 1582-85, f° 6. Sur sa filiation avec Jean, v. comptes de 1597 : *B. 911*^{1}, f° 53. En 1606, on trouve « noble homme Jean de Mussey, mayeur de Bar » : *Ms. 53*, f° 105 ; c'est peut-être le maître arpenteur cité *CC1*, comptes de 1586-88, f°s 76 et 3 v°. — Comptes de Henrion : *CC1*, 1582-85, f° 1. Cité comme maire les 12 septembre 1585 et 5 septembre 1586 : *DD1*, f°s 110 et 154.

(3) Chabrault, échevin, voir p. 213, note 1 ; gouverneur, 28 août 1586 : *Cartulaire Vincent*, f° 38 ; maire, 13 février 1587 : *DD1*, f°s 82 v° et 85 v°. V. ses comptes présentés par sa veuve le 24 mars 1587 : *CC1*, 1586-88, f° 76. — Comptes de Lamy : *CC1*, 1590-93, début.

(4) Comptes de Gaynot : *CC1*, 1593-95, début ; cité comme maire les

Ce maire n'avait pas un simple rôle de représentation, mais exerçait des fonctions assez absorbantes. Il était, dans toute l'acception du mot, le représentant de la « communauté » : sans doute, il en présidait l'assemblée générale (1) et sûrement il en administrait les propriétés; il faisait réparer les bâtiments municipaux, évaluait, aliénait ou, au besoin, faisait restituer à la Ville les biens communaux, surveillait les bâtiments et les biens paroissiaux, et jugeait, avec le bailli, de l'intérêt qu'avaient les habitants à élever, à Bar-le-Duc, certaines constructions sur des terrains appartenant au duc (2). C'est lui, par suite, qui représentait la ville vis-à-vis des autorités; il était chargé de recevoir les grands personnages à leur arrivée à Bar; d'aller à Nancy, soit pour réclamer au duc en faveur des intérêts de la Ville, soit pour représenter celle-ci aux États généraux (3). Les maires ne recevaient, comme aujourd'hui, aucun traitement, mais étaient défrayés de toutes leurs dépenses. C'était eux, sans doute, qui conservaient, dans un coffre à serrure, les titres et « instruments concernant » les affaires de la Ville; ils devaient établir un compte très détaillé de leurs recettes et de leurs dépenses, qui était soigneusement vérifié par une commission composée des gouverneurs, des anciens maires et des principaux officiers du duc (4).

Le maire était assisté par le procureur-syndic, le contrôleur et les gouverneurs de carrefours. Le *procureur-syndic* ou syndic était élu en même temps que le maire, probablement parmi des fonctionnaires gradués en droit et peut-être dans celle des deux villes d'où le maire n'était

4 novembre 1595 et 12 décembre 1596 : *Cartulaire Vincent*, fos 60 et 42 vo. Cf. D. Pelletier, p. 286 et plus haut, p. 162, note 2. — Comptes de Lamy : *CC1*, 1596-98, fo 1 ; cité comme maire le 10 février 1599 : *DD4*, parchemin.

(1) Procès-verbal du 19 août 1635. Fonds de Marne cité plus haut, p. 272, note 1.

(2) *CC1*, comptes de 1582-85, fos 46, 32 et 81; de 1573-75, fo 12; de 1593-95, fo 46 vo. Acte de 1585 : *B. 229*, fo 53.

(3) *CC1*, comptes de 1582-85, fos 68, 75 et 68 vo.

(4) *Id.*, fo 74. — *CC1*, comptes de 1586-88, p. 76.

pas originaire; mais, à la différence de celui-ci, il était rétribué : son traitement était de 25 francs par an (1). Le syndic était le gardien des intérêts de la Ville : il conservait et utilisait les revenus municipaux, aidant le maire à estimer ou à vendre les biens communaux et en distribuant les deniers; de plus, il jouait vis-à-vis de la Ville à peu près le même rôle que le procureur général vis-à-vis de l'État, car il introduisait les demandes concernant les privilèges des habitants, faisait entériner les actes, représentait et défendait la Ville dans les procès relatifs à ses biens, et poursuivait, en son nom, des particuliers, et la représentait, au besoin, dans ses réclamations auprès du duc (2). Le *contrôleur* du maire, également élu par les habitants, choisi parmi les bourgeois honorables et entendus aux affaires, assistait le maire et le syndic dans les opérations concernant les biens de la commune, dressait l'inventaire et faisait la vérification des titres de la paroisse (3). Il y avait encore un *receveur* et un *greffier*, chargés probablement de diriger et de dresser les comptes des finances municipales (4). Les *sergents* « de mairie » ou « de la Ville » paraissent avoir été au nombre de deux, dont l'un était employé comme courrier pour les affaires municipales; comme ils représentaient Bar-le-Duc, ils portaient, dans les grandes circonstances, un manteau de drap noir brodé aux armes de la ville, avec deux barbeaux (5). Ces sergents étaient ordinairement occupés à

(1) *Annales de Bar*, *s. a.* 1616. En 1573, on prend « noble homme Jean Bouvet », qui paraît avoir habité la Ville haute, tandis que Gravel demeurait dans la Ville basse : *CC1*, 1573-75, f° 42. Dans le compte de 1582-85 et 1590-93, f° 1, on trouve Nicolas Camus. — *CC1*, comptes de 1573-75, f° 42; 1582-85 et 1586-88, f° 56.

(2) *CC1*, comptes de 1582-85, f°s 46 et 66 v°. Acte de 1599 : *DD4*. — *CC1*, comptes de 1573-75, f° 43 v°; 1590-93, s. p.; 1583-85, f° 77 et 1586-88, f° 67 v°. Acte de 1581 : *B. 229*, f° 41.

(3) *CC1*, comptes municipaux de 1573-75, f° 3 v°; de 1582-85, f° 1 v°; de 1590-93, s. p. Comptes paroissiaux de 1586-88 : *GG*[56], f° 85 v°. Dans le premier compte, on choisit Pierre Jobart marchand; dans les deux suivants, Didier Rambonnet, bourgeois.

(4) *CC1*, comptes de 1573-75, f° 52.

(5) *Id.*, f° 60; comptes de 1590-93, s. p., et de 1596-98, f° 88 et v°.

surveiller les biens communaux et à en faire rentrer les rentes, à assembler les gouverneurs pour les délibérations; en cas d'épidémie, ils aidaient les évardeurs à distribuer les vivres aux pestiférés (1). Il y avait encore un *crieur juré,* chargé de publier les ordonnances du souverain aux différents carrefours (2).

A côté de cette administration commune à l'ensemble de la ville, il en existait une autre représentant les différents quartiers; elle était constituée par les « *gouverneurs* de la Ville haute, basse et faubourgs de Bar », qui étaient probablement au nombre de un par quartier (3). Nous en trouvons, en effet, un dans la Ville haute, où on paraît avoir choisi surtout des nobles, principalement en temps de guerre, puisque le gouverneur était probablement investi de fonctions militaires (4); il y en avait également un pour le Bourg, choisi aussi dans la noblesse, et un à la Neuve ville, où on trouve tour à tour des marchands comme Cuny Grandidier, des notaires comme Maxe Errard et des nobles comme Jean de Blaives (5). Malheureusement, si nous connaissons bien les gouverneurs des carrefours, il n'en est pas de même de ceux des faubourgs (6); il en existait certainement à Entre-deux-Ponts et à la rue de Véel,

(1) *CC1*, comptes de 1593-95, f°s 56 et 76 v°; de 1590-93, s. p.

(2) Ordonnances des 19 mars 1574 et 25 janvier 1577 : *Ms. 1[40]*, *s. a.*

(3) Titre : *CC1*, comptes de 1573-75, f° 5 v°. On en trouve de 6 à 9 d'après les noms cités aux actes des 14 juin 1592 et 28 août 1586 : *DD1*, f° 121 et *Cartulaire Vincent*, f° 38, et dans *CC1*, comptes de 1596-98, f° 73 v°.

(4) Ex. en 1586, Jacques Chabrault, v. plus haut, p. 281, note 3. En 1587, M. de Remenaucourt : *B. 570*, f°s 157 v° et 162 v°. Les comptes de 1586-88 : *CC1*, f° 70 v°, indiquent le greffier Thierry Pouppart, qui était anobli.

(5) Ex. Jean de Rosne l'aîné : *CC1*, comptes de 1582-85, f° 2 v° et sans doute le 28 août 1588, *Cartulaire Vincent*, f° 38. C'était sans doute l'ancien gouverneur de l'hôpital. Comptes de 1574 : *B. 909[1]*, f° 5 v°. — *CC1*, comptes de 1582-85, f° 68. Actes de 1581 et 1599 : *B. 229*, f° 41 et *Cartulaire Vincent*, f° 30 v°. Le 2 juin 1592, Jean de Rosne est institué gouverneur de la Neuve ville : C. Bailliage, n° 2, art. 2, Sentences, n° 22.

(6) Cités en avril 1591 : *Ms. 53*, f° 19.

très probablement à Bar-la-Ville [1], mais nous n'en trouvons ni à Couchot ni à Marbot. Quoique nous ne possédions aucun renseignement sur la manière dont ils étaient nommés, nous croyons qu'ils étaient élus par les assemblées particulières, comme les maires par les assemblées générales.

Les gouverneurs avaient des attributions doubles : chacun d'eux représentait son quartier, tous ensemble représentaient la Ville entière. Comme représentant de son quartier, le gouverneur en conservait et en réclamait les droits ou propriétés et en sauvegardait les revenus : il en levait les rentes, ou revenus ordinaires, et les tailles, ou revenus extraordinaires, imposées soit par la Ville, soit par le duc [2]; aussi engageait-il les dépenses ordinaires relatives à l'entretien des portes, des tours et des murailles, des fontaines et probablement du pavé, et les dépenses extraordinaires ayant trait à l'envoi de courriers et à l'achat de munitions en temps de guerre; c'est lui enfin qui réunissait les habitants en assemblées particulières de quartier [3]. Un gouverneur pouvait, d'ailleurs, tout comme le maire, être délégué auprès du duc par l'assemblée générale pour représenter la Ville et réclamer en sa faveur [4].

Réunis en corps avec le maire et ses auxiliaires, les gouverneurs représentaient, d'ordinaire, la Ville entière : la plupart des actes qui déterminent des paiements municipaux sont, en effet, passés par le maire ou quelque autre fonctionnaire de la Ville « en présence » et « à l'assistance » des gouverneurs. Ils s'assemblent, peut-être seuls quel-

(1) Cuny Lambert, hôtelier : *CC1*, comptes de 1583-85, f° 80 v° et 1596-98, f° 94. — Acte du 13 février 1587 : *DD1*, f° 85 v°.

(2) Actes des 18 septembre et 25 août 1581 : *B. 229* et *Ms. 1⁴⁰*, *s. a.* — Comptes domaniaux de 1573 : *B. 567*, f° 24 v°; comptes municipaux : *CC1*, 1586-88, f° 78; 1590-93, s. p., et 1596-98, f° 94.

(3) Acensement du 10 juin 1551 : *DD2*. — Comptes domaniaux de 1590, 1571 et 1587 : *B. 571*, f° 198 v°; *565*, f° 169 v°; *570*, f°s 162 v° et 157 v°. — Règlement de 1606 cité plus bas, p. 289, note 2.

(4) *CC1*, comptes municipaux de 1582-85, f° 2 v°.

quefois, certainement avec d'autres représentants des habitants, d'ordinaire le maire, le syndic et le contrôleur « pour traiter des affaires de la Ville », pour conserver ses droits, même pour régler sa police (1). Tout ce qui intéresse le bon fonctionnement de la Ville relève des gouverneurs; non seulement ils en administrent les biens et en font construire ou entretenir les bâtiments, mais ils prennent des mesures d'hygiène, comme l'entretien des rues ou l'échenillage des arbres (2). C'est surtout par sa répercussion financière qu'on peut apprécier leur rôle, puisqu'ils reçoivent et dépensent les deniers de la Ville; nous voyons ainsi qu'ils en vendent ou louent les biens, qu'ils les échangent, au besoin, contre d'autres, qu'ils font pêcher dans l'Ornain au profit de la Ville; sans doute ils procèdent « au calcul et jet » des tailles « jetées sur le corps de la Ville », du moins sont-ils chargés de les lever d'après « les rôles des conduits de leur gouvernement » (3). Comme ils s'occupent des « réparations ès fontaines, murailles, ponts » et autres monuments publics, ils assistent aux marchés qui les concernent, passent en particulier les contrats relatifs à l'église paroissiale et reçoivent le travail une fois achevé (4). Leur rôle dans les dépenses extraordinaires dépasse peut-être celui que nécessitent les dépenses ordinaires : va-t-on auprès du duc réclamer au nom de la Ville, veut-on remercier par quelque don le prévôt ou le bailli d'un avantage qu'il a accordé ou valu aux habitants, reçoit-on le souverain, le bailli ou quelque personnage marquant de passage à Bar,

(1) *Id.*, 1586-88, f°s 68 v° et 72; 1582-85, f° 75. Procuration des 5 et 6 janvier 1573 : Arch. de Meurthe-et-Moselle, *Bar, Chambre des Comptes*, 2, n° 50 (*B. 541*).

(2) *CC1*, comptes de 1582-85, f° 74 v°; de 1573-75, f° 45.

(3) Comptes domaniaux de 1575 et 1594 : *B. 909*[3], f° 6 et *910*[1], f° 10 v°; municipaux *CC1*, de 1582-85, f° 6 v° et de 1573-75, f° 34 v°. Ventes de 1573 et 1586 : *Cartulaire Vincent*, f°s 22 et 38. — *CC1*, comptes municipaux de 1573-75, f° 5 et 1586-88, f° 78. *Registre capitulaire* de Saint-Maxe : *G*[1], f° 336 v°.

(4) *CC1*, comptes de 1573-75, f°s 2 et 40; de 1593-95, f° 47 et v°. Réception du Pont-Neuf, le 23 avril 1606 : *Ms. 53*, f° 102.

les gouverneurs décident les dépenses nécessaires (1); se produit-il à Bar quelque grande manifestation religieuse, venue d'un fameux prédicateur pour convertir les protestants ou passage d'une grande procession générale, les gouverneurs doivent défrayer complètement le religieux et nourrir les pèlerins (2). En temps ordinaire, ce sont eux qui assistent les miséreux et, dans les moments de disette, lèvent la taxe des pauvres; en cas d'épidémie, ils font entretenir les pestiférés envoyés aux loges (3); en cas de guerre, non seulement ils doivent faire vivre les soldats, mais il leur faut encore payer des sous-officiers pour les empêcher d'aller dans les vignes pendant le ban des vendanges et envoyer des messagers soit « aux champs » pour apprendre des nouvelles, soit vers le bailli pour les lui faire savoir (4), même dans certaines circonstances, ils assument un véritable rôle militaire, puisqu'ils demandent au bailli de « prendre la garde de la ville » et qu'ils doivent, sur l'ordre du duc, « amasser chez eux toutes les pelles et hoyaux » des particuliers de leur carrefour (5). Enfin les gouverneurs procèdent à l'audition des comptes du maire en sa présence et assistés de certains « députés de la Ville » (6).

L'organisation municipale était complétée par les *évardeurs* ou *wardeurs*, c'est-à-dire gardes ou gardiens, qui, à l'époque que nous étudions, furent toujours au nombre de quatre; ils étaient « élus », sans doute par l'assemblée générale, car ils paraissent avoir été renouvelés aussi souvent que les maires eux-mêmes (7). A la différence des

(1) *CC1*, comptes de 1586-88, f°s 70 v°, 59 v° et 66 v°; de 1582-85, f° 68; de 1573-75, f° 44; de 1596-98, f°s 88 v° et 89 et de 1593-95, f° 52 v°.

(2) *Id.*, 1582-85, f°s 74 v°, 64, 66 v° et 67 v°.

(3) *Ibid.*, f°s 65, 79 et 64. *Annales*, au 21 juin 1595 : *Ms. 53*, f° 23.

(4) *CC1*, comptes de 1573-75, f° 36 et de 1586-88, f° 66 v°. — *Id.*, 1582-85, f° 58 et 1590-93, s. p.

(5) *Id.*, p. 1586-88, f° 70. *Annales*, à avril 1591 : *Ms. 53*, p. 19.

(6) *CC1*, comptes de 1582-85, f° 72; de 1586-88, f° 76 et de 1590-93, fin.

(7) Assises de 1559 citées plus haut, p. 262, note 3. Comptes domaniaux

gouverneurs, les évardeurs étaient de véritables fonctionnaires de l'État, car ils devaient assister, comme les sergents, aux assises générales du bailliage et figuraient, avec tous les gens de justice et le maire, dans les cortèges officiels (1). Ils avaient, en effet, des attributions policières et simplement municipales. C'était eux qui faisaient la police de la ville, d'après un règlement qu'ils avaient eux-mêmes « poursuivi », c'est-à-dire dressé, et c'est en qualité de policiers qu'ils allaient « faire lever » les corps des gens morts sur le territoire de Bar-le-Duc (2). Aussi faisaient-ils la police des marchés et en conservaient-ils chez eux les poids, confisquaient-ils les marchandises des gens « contrevenant aux ordonnances de la Ville » (3); ils visitaient certains objets, fixaient le prix de certaines denrées, examinaient les bêtes avant de permettre aux bouchers d'aller les abattre au Tribel, devaient être avertis quand les hôteliers recevaient du vin étranger (4). Par suite, ils s'occupaient à la fois de l'assistance publique, de l'hygiène et des approvisionnements : dans les temps de disette, ils visitaient les grains qui se trouvaient dans Bar afin d'en faire donner aux pauvres, recevaient les provisions qui devaient être distribuées à ceux de l'hôpital et y faisaient entrer les pauvres étrangers (5); en cas d'épidémie, ils conduisaient les pestiférés aux loges et les fai-

de 1587 : *B. 570*, f° 155 v°. *CC1*, comptes municipaux de 1582-85, f° 73 v°; de 1586-88, f° 63 et de 1590-93, s. p. Ils étaient quatre et avaient des attributions de police depuis le début du xve siècle au moins : Duvernoy, *Les corporations*, p. 5-6, et ressemblaient aux « quatre de la Ville » de Nancy : Pfister, *Histoire de Nancy*, t. I, p. 155-6.

(1) V. plus haut, p. 263, note 4. — *Journal* de le Marlorat, en 1624, p. 154.

(2) *CC1*, comptes municipaux de 1573-75, f° 35 et de 1596-98, fos 70 v° et 171. — Comptes domaniaux de 1587 : *B. 570*, f° 179 v°.

(3) Comptes domaniaux de 1575 : *B. 909²*, f° 17 v°. — *CC1*, comptes municipaux de 1573-75, f° 32.

(4) Privilèges de la Ville haute, 1444 : *B. 228*, fos 48 et 50. — Ordonnance du 27 juillet 1573 et confirmation de 1576 : *Ms. 1⁴°*, *s. a.*

(5) *CC1*, comptes municipaux de 1582-85, f° 73 v°. — Comptes domaniaux de 1574 et 1597 : *B. 909¹*, f° 16 v° et *911¹*, f° 42 v°.

saient nourrir ; enfin, en cas de guerre, ils fournissaient aux troupes de passage les munitions nécessaires (1).

A côté de ces personnages isolés, la ville de Bar-le-Duc avait des organes collectifs d'administration dans les assemblées qui étaient particulières ou générales. Les *assemblées particulières*, relatives à un quartier ou un carrefour, furent convoquées durant tout le xvie siècle par chaque gouverneur comme il l'entendait, sans en avertir les agents du duc (2). Elles avaient lieu parfois les dimanches ou jours fériés à l'issue des vêpres, le plus souvent, semble-t-il, le soir du jour où il survenait quelque affaire importante et elles se tenaient d'ordinaire dans le corps de garde du carrefour, après que le portier en avait fait « la semonce » « de pot en pot », c'est-à-dire convoqué individuellement chaque chef de ménage (3) ; nous connaissons celle de la Ville haute, qui se tenait peut-être dans le corps de garde de la Porte-au-Bois, et celle de la Neuve ville, qui se tenait sûrement dans celui de la Porte (4). Ces réunions étaient sans doute présidées par le gouverneur qui y avait fait « assembler ceux de son carrefour » pour délibérer de leurs affaires » (5) ; elles s'occupaient de la police, des finances et des droits particuliers à ce carrefour : ainsi, elles en nommaient certainement les portiers, probablement le gouverneur, et les autres fonctionnaires locaux (6),

(1) *CC1*, comptes municipaux de 1586-88, f°s 63 à 64, 66 et 72 v°; de 1590-93, s. p.

(2) Règlement de 1606 : *B. 255*, f° 158 et v^{o}.

(3) Actes des assemblées de quartier de la Neuve ville des 31 août 1625 et 5 septembre 1635 : *Fonds de Marne* cité plus haut, p. 272, note 1. Cf. Konarski, p. 146-7 et 157-8.

(4) Actes des 18 mai 1552 et 8 juillet 1596 : *Ms. I^{39}*, *s. a.*, et *CC1*, comptes de 1593-95, f° 4. — Acte du 5 avril 1599 : *Cartulaire Vincent*, f° 30 v°, cité par Bellot, p. 416. Aucune de ces dates ne correspond à un dimanche.

(5) Réglement de 1606 cité ci-dessus, note 2.

(6) Acte de 1552 cité ci-dessus, note 4. Cf. Konarski, p. 157. Les actes de 1625 et 1638, cités ci-dessus, note 3, ne parlent que de la nomination de trois personnes, qui doivent être soumises à l'assemblée générale pour y choisir le maire, et proposent d' « élire les gardes des vignes ». Cf. Fourier de Bacourt, *art.* cité, p. 33.

décidaient des « jets, collectes ou levées de deniers » le concernant, s'occupaient des propriétés qu'y possédait la Ville pour les conserver ou les aliéner et réclamaient des avantages en faveur de ses intérêts (1). Les assemblées particulières préparaient évidemment le travail des assemblées générales.

Ces *assemblées générales* représentaient « la communauté » de la ville ou des habitants, qu'on appelait aussi « corps communal » ou « république de Bar » (2) ; elles réunissaient la plus grande partie des habitants, sans distinction d'ordre, sur la convocation des sergents de ville ou de mairie et sans aucune intervention des pouvoirs publics (3). Elles avaient lieu en toute saison, d'ordinaire le dimanche, peut-être parfois le matin, mais de préférence l'après-midi (4) ; l'endroit de réunion était quelquefois à la Ville haute, à l'Auditoire ou au Château (5), mais le plus souvent à Bar-la-Ville, sous les ormes de l'église Notre-Dame. Les bourgeois s'y tenaient sans doute « debout parmi les tombes », tandis que les officiers municipaux s'asseyaient sur « quatre grands bancs de bois de chêne », placés « près d'une table de bois grossier » établie « au pied de la croix » (6). Ces officiers étaient : le maire, assisté du procureur-syndic et du contrôleur, les gouverneurs des quartiers, probablement l'échevin de la paroisse et le gouverneur de la boîte du purgatoire, deux notaires et sans doute

(1) Actes de 1596, 1606, 1625 et 1599 cités ci-dessus. Lettres-patentes de 1561 : Arch. de Meurthe-et-Moselle, *B. 33*, f° 315.

(2) *CC1*, comptes de 1582-85, f°s 2 et 3 v°. Acte de 1576 : *B. 228*, f° 150 v°.

(3) Actes de 1635 et règlement de 1606 cités ci-dessus.

(4) Sur 21 assemblées générales dont nous avons trouvé la date de 1574 à 1601 et dont la plupart sont postérieures à 1594, 14 ont été tenues le dimanche, 3 le samedi, 2 le vendredi et 2 le lundi.

(5) A l'Auditoire, le 30 novembre (Saint-André), 1583 ; au Château (peut-être à la Tour Carrée, comme le 8 mars 1628 : *Ms. 242*, p. 37), le 18 octobre 1589 et le 18 janvier 1591 : *CC1*, comptes de 1582-85, f°s 3 v° et 91. Fourier de Bacourt, *art.* cité, p. 27. Ces dates correspondent à deux mercredis et un vendredi.

(6) Konarski, p. 129. *CC1*, comptes de 1582-85, f° 72 v°.

les autres personnages qui devaient prendre une part importante à la discussion. Le syndic, peut-être soutenu par le maire, faisait les propositions; on votait et les notaires rédigeaient les actes de l'assemblée, pour en donner copie au maire et à chacun des gouverneurs [1]. Malgré leur nom, les assemblées générales ne pouvaient réunir toute la population; aussi, quand on avait besoin de son avis au complet, chargeait-on deux personnes, dont au moins un notaire, de « colliger », « de pot en pot », les voix des habitants de tous les carrefours et d'en faire rapport à la prochaine séance; quelquefois l'assemblée, après avoir décidé certaines dépenses, élisait quelques bourgeois pour surveiller l'emploi de cet argent [2].

Les assemblées générales s'occupaient de toutes les affaires qui intéressaient la communauté, sur lesquelles elles faisaient des ordonnances, comme celle qui concernait les « droits de bienvenue » à faire payer aux « nouveaux bourgeois » [3]. Elles nommaient tous les fonctionnaires de la Ville : le maire et probablement tous ses auxiliaires, syndic et contrôleur, peut-être les évardeurs, à peu près sûrement les fonctionnaires de la paroisse. Elle sauvegardait et utilisait tous les droits de la Ville, en envoyant à Nancy réclamer pour ses affaires, en engageant au besoin des procès au nom de la communauté, en faisant pêcher dans l'Ornain là où la Ville en avait le droit [4], en réclamant les terrains usurpés « sur les usages de la Ville » et en faisant soit céder ces terrains à bail ou en vente, soit vendre la terre labourable qu'on y enlevait [5]. L'assem-

(1) Acte de 1635 cité plus haut, p. 289, note 3. *CC1*, comptes de 1593-95, f° 74 v° et de 1596-98, f° 73 v°.

(2) *CC1*, comptes de 1573-75, f° 32 et v°. *Id.*, 1596-98, f°s 81, 83, 84 et 85. Les « élus » ne paraissent pas être la même chose que les « notables » avec lesquels les maires et les gouverneurs avaient parfois « avisé » des intérêts de la ville. *Id.*, 1573-75, f° 2 v°.

(3) *Ibid.*, f° 43.

(4) *CC1*, comptes de 1596-98, f°s 72 v°, 77 et v°; de 1573-75, f°s 32 v° et 33.

(5) Actes de 1586, 1596 et 1601 : *Cartulaire Vincent*, f°s 38 v° et 39, 43 v° et 44. *CC1*, comptes de 1582-85, f° 42.

blée générale décidait de toutes les tailles à jeter sur la Ville, qu'il s'agît d'une épidémie de peste, d'une entrée du duc ou d'un don à faire au bailli (1), de processions extraordinaires ou de réfections aux édifices paroissiaux et communaux; d'ailleurs, elle s'occupait de tout ce qui concernait la paroisse et le culte, comme le salaire des prédicateurs (2).

II

La population ouvrière et la vie économique.

§ 1. — *Les artisans et l'industrie.*

Au-dessous des bourgeois venaient les travailleurs manuels, manouvriers, agriculteurs et artisans. Nous n'avons pas trouvé à Bar-le-Duc de laboureurs, comme il y en avait dans les localités voisines, ni de jardiniers, ce qui prouve, croyons-nous, non qu'il n'en existait pas, mais que ceux qui cultivaient les champs et les jardins n'exerçaient pas uniquement ce métier, car il y avait peu de petites familles qui ne possédât son champ et son jardin ou ne cultivât ceux des autres; au contraire, il y avait beaucoup de vignerons et plus encore d'artisans. Nous n'avons aucun renseignement sur la condition des vignerons : sans doute la plupart d'entre eux travaillaient pour le compte des propriétaires, mais il semble qu'un certain nombre cultivaient leurs propres vignes. Nous sommes beaucoup mieux renseignés sur les professions des artisans : elles concernaient l'alimentation, le vêtement, l'habitation, le bois, les métaux et différentes spécialités (3).

Au point de vue de l'alimentation, on trouvait à Bar,

(1) *CC1*, comptes de 1596-98, f°s 2-3, 89 et 23 ; de 1593-95, f°s 45 à 46, 50 et v°.

(2) *Id.*, comptes de 1582-85 et de 1586-88, f° 57 ; cf. plus haut, p. 215, note 4.

(3) Nous ne donnons pas de référence sur tous les métiers déjà mentionnés en passant ou dont nous parlerons plus bas, à propos de l'industrie ou du commerce.

au XVIe siècle, des *meuniers* qui fournissaient la farine, des talmeliers, des boulangers et des pâtissiers qui l'utilisaient : les *talmeliers* paraissent n'avoir cuit que le pain noir, tandis que les *boulangers* et les *pâtissiers* faisaient du pain bis ou du pain blanc et sans doute des gâteaux et des pâtés (1). A côté de ces métiers du blé venaient ceux de la viande, comprenant les *bouchers*, qui vendaient la viande de bœuf, de veau et de mouton, les *tripiers* qui en débitaient les viscères et peut-être les têtes, les *pêcheurs* qui vendaient le poisson de rivière qu'ils avaient pris et sans doute le poisson de mer qu'ils faisaient venir des Pays-Bas. La bière était fabriquée par les *brasseurs;* le vin fait par les vignerons, était utilisé aussi par les *vinaigriers* (2) ; il y avait aussi des *huiliers*, qui paraissent avoir été en même temps « chandeliers », c'est-à-dire fabricants de chandelles (3).

Presque tous les métiers de l'habillement paraissent avoir été représentés : le chanvre et le lin étaient utilisés par des *cordiers* et surtout des *tisserands* de toile et des *lingères* (4); la laine passait entre les mains des *drapiers*, des *teinturiers*, des *tailleurs* d'habits d'hommes et de femmes ou couturiers, on trouvait, au moins, un « *casaquier* » pour les costumes d'étoffes précieuses et un *brodeur* pour les ornements; les cuirs passaient entre les mains des *tanneurs*, des *corroyeurs*, des *cordonniers* et des *savetiers* qui faisaient et réparaient les chaussures, et des *selliers* qui fabriquaient, non seulement les harnais des chevaux, mais tous les ouvrages artistiques où entrait le cuir ; les peaux étaient travaillées par les *pelletiers* ou fourreurs et les coiffures d'hommes, de femmes et d'enfants, fabriquées par les *chapeliers* et les *bonnetiers*.

Les métiers du bâtiment n'étaient pas moins développés

(1) Ordonnance du 16 juin 1598 : Arch. de Meurthe-et-Moselle, *Bar, Ville et Faubourgs*, n° 77 (*B. 255*). Il est question de tartes dès le XIVe siècle, Duvernoy, *Corporations*, p. 23.

(2) Annales, 24 mars 1590 : *Ms*. 53, f° 17. *CC1*, comptes de 1582-85, f° 44.

(3) Citées dans l'ordonnance de la note 1.

(4) *CC1*, comptes de 1582-85, f° 81 v° et 1596-98, f° 88 v°.

à Bar : on y trouve des *maçons*, dont les uns étaient de simples constructeurs, tandis que d'autres remplissaient les fonctions d'architectes et de sculpteurs; des *charpentiers* et des *couvreurs* en tuile ou en ardoise; des *potiers de terre* qui étaient à la fois briquetiers et fumistes, tandis que les *potiers d'étain* fabriquaient des vases et des mesures de capacité (1); des *peintres* qui étaient à la fois, comme dans nos villages d'aujourd'hui, verriers, peintres en bâtiments et décorateurs, parfois même artistes (2). A côté des charpentiers, il y avait des *menuisiers* qui fabriquaient des meubles, lits et châlits, bancs et chaises, tables et dressoirs, armoires et coffres, et des *tonneliers* qui faisaient des tonneaux ; les autres travailleurs du bois étaient les *rouyers*, ou charrons, qui fabriquaient ou réparaient des voitures (3).

Les métiers du bois étaient probablement bien moins développés que ceux du fer et des autres métaux. Le fer était travaillé en gros par les *maréchaux* et les *cloutiers*, tandis que les *serruriers* s'occupaient d'ouvrages plus délicats pour l'intérieur des maisons, comme « serrures, clefs, verrous, crampons, bandes, barreaux » et clenches (4); l'acier était trempé et utilisé par les *couteliers* et les *taillandiers*, dont les émouries étaient toujours situées sur le bord des eaux courantes, et par les *armuriers* dont l'un au moins était « harquebutier » et possédait un « tour à forer harquebuses », tandis que d'autres étaient *éperonniers* (5);

(1) V. plus haut. *CC*1, comptes municipaux de 1596-98, f°s 85 et 86 v°. Comptes domaniaux de 1597 : *B. 577*, f° 44.

(2) Outre Claude Gilbert déjà cité, peintre du Château, on trouve, dans les comptes de 1556, Nicolas Wory qui fabriqua des écussons pour la galerie du château de Louppy : *B. 1377*, f° 77 v°; en 1599, Zacharie Rodouan peindra aussi des armoiries et fera différentes « pièces de peintures » à la Porte-aux-Bois et à la porte Phulpin pour l'entrée de Catherine de Bourbon : *CC1*, comptes de 1596-98, f° 81 et v°.

(3) Comptes de 1574 et 1595 : *B. 568*, f° 195 et *910*2, f° 40.

(4) Règlement de 1572 : Arch. de Meurthe-et-Moselle, *B. 42*, f° 181 v°.

(5) *CC1*, comptes municipaux de 1573-75, f° 16. Comptes domaniaux de 1583 : *B. 874*, f° 60 v°. Acte de 1578 : *B. 228*, f° 150 v°. — Acte de 1592 : *Cartulaire Vincent*, f° 62.

ceux qui se servaient du cuivre étaient les *maigniers* ou *maigniens* et sans doute les « esplingiers », qui faisaient peut-être des épingles et des aiguilles (1).

A côté de ces métiers un peu grossiers, il y en avait d'autres d'un caractère plus artistique. Bar-le-Duc possédait au moins trois *horlogers*, dont deux travaillaient pour le duc : l'un Joachim de la Garde, était horloger du Château ; l'autre, Claude Desrues ou de Ruelz, refaisait les « andiers de cuivre du Château » de Bar et allait réparer l'horloge de celui de Louppy (2) ; il y avait au moins deux orfèvres, qui travaillaient l'or et l'argent, mais peut-être d'une façon moins fine que ceux de Ligny. On peut encore citer, pour achever l'énumération des métiers que l'on trouvait à Bar, les *merciers* qui vendaient de petits objets de première nécessité, comme des articles de quincaillerie et d'épicerie (3) ; les *taverniers* et *hôteliers*, qui vendaient à boire et à manger ; les *voituriers* et les *courriers*, qui assuraient les communications.

Tous ces artisans étaient-ils réunis dans certaines rues, comme cela se faisait dans les grandes villes de France, mais comme cela n'avait pas lieu à Nancy (4) ? Des noms comme les Clouyères, la rue des Maréchaux et la rue des Tanneurs, auxquels paraissent correspondre certaines professions (5), permettent de l'avancer pour quelques métiers du drap, du cuir et du fer qui, sans doute parce qu'ils avaient besoin de beaucoup de place et du voisinage de l'eau, s'étaient établis surtout dans les faubourgs et au bord du canal des Usines ou des fossés d'Entre-Deux-

(1) *CC1*, comptes municipaux de 1573-75, f° 47 ; comptes paroissiaux de 1584-85 : *GG*, n° *55*, f° 82. — *CC1*, comptes municipaux de 1582-85, f° 44 ; comptes domaniaux de 1595 : *B. 910²*, f° 15.

(2) Comptes domaniaux de 1572 et 1582 : *B. 567,* f° 196 et *1390*, f° 43 ; *CC1*, comptes municipaux de 1573-75, f° 23.

(3) Cf. Duvernoy, *Corporations*, p. 28, col. 1.

(4) Pfister, *Histoire* citée, t. II, p. 608.

(5) Encore cela peut-il provenir de survivances comme les Foulans et surtout la rue des Étuves (V. plus haut p. 169, note 4), car nulle part nous n'avons trouvé mention d'étuviers ni même d'étuves ; si les bains subsistaient, peut-être étaient-ils aux-mains des barbiers.

Ponts; quant aux autres métiers, qui n'étaient pas soumis aux mêmes nécessités ou n'avaient pas assez de représentants, ils étaient certainement isolés, mais généralement exercés en dehors des murs de la ville, où les artisans trouvaient à se loger à meilleur compte.

S'ils n'étaient pas tous rapprochés matériellement les uns des autres, ces métiers avaient une organisation identique : ils étaient moralement groupés en corporations, doublées de confréries religieuses. Les *corporations* ouvrières du Barrois s'étaient formées dès la fin du XVIe siècle, avant celles de Lorraine; elles étaient complètement organisées à la fin du XVIe siècle, où on se borna, semble-t-il, à reviser leurs statuts et à spécialiser leurs fonctions. Ainsi Bar-le-Duc avait vu successivement s'organiser des corporations de drapiers, de bouchers, de cordonniers et de tanneurs, de barbiers et de chirurgiens, de tisserands de toile, de maréchaux, de couturiers ou tailleurs, de menuisiers et de tonneliers (1); à partir du milieu du XVIe siècle, nous ne trouvons plus que quelques règlements confirmant, dans leurs articles essentiels, les dispositions antérieures pour les menuisiers, les tonneliers (2), les maréchaux, les serruriers (3), les boulangers et les talemeliers; les métiers qui nécessitèrent le plus de changements furent, semble-t-il, ceux du cuir : il existe deux règlements sur les cordonniers (4) dont se séparent probablement les selliers (5), la seule nouvelle corporation dont nous ayons relevé l'établissement pendant la période que nous étudions. Il n'y a, semble-t-il, qu'une corporation, celle

(1) Cf. Duvernoy, *Corporations*, p. 12 et surtout 6 à 10.

(2) Lettres de 1561 : Arch. de Meurthe-et-Moselle : *B. 33*, f°s 327-9.

(3) Règlement de 1572 cité plus haut, p. 294, note 4.

(4) Vidimus d'un règlement du duc pour les maîtres cordonniers de Bar, 13 septembre 1593 : *Invent. de Lorraine*, t. III, f° 106, n° *298*, cité *Ms. I[20]*, *a. s.*, 1386. Ordonnance de 1598 citée p. 293, note 1.

(5) Règlements des 14 avril et 6 octobre 1594 : *B. 255*, f° 175. Entérinement des « lettres d'établissement de maîtrise et règlement en l'état des selliers octroyés par le duc aux maîtres et compagnons de la Ville et faubourgs de Bar » : *268*, f° 58.

des pêcheurs, dont on ne puisse relever la date (1).

Au début des temps modernes, les corporations barrisiennes ressemblaient beaucoup à celles du moyen âge : elles continuaient à porter le nom de *han* ou *ham* (2), qui rappelle le mot germanique de hause, et à réunir des artisans dont les métiers étaient différents, bien qu'apparentés : ainsi la corporation des *maréchaux* englobait tous les gens qui travaillaient le fer et sans doute celle des *charpentiers* tous ceux qui utilisaient le bois (3). Toutefois, les corporations se spécialisaient en même temps que les professions se développaient : ainsi, vers 1561, les serruriers se séparaient des maréchaux et des cloutiers ; si, à l'origine, les travailleurs du cuir formaient une seule et même corporation, les cordonniers étaient sûrement séparés des tanneurs et des corroyeurs en 1594 et les selliers allaient former une corporation distincte en 1598, en attendant que les savetiers les imitassent bientôt (4) ; vers la même époque, les boulangers et les talemeliers ne paraissent jamais s'être confondus avec les meuniers et les pâtissiers (5). Sauf ces différences, l'organisation des corporations paraît être restée stationnaire depuis deux siècles ; c'est pourquoi il nous a moins paru utile de la décrire en

(1) V. plus haut, p. 254, note 4. — De même pour les merciers : l'*Inventaire* de Dufourny, t. III, f° 92, contient une sentence du bailli de Bar, de 1382, « pour les maîtres et confrères de la mercerie de Bar » : *Ms. 1*[30], *s. a.* 1384.

(2) Nous ne l'avons pas trouvé au XVIe siècle, mais en 1605 et 1613 pour les teinturiers et les savetiers : *B. 268*, f°s 98 et 179.

(3) Le règlement cité ci-dessus, p. 294, note 4, parle des « gens du métier de maréchal et *autres gens tenans* fer à Bar ». Cf. Duvernoy, p. 10, col. 1. — D'après la coutume de tenir l'échelle au moment des exécutions, citée plus bas, à propos des exécutions criminelles, il semble que les couvreurs étaient compris dans la corporation des charpentiers. Cependant le règlement cité plus haut, p. 296, note 2, ne stipule comme travaux que les tonneaux.

(4) « Interprétation des anciennes lettres pour le métier de savetier à Bar », 1613 : *B. 268*, f° 178.

(5) Les règlements des deux siècles précédents paraissent bien plus variés : Duvernoy, p. 31, col. 2.

détail que de relever les traits qui ressortent des documents contemporains.

En général, tous les travailleurs pouvaient devenir artisans et entrer dans les corporations correspondantes à leur métier, sauf quand l'intérêt public exigeait qu'on restreignît le nombre des gens qui exerçaient les métiers essentiels, comme ceux qui avaient trait à l'alimentation; d'ordinaire l'autorité se bornait à prendre des mesures pour empêcher la concurrence que les mêmes métiers pouvaient faire à ceux de la ville dans les villages de la prévôté de Bar (1). Tout métier comprenait trois sortes de travailleurs : les apprentis, les compagnons et les maîtres; mais nous sommes assez mal renseignés sur le recrutement, les fonctions et le salaire de chacun d'entre eux. Pour devenir *apprenti* ou *compagnon*, c'est-à-dire ouvrier, il fallait payer un droit d'entrée, ou *bienvenue;* ce droit était, pour l'apprenti, égal à celui que payaient les étrangers et, pour le compagnon, bien inférieur (2). Pour devenir maître, c'est-à-dire patron, on devait parfois faire un chef-d'œuvre, mais assez rarement, semble-t-il (3); au contraire, il fallait toujours prêter serment de travailler d'une manière convenable et honnête et payer un droit assez élevé : ce droit était singulièrement réduit quand il s'agissait d'un fils de maître; ainsi la condition des patrons était-elle souvent héréditaire (4). Chaque corporation comprenait, par suite, un assez grand nombre de travailleurs; elle était dirigée par un personnage appelé « maître », *doyen* ou évardeur (5), qui était nommé généralement pour trois

(1) Ex. pour les talemeliers et les cordonniers.

(2) Ex. pour les maréchaux 20 sols et 3 gros, pour les serruriers 1 franc et 5 gros.

(3) Nous n'en trouvons que chez les cordonniers et les serruriers.

(4) Ex. le compagnon ordinaire 60 sols, le fils d'un maître 5, pour être reçu « pêcheur maître ». Comptes de 1579 et de 1572 : *B. 719*, *Inventaire* imprimé et *746*, f° 46. — V. plus haut, p. 273, note 3 et p. 278, note 2 pour les apothicaires et les maçons.

(5) Dans les métiers importants, ces fonctions pouvaient être au moins dédoublées : les comptes de 1574 mentionnent « Joachim de la Garde, *maître* serrurier et *deux évardeurs* dudit métier ». *B. 568*, f° 211.

ans par les gens du métier. Ce doyen levait les droits dus par les nouveaux ouvriers ou par ceux qui s'élevaient d'un degré en leur condition et rendait compte de sa gestion dans des assemblées qu'il convoquait et présidait; il faisait aussi, en qualité d'évardeur, la police du métier dont il était le « maître » suprême, apposant sa marque aux produits faits selon les règlements et frappant ceux qui y contrevenaient d'une amende dont le chiffre tendait à augmenter en même temps que l'argent diminuait de valeur et qui était versée, en partie au duc, en partie à la confrérie (1).

Celle-ci était l'aspect religieux de la corporation laïque; dans le Barrois comme en Lorraine, la *confrérie* était même née avant la corporation et continuait à la précéder : tant que la foi resta vive, du moyen âge au XVIIe siècle au moins, les membres des diverses professions se réunirent en confréries religieuses avant de faire reconnaître leur personnalité civile; c'est ce que nous avons vu pour les sergents et les avocats (2). Aussi, à la fin du XVIe siècle, toute corporation est-elle en quelque sorte doublée d'une confrérie : presque chaque métier avait sa bannière qu'elle déployait dans les processions et son patron consacré, comme les forgerons et les serruriers saint Éloi, les tailleurs ou couturiers saint Louis, les pêcheurs saint André, auxquels était dédiée une des chapelles de l'église paroissiale (3); le jour de la fête de ce patron ou à la mort d'un des confrères, ceux-ci assistaient à l'office dans cette chapelle, puis ils s'assemblaient en des banquets ou « pâts », dans un hôtel de la ville, mais, d'ordinaire, il leur était recommandé de ne pas trop réunir « en tavernes, sous ombre de confrérie » (4). La veille ou le jour même

(1) Celles des meuniers passent de 5 à 40 sols, dont la moitié pour le duc.

(2) Duvernoy, *Corporations*, p. 24, col. 1. Pfister, t. II, p. 606. — V. plus haut, p. 272, note 4.

(3) V. leur énumération dans Bellot, p. 361-2. Cf. Duvernoy, p. 25, col. 1.

(4) Règlement des menuisiers.

de leur fête, les confrères élisaient le doyen et procédaient à la vérification de ses comptes : dans la caisse ou « boîte » de la confrérie entraient, avec le prix d'affiliation à la corporation, le produit du droit que l'on payait pour faire partie de la confrérie; cet argent servait, non seulement aux intérêts matériels, mais aux intérêts moraux des membres, puisque, en cas de décès d'un d'entre eux, les autres assistaient à son enterrement et s'efforçaient d'aider ou de placer ses enfants (1) : la religion, ici encore, était étroitement unie à la vie civile et aboutissait naturellement à la bienfaisance.

Nous connaissons aussi mal l'état et le développement de l'industrie à Bar-le-Duc à la fin du XVIe siècle que nous apercevons bien sa forme et ses cadres; nous ne savons pas bien, en effet, quelles étaient les industries les plus pratiquées et qui faisaient la renommée de la ville, tandis que nous pouvons donner une énumération approximative des métiers qui y étaient pratiqués et que nous connaissons à peu près leur organisation en corporations et en confréries (2); il nous manque, en effet, une statistique numérique qui, seule, nous ferait connaître l'importance relative des différentes professions : aussi, en l'absence de tout renseignement positif, sommes-nous réduit à procéder par conjecture. D'après ce que nous pouvons entrevoir de l'état de l'industrie avant et après le XVIe siècle (3), nous croyons que les industries alimentaires étaient peu répandues à Bar, en dehors du vin que nous étudierons tout au long plus loin, tandis que la fabrication des draps et des toiles, des cuirs et des armes était assez développée.

Parmi les spécialités alimentaires de Bar-le-Duc figuraient, à côté des vins, les *pâtés* de truites et peut-être les confitures. Au milieu du XVIIIe siècle, en même temps que les coteaux voisins de la ville produisaient « des vins fort

(1) Règlement des serruriers. Cf. Duvernoy, p. 23-28.

(2) Encore ne savons-nous pas toujours si telle corporation s'étend seulement à toute la Ville ou encore à la prévôté entière.

(3) Sur les industries au moyen âge et au XVIIe siècle, v. Duvernoy, p. 32-39 et Konarski, t. II, p. 214.

estimés », l'Ornain fournissait « de fort bonnes truites » (1); il en était de même deux siècles auparavant : on faisait, sous Charles III, avec ces truites, peut-être aussi d'autres poissons, et avec le gibier qui abondait dans les forêts, des « pâtés de pays », fort estimés, non seulement à la Cour du duc, mais encore dans les hôtels de la ville (2). En était-il de même des *confitures?* Nous l'ignorons, mais nous inclinons à le croire : dès le xve siècle au moins, on fabriquait à Bar des confitures qu'on enfermait dans des étuis de bois couverts de cuir que, vers le milieu du siècle suivant, Marie Stuart appelait « un rayon de soleil dans un piot » (3); mais c'est tout ce que nous en savons, car jamais nous n'avons trouvé mention de groseilles : comme le sucre qui entrait dans leur fabrication coûtait fort cher, leur usage était peut-être réservé aux grands ou aux malades et, en tout cas, les confitures de Bar n'étaient pas encore renommées en dehors de la ville même.

Nous ne sommes malheureusement pas beaucoup mieux renseignés sur les grandes industries de Bar, qui paraissent avoir été l'industrie textile, la mégisserie et la métallurgie. La première comprenait le tissage de la laine et du chanvre, dont la matière première était sans doute fournie par les moutons de Champagne et les chènevières du Barrois ; mais au xvie siècle, le travail de la laine paraît avoir été détrôné par celui du chanvre. Sans doute, il y avait toujours, du côté des Clouyères, des ouvriers qui fabriquaient, avec de la laine, à grand renfort d'opérations compliquées, des draps solides ou de l'enversin (4), et nous voyons qu'on vendait à Bar, à côté de la tiretaine ou drap grossier, servant à faire des vêtements ouvriers et des couvertures,

(1) D. Calmet, *Notice* citée, col. 66.

(2) Comptes de 1572 : *B. 566*, f° 146 v°. Cf. plus haut, au sujet de la réception du 1er mai 1563 et plus bas, à propos des hôtelleries.

(3) Comptes de 1420 et de 1507, cités *Bull. de la Soc. d'archéologie lorraine*, 1882, p. 199, note 1 (d'après *B. 494*, f° 153), et par Lepage, *Les communes de la Meurthe*, p. 180. Le mot de Marie Stuart est rapporté par D. Laumonier, *Écho de l'Est*, 23 avril 1914, f° 2, col. b.

(4) Duvernoy, p. 32-36. Le « drap de Bar » servait, en 1480, à habiller un « lionnier » du roi René : Loisel, *Histoire des ménageries*, p. 243.

des draps fins pour fabriquer des costumes de cérémonie ou des manteaux [1]; mais rien, dans les rares textes où il en est question, ne nous permet de croire que le travail de la laine, qui, au moyen âge, formait le fond de l'habillement, était aussi développé à Bar-le-Duc que deux siècles auparavant : peut-être même la ville avait-elle perdu le premier rang pour la fabrication de ses étoffes, car beaucoup de marchands viennent vendre du drap à Bar des localités voisines et c'est à Saint-Mihiel que Charles III établit un « visitateur général » de la draperie du duché [2]. Au contraire, le travail de la toile se développait avec la culture du chanvre et l'emploi du linge de corps : les tisserands fabriquaient, d'après un règlement très compliqué, des pièces de toile servant à faire des « linceuls » ou draps de lit, des nappes et des serviettes, des chemises et des vêtements légers [3]; le duc affermait l'impôt des toiles qui se transportaient hors du duché, mais celui-ci ne fabriquait pas les « toiles de chasse », sans doute beaucoup plus solides, car on les faisait venir de Champagne [4].

Les industries du cuir et du fer à Bar-le-Duc nous sont à peine connues; mais nous pouvons induire leur développement de l'existence des règlements qui les concernent et des conditions où elles se trouvaient. Le travail du cuir devait être assez répandu à la fin du XVIe siècle et au début du XVIIe, puisque les cordonniers obtiennent des lettres-patentes, que les savetiers vont s'en séparer et que déjà les selliers l'ont fait; d'ailleurs, le Barrois, étant un pays d'élevage, couvert en partie de forêts de chênes et bien arrosé, avait tout ce qu'il fallait pour développer cette industrie [5]; aussi y avait-il dès tanneurs le long du

(1) V. plus bas, à propos de l'hôpital, et plus haut, p. 283, note 5.

(2) V. plus bas, p. 311, note 2. — Lettres de 1595 : *B. 255*, f° 214.

(3) Règlement de 1598 et acensement de 1619 : *B. 255*, f° 106 v°; *268*, f° 211.

(4) Règlement de 1596 et comptes de 1572 : *B. 268*, f° 77; et *566*, f° 143.

(5) Duvernoy, p. 37-38. Au XVIIIe siècle, on y joignait le flottage des

canal des Usines et de l'Ornain, à la Neuve ville et à Bar-la-Ville; des cordonniers qui fabriquaient des souliers et sans doute des pantoufles (1); des selliers, occupés certainement à fabriquer des harnais pour les nombreux chevaux de la Cour et des nobles. Quant à l'industrie métallurgique, elle était forcément en progrès, puisque les serruriers avaient cru devoir se séparer des maréchaux et que les couteliers ou les armuriers se faisaient construire des émouries le long du canal des Usines, de l'Ornain ou des fossés de la Neuve ville; mais elle était moins bien pourvue que la mégisserie sous le rapport de la matière première, qu'elle devait faire venir des forges de l'Ornain ou de la Saulx: aussi s'occupait-elle à peu près uniquement de transformer la fonte ou le fer en acier ouvré; les arquebusiers, les artilleurs et les canonniers devaient fabriquer ou, tout au moins, réparer les arquebuses à croc, les fauconneaux et autres pièces de siège (2); les armuriers et les couteliers devaient certainement, vers la fin du XVIe siècle, comme au commencement du siècle suivant, s'occuper à « forger des lames d'épée, de poignard et couteaux de bonne longueur » (3) pour les nobles et les gens de guerre : ce travail avait sans doute lieu, comme plus tard, surtout dans la rue des Maréchaux, c'est-à-dire le faubourg d'Entre-Deux-Ponts, où l'on travaillait, au milieu du XVIIe et au début du XVIIIe siècle, « à toutes sortes d'ouvrages d'acier », notamment à des lames et des poignées d'épée d'un caractère artistique (4). Enfin, les couteliers ordinaires fabriquaient les couteaux, les canifs, les ciseaux, les

bois : Konarski, *loc. cit.;* mais, sans doute, l'Ornain avait été rendu flottable. Nous ne trouvons pas la mention de « pièces de bois » à Bar avant 1615, *Annales*, *s. a.*, et ce n'est guère qu'au XVIIe siècle que les voies de communication paraissent avoir été l'objet de soins particuliers : Digot, t. V, p. 124-5.

(1) V. plus bas, à propos de l'hôpital.

(2) V. plus haut, p. 294, note 5, et plus bas, au sujet de l'armée.

(3) Autorisation de 1629 : *B. 262*, f° 830.

(4) Textes s. d. et de 1724, cités par Bellot, p. 264 et 393 ; voyage de 1655, cité *Ms. I^44^*, *s. a.*

poinçons et, sans doute, les épingliers fabriquaient les aiguilles aussi bien que les épingles (1).

Quoi qu'il en soit, si Bar-le-Duc avait à peu près toutes les industries que lui valaient ses ressources propres et sa situation, que nécessitaient son rôle de capitale du duché, le séjour de la Cour, l'habitation de nombreux nobles et de riches bourgeois, elle ne peut, même au XVIe siècle, passer pour une ville industrielle : c'était beaucoup plutôt une ville agricole et un centre de commerce, et c'est pourquoi nous sommes, pour elle, bien mieux renseigné en ce qui concerne la culture et la marchandise que sur la fabrication des objets.

§ 2. — *L'alimentation et le commerce.*

Dans la seconde partie du XVIe siècle, Bar-le-Duc devait être ce qu'il sera un peu plus tard, « très fertile en bons grains, vin et chanvre » (2). Ces grains paraissent avoir été surtout le blé, l'avoine et l'orge; quant au chanvre, on lui réservait les meilleures terres, qu'on nommait chènevières (3). Nous n'avons aucun renseignement sur la culture des céréales; on devait la pratiquer par assolement triennal et, pour le blé, par marsages (4); nous en avons encore moins sur les légumes, qu'on devait cultiver dans les nombreux jardins situés derrière les maisons ou dans la banlieue de la ville. Le fond de la nourriture étant jadis, comme aujourd'hui, le pain (5), il est certain que le territoire de Bar-le-Duc ne pouvait produire le blé néces-

(1) V. plus haut, p. 259, notes 3-4.

(2) Mémoire de 1618 cité plus haut, p. 186, note 3.

(3) L'orge est citée dans les lettres-patentes de 1572 et les *Annales* au 1er juillet 1583 : Arch. de Meurthe-et-Moselle, *B. 42*, f° 169, et *Ms. 53*, f° 9. — Il est question de chènevières en 1582 et 1601 dans le *Cartulaire Vincent*, f°s 42 et 44.

(4) En 1642, les *Annales* de Bar parleront de « marsages non moissonnés ».

(5) « Pour ce que le fait dudit pain est la plus commune substance pour vie humaine ». Privilèges de Bar, 1444: *B. 228*, f° 48 v°.

saire à la consommation de sa population; mais les greniers du duc devaient y suppléer, quand les marchands n'amenaient pas le grain nécessaire.

Les documents nous renseignent assez bien sur la fabrication du pain. Tous les moulins et les fours de la ville étaient banaux [1], c'est-à-dire relevaient du seigneur qui, à Bar, était le duc. Il y avait au moins quatre moulins, au Bourg, au Moulin-le-Comte, à Couchot et à Marbot, et autant de grands fours qui étaient, par ordre d'importance décroissante, ceux de la Halle, de la rue de Véel, de Couchot et de Marbot; tous ces fours étaient laissés en adjudication, d'ordinaire pour neuf ans, à des fermiers, sauf dans les circonstances anormales, comme en 1587, où Jean Vincent reçut, en gage de ses prêts, l'usage d'une partie des fours de la ville [2]. Sans doute, ces fours étaient chauffés avec du bois de recrue et servaient également à tous ceux qui cuisaient du pain noir, talemeliers [3] ou particuliers, qui devaient payer aux fermiers une redevance proportionnelle à l'importance de leur cuisson. Il y avait, en effet, pour cuire le pain blanc, de petits fours ou « fournels », chez les boulangers et les pâtissiers, qui versaient chacun au duc une somme fixe, plus élevée pour les pâtissiers que pour les boulangers; la Ville haute avait plusieurs des uns et des autres, tous les quartiers, sauf les plus pauvres, avaient des boulangers et même des pâtissiers; il est vrai que ces fournels paraissent avoir été souvent situés chez des hôteliers ou des cabaretiers [4]. Les talemeliers n'avaient pas le droit d'exercer de métier sordide et devaient bien « panager » leur pain et le peser à la balance par livre, demi et quarteron; les boulangers, qui ne pouvaient cuire que du pain

(1) Attestation de la Chambre des Comptes, 1640 : *B. 271*, f° 76 v°.

(2) Comptes de 1584 : *B. 569*, f°s 8 v° à 9 v°. — V. plus haut, p. 247, note 5.

(3) C'est ainsi que le bois de recrue de la forêt de Massonge servait « à l'affouage des fours banaux de Sarney et villages voisins ». Règlement de 1576 : *B. 255*, f° 65. — V. plus haut, p. 253, note 3, et p. 293, note 1.

(4) Comptes de 1584 : *B. 569*, f°s 12 à 13 v°. — Comptes de 1608 et 1632 : *B. 631*, f°s 10 v° à 11 et 117; *643*, f° 216.

blanc ou du pain bis, devaient le vendre « au poids de 16 onces ». Cette vente s'effectuait à tous les endroits où avait lieu le marché et il était permis aux boulangers forains « d'apporter pain blanc en tout temps, afin d'en fournir plus abondamment le peuple », après visite de la marchandise par le doyen des boulangers (1).

La viande venait, dans l'alimentation, après le pain. Les animaux, amenés probablement des villages voisins (2), devaient être abattus au Tribel, après avoir été visités par les évardeurs; il semble qu'on ne pouvait en vendre les tripes ou viscères qu'un jour au plus après l'abatage, la viande qu'un jour et demi après, du Carême à la Saint-Remy, c'est-à-dire au printemps et en été, et deux jours le reste de l'année (3). La vente des tripes était faite par les femmes et celle de la viande par les hommes; elle avait lieu, soit à la Halle, où on trouvait sept étaux à tripes et autant d'étaux à viandes, soit surtout au bord des fossés d'Entre-Deux-Ponts, où il y avait vingt-quatre places (4). Tous les bouchers devaient fournir de viande la Ville haute pendant toute la semaine, après quoi ils avaient le droit d'en conduire à la Ville basse, à condition de ne jamais « avancer leurs étaux au dedans de la fosse ni y jeter ordure » ou détritus; ils ne pouvaient, sous peine de confiscation et d'une amende de 60 sous, vendre les tripes que dans la matinée du dimanche devant l'église Notre-Dame, débiter la viande que le lundi ou le mercredi toute la journée et, le dimanche, du lever du soleil à 8 heures du matin (5). Outre la viande, on consommait beaucoup

(1) Comptes de 1584 cités ci-dessus; ordonnance de 1598, citée plus haut, p. 293, note 1.

(2) Le bailli commanda aux mayeurs « de faire tuer chair et de l'amener vendre à Bar », et trois bouchers de Revigny, Rupt-aux-Nonains et Mognéville vinrent dans la ville « vaquer à la taxe et appréciation de la chair qu'ils devaient débiter » : *CC1*, comptes de 1593-95, f° 42 v°.

(3) Lettres du 25 janvier 1577 : *B. 2972*. — Privilèges cités plus haut, p. 304, note 5.

(4) Comptes de 1570, 1583 et 1584 : *B. 865*, f° 58 et v°; *874*, f° 6 et v°; *569*, f° 14.

(5) Règlements de 1576 et 1577 : *B. 255*, f° 53 v°, et *2972*. Le

de poisson, dont les évardeurs surveillaient la vente au marché : le menu fretin, comme les vairons et les loches, se vendait en tout temps, tandis que le gros poisson et, sans doute, le poisson de mer, morue ou harengs, ne devait se vendre qu'en carême (1). On vendait aussi au marché toutes sortes de victuailles, comme « lait, beurre, fromage, œufs, herbes, pois, fèves et autres légumes, poulets et pigeonneaux » (2), et sans doute des fruits. Quant au sel, importé parfois en fraude de France et amené directement des salines de Lorraine, sans doute par les chevaucheurs des salines, il était gardé dans un magasin qui servait de grenier à sel et débité par les saulniers, d'après des mesures gravées aux armes de la ville (3).

Le vin, s'il passait dans l'alimentation après le pain et la viande, venait bien avant eux dans les préoccupations des Barrisiens. La grande culture du territoire de Bar-le-Duc était, en effet, la vigne, qui garnissait tous les coteaux des environs; sur ceux du Nord-Est, les mieux exposés au soleil, se trouvaient quelques-uns des meilleurs crus, la Vigne-le-Prieur, Cugnot, derrière Notre-Dame, l'Ormicée, le plein de Bar-la-Ville, la Vaulx-le-Comte, la chalaide de Behonne, qui appartenaient soit à des communautés religieuses, soit à la Ville, soit à de riches particuliers (4); au contraire, au Sud-Ouest, au-dessus de la Fontaine Bourrault, près des bois ou des buissons, la vigne était « souvent gelée à cause de l'humidité » qui se dégageait (5). Les plants, soutenus par des paisseaux tirés des recrues des bois de la gruerie, étaient renouvelés par le provignage; le sol, raviné par les orages qui faisaient dis-

premier contient le nom de dix-sept bouchers « qui tiennent étaux à la Ville basse », dont quatre s'appelaient Parisot.

(1) Privilèges de 1444 cités plus haut, p. 304, note 5.

(2) Lettres du 1er octobre 1605 : *Ms. I*[43], *s. a.*

(3) Règlement de 1576; comptes de 1590 et 1573 : *G*[1], f° 334; *B. 571*, f° 185, et *567*, f°s 141 v° à 142. — Comptes de 1591, 1573 et 1570 : *B. 571*, f° 202 v°; *567*, f° 3 v°, et *865*, f° 109.

(4) Ventes de 1585, 1583, 1595, 1598 et 1607 : *DD1*, f° 120; *Cartulaire Vincent*, f°s 60 à 62; Konarski, p. 102.

(5) Acte de 1571 : *B. 229*, f° 59 v°.

paraître la terre sur les pentes abruptes, devait être sans cesse renouvelé : on y conduisait des tombereaux de terre empruntée aux « usages de la Ville » au-dessus de la Fontaine Bourrault (1), c'est-à-dire du côté le plus mal exposé.

La vendange était naturellement l'objet de soins assidus. Quand le raisin commençait à mûrir, on affermait le ban des vendanges ou *ban-vin* et on s'efforçait de protéger la récolte par tous les moyens : en septembre 1587, lorsque les régiments de M. de Lenoncourt furent logés aux faubourgs de Bar, les gouverneurs de la ville chargèrent deux sergents-majors d'empêcher leurs soldats d'aller dans les vignes, où ils avaient déjà fait de grands dégâts; un peu après, lorsque la compagnie de M. d'Artigotty fut envoyée à Rembercourt-aux-Pots, les habitants dépêchèrent à Nancy l'avocat fiscal et le procureur-syndic pour obtenir qu'on ne renvoyât pas les soldats à Bar pendant la vendange, ce que le duc accorda (2). Sans doute, on vendangeait dans des paniers, qui servaient à remplir les hottes d'osier; il est certain qu'on amenait, avec ces hottes, le raisin dans les cuves, tandis que les tendelins de bois étaient réservés pour les grappes abîmées et surtout pour le vin (3).

Des vignes, les cuves remplies de raisin étaient transportées dans les *fouleries* (4), petites constructions situées derrière chaque maison de propriétaire et où on foulait évidemment le raisin avec les pieds, avant de le conduire au pressoir. Les *pressoirs* en bois, réclamant chacun un espace énorme, étaient assez rares à Bar; seuls, d'ailleurs,

(1) Règlement de 1576 : *B. 255*, f° 65. — Acte de 1597 : *Cartulaire Vincent*, f° 61 v°. — *CC1*, comptes de 1582-85, f° 42; 1590-93, s. p. et 1596-98, f° 64.

(2) Comptes de 1574 : *B. 568*, f° 197 v°. *Annales*, aux 24 septembre 1629 et 1er octobre 1632 : *Ms. 53*, *s. a.* *CC1*, comptes de 1586-88, f°s 66 v° et 67 v°.

(3) *Annales*, aux 24 octobre 1580 et 24 octobre 1584 : *Ms. 53*, f°s 6 et 11.

(4) Cf. plus haut, p. 166-8 et 178, surtout pour Jean Vincent; pour le lieutenant général en la gruerie, voir un acte du 20 avril 1601 : *Ms. I41*, *s. a.*

ceux des nobles, qui en avaient reçu l'autorisation spéciale, avaient le droit d'en posséder (1), les autres propriétaires devaient user des pressoirs banaux. Il y avait une dizaine de ceux-ci qui étaient, par ordre d'importance croissante, les deux pressoirs de la Halle, celui du Bourg et les deux de la Neuve ville, celui de Marbot, les deux de la rue de Véel et les deux du Couchot, ces derniers les plus voisins des crus de la côte Sainte-Catherine; comme les fours, les pressoirs étaient affermés à des amodiateurs, qui les prenaient à bail pour douze ans, sauf dans les circonstances critiques où ils passaient à de gros capitalistes, tels que Jean Vincent, aux alentours de 1587 (2).

Une fois pressuré et terminé, le vin était versé dans des fûts fabriqués avec du « marien à vin », c'est-à-dire une sorte de bois dur, tiré sans doute du chêne; le contenu de ces tonneaux, d'après les mesures de Bar, était d'une queue valant 40 setiers, à raison de 4 pots par setier, et d'une feuillette ou demi-queue (3). Des *jaugeurs* assermentés devaient mesurer ces tonneaux et les « seeller sur les bondons », après avoir encaissé la gabelle qui était due par tout marchand de vin en gros ou en détail. Il est probable qu'on conservait aussi des échantillons des meilleures récoltes dans des bouteilles de verre soufflées dans l'Argonne. Le vin était vendu, d'après des prix fixés par les ordonnances, soit dans les tavernes ou auberges, soit « à l'étape », c'est-à-dire à l'entrepôt public, notamment à la Halle, tout près de la place du Marché, dans le voisinage du gros pressoir; il était défendu de tromper, aussi bien sur la qualité que sur la quantité, en baptisant les vins d'un nom étranger à leur pays d'origine (4).

(1) Exemples : Mengin Colliquet et Jean Vincent, cités plus haut, p. 168, note 4, et p. 178, note 1.

(2) Comptes de 1584 et 1573 : *B. 569*, f°s 16 à 18 v°, et *567*, f° 197. Cf. plus haut, p. 247, note 1.

(3) Charte de 1444 : *B. 228*, f° 48. Le *marrien*, *mairien* ou *merrain*, était du bois à bâtir, notamment du chêne fendu : Godefroy, *Dictionnaire*, *s. v.* — Ordonnance du 10 mars 1599 : *Ms. I*[11], *s. a.*

(4) Ordonnance du 19 mars 1575 : *Ms. 2972* (copie *Ms. I*[40], *s. a.*). —

Mais la ville de Bar-le-Duc n'était pas seule à consommer son vin et ne buvait pas que de celui-là. Le vin de Bar étant abondant et renommé, on l'achetait volontiers au dehors; sauf une courte période où, sans doute à la suite des intempéries, Charles III défendit de vendre les vins du Barrois (1), le trafic paraît toujours en avoir été libre; le duc en faisait venir à Nancy pour sa consommation personnelle, en réquisitionnant les charrois dans les villages du bailliage de Bar, et en expédiait à son gendre, le duc de Bavière; les particuliers pouvaient « tirer » du vin du pays, moyennant un impôt qui relevait de la traite foraine (2). C'est sans doute aussi de celle-ci que dépendait l'impôt qui frappait les vins étrangers à leur entrée dans le duché et qui remplaçait un droit beaucoup plus faible, payé par les évardeurs (3). Les principaux vins consommés à Bar étaient, après le vin du Barrois, le bon vin de pays « à terres enclavées », dont le prix était assez peu élevé, tandis que les vins de Bar-sur-Aube ou celui de Bourgogne et surtout le vin d'Arbois se vendaient à peu près le double ou plus du double; les ordonnances mentionnent encore les vins d'Aÿ et d'Allemagne, c'est-à-dire sans doute les vins de Champagne et du Rhin, mais ils étaient certainement d'un usage moins courant que les précédents, puisque le prix maximum n'est pas indiqué (4).

Compte de 1570 : *B. 865*, f° 58. Il ne paraît pas y avoir eu encore de « gourmets » de vin comme plus tard, dès 1619 : Arch. de Meurthe-et-Moselle, Bar, Chambre des Comptes, 2 (*B. 541*).

(1) *CC1*, comptes de 1582-84, f° 75.

(2) Comptes de 1590 : *B. 571*, f° 185. Règlements des 23 octobre 1599 et 29 avril 1600 : *Ms. I[41]*, *s. a.*, 1599. Peinture, en 1598, de sauvegardes aux armes du duc « mises aux deux bouts d'un char chargé de 4 pièces de vin du Barrois envoyées au duc de Bavière » : *Bull. de la Soc. d'archéolog. lorraine*, 1re sér., t. IV, p. 53. — *CC1*, comptes municipaux de 1593-95, f° 43; comptes domaniaux de 1594 : *B. 574*, f° 120 v°, où nous voyons un marchand de Bastogne en acheter 40 queues moyennant un impôt de 4 francs pièce.

(3) *Id.*, f° 120 et ordonnance du 27 juillet 1573, d'après laquelle on payait 12 gros par queue : *Ms. I[40]*, *s. a.*

(4) Ordonnance du 25 janvier 1575 : *B. 255*, p. 44 et s.

Nous sommes encore mieux renseignés sur le commerce que sur l'alimentation de la ville. Bar-le-Duc était un lieu de passage naturel situé sur la grande route qui menait d'Allemagne et de Lorraine en Barrois et en France, à l'endroit où cette route rencontrait celles de Saint-Mihiel et de Vitry; cette situation, jointe à sa qualité de capitale et à son importance relative comme ville, en faisait un centre de commerce assez florissant. L'organe principal de ce commerce était la *halle*, qui avait été créée par les ducs pour y vendre « toutes marchandises, y tenir les marchés, la boucherie, la poissonnerie, les étaux et marchés de pain et de toutes autres denrées » (1) et était devenue peu à peu un marché aux provisions, un bazar et un magasin de toutes sortes de produits, fréquenté par des marchands de Bar et des environs. Quand on y arrivait de la place, on y trouvait, en entrant, de la viande ou des tripes débitées sur des étaux; à gauche, du vin; au fond, sans doute, du pain ou de la pâtisserie; ailleurs, du sel contenu dans des huches et différentes denrées d'apothicaire; un peu partout, s'étalaient la poterie d'étain ou de terre, la chaudronnerie, la lingerie, la bonneterie, la cordonnerie et la mercerie et, au premier étage, la draperie amenée surtout de Rembercourt-aux-Pots, de Rouvroy et de Revigny (2).

Tous ces commerçants payaient généralement une redevance fixe en nature, qui était d'une livre de cire par étal; seules les places des saulniers étaient acensées. Ils avaient sans doute encore à acquitter d'autres droits, par exemple au fermier du « tonlieu et vente », qui versait au cellerier une redevance en cire et au receveur une autre en argent (3), au duc ou à la Ville pour l'usage des poids et mesures. La « balance des poids », sorte de bascule, située près du gros pressoir, avait primitivement appartenu à la collégiale Saint-Maxe, qui l'avait cédée au

(1) Privilèges de 1444 : *B. 228*, f° 46 v°.

(2) Comptes de 1570, 1573 et 1583 : *B. 865*, f°s 58-61; *567*, f° 3 v°; *874*, f°s 6-7 et 60-61.

(3) Mêmes comptes : *B. 865*, f° 57; *874*, f° 57 et *567*, f° 3.

duc, moyennant une redevance fixe sur le tonlieu de la ville; les évardeurs avaient acheté une balance et des poids plus petits pour « servir à la revision et ajustement des poids et mesures des marchands » de Bar et des environs (1). Ces magistrats municipaux, ayant la police des marchés, surveillaient vendeurs et acheteurs, confisquant les marchandises des uns et faisant arrêter, au besoin, les autres (2).

C'est à cette halle que se tenait le principal marché de Bar-le-Duc; il avait lieu le samedi, ce qui permettait aux ménagères de s'approvisionner pour le dimanche : on profitait de l'affluence de la population ce jour-là pour y faire les publications qui intéressaient la vie économique, comme celles de la vente des grains tirés des greniers ducaux (3). En cas d'épidémie, le marché n'avait pas lieu à la Ville haute et en lieu clos, il se tenait dans un faubourg de la Ville basse et au grand air : lors de la peste de 1588, il se fit à Entre-Deux-Ponts et, un peu plus tard, aux Clouyères jusqu'à la fin des guerres (4). En temps ordinaire, la Ville haute, où les ducs s'efforçaient de retenir la population par tous les moyens, était privilégiée pour les subsistances : « toutes les victuailles et autres marchandises qui s'apportent en public » devaient y être « portées et distribuées » en tout temps, sans doute à la halle. Dans la Ville basse, il existait des marchés réguliers, mais seulement partiels : dès le XVe siècle, on avait permis de vendre « œufs, fromage, lait, aulx, herbes, fruits, oignons et pailles », c'est-à-dire tous les aliments servant à la vie journalière, à la Neuve ville devant le portail de l'église des Augustins et au Bourg devant l'hôpital Saint-

(1) Comptes de 1572, 1583 et 1590; charte de 1462 : *B. 566*, f° 160; *874*, f° 61; *571*, f° 141 et *228*, f° 29. — *CC1*, comptes municipaux de 1573-75, f°s 31-32.

(2) V. plus haut, p. 288, note 3 et plus bas, au sujet du vol.

(3) Comptes de 1568, chapitre de Saint-Maxe de 1574 et règlement du 14 avril 1594 : *B. 863*, f° 102 v°; *G*[1], f° 325 et *Ms. I*[41], *s. a.*

(4) *Annales*, aux 30 avril 1588 et 21 octobre 1595 : *Ms. 53*, f°s 14 et 24. On recommença au siècle suivant : *Id.*, 23 avril 1630, *s. a.*

Antoine, dans l'une du lever du soleil au premier coup de prime, le dimanche, le mardi et le jeudi, dans l'autre le lundi, le mercredi et le vendredi, si ces jours-là il n'y avait ni marché, ni foire à la Ville haute (1). Les marchands de la Ville basse ne pouvaient ouvrir leurs boutiques pendant les foires et les marchés; mais ils avaient le droit de vendre les denrées de première nécessité tous les jours de la semaine, et Charles III avait maintenu ces dispositions, en dépit des protestations de la Ville haute (2).

C'est encore dans celle-ci que se tenaient, d'ordinaire, les principales *foires*. Jusqu'au début de l'époque que nous étudions, la ville de Bar-le-Duc n'avait eu que deux foires annuelles, qui avaient lieu à la Saint-Vincent et à la Saint-Barthélemy, c'est-à-dire le 24 mai et le 24 août; en 1561, les habitants, sur leur réclamation, obtinrent l'ouverture de deux nouvelles foires, l'une au « lundi après les Fontaines », l'autre à la Saint-Jude et Saint-Simon, en d'autres termes, à la mi-carême et le 28 octobre : il y eut ainsi quatre foires par an, au début et à la fin du printemps, au commencement de l'été et de l'automne. On pouvait y « vendre, acheter et débiter toutes denrées et marchandises licites » (3), tout comme aux marchés ordinaires : les foires étaient évidemment des marchés plus considérables qui, en raison de l'intervalle qui les séparait, attiraient une plus grande quantité de gens, marchands et clients, surtout de la campagne, qui devaient y apporter et en ramener tout ce qu'ils pouvaient vendre ou acheter pendant ce trimestre. Aussi, tout comme les marchés, les foires de Bar-le-Duc se tenaient d'ordinaire à la halle et, dans les moments d'épidémie, se transportaient aux Clouyères (4). La première foire était d'ordinaire

(1) Lettres du 25 janvier 1575 : *B. 2972*.

(2) Lettres des 12 janvier 1571 et 1er octobre 1605 : *Ms. I⁴⁰ et I⁴¹* s. a.

(3) Lettres-patentes du 6 juin 1561 : Arch. de Meurthe-et-Moselle, *B. 33*, f° 315. Sur la date « des fontaines », désignant le quatrième dimanche du carême, voir Digot, t. V, p. 89, note 1.

(4) Les comptes de 1587 signalent que trois marchands drapiers « ne se sont trouvés ez foires ni marchés à Bar » : *B. 877*, f° 61. La foire de Saint-Jude de 1588 eut lieu aux Clouyères : *Ms. 53*, f° 15.

la moins courue, à cause de l'époque où elle tombait; les principales paraissent avoir été les deux dernières, celles de la Saint-Barthélemy et de la Saint-Jude, qui se tenaient après les moissons et les vendanges. Toutes les foires étaient généralement louées par adjudication à une ou plusieurs personnes, à des prix qui variaient suivant les années; toutes avaient lieu dans les circonstances normales (1), tandis que certaines d'entre elles étaient « décriées » dans les moments de misère : c'est ce qui arriva pour celles d'août et d'octobre 1587, à cause de la guerre et de la peste, celle d'octobre 1588 « pour le danger de peste » et toutes celles de 1590 « pour les dangers de peste et autres qui régnaient lors » (2).

La situation géographique, politique et économique de Bar-le-Duc y faisait affluer « les princes et grands seigneurs, marchands, voituriers et plusieurs autres » voyageurs y « arrivant de jour ou de nuit » (3). Tous ces hôtes de passage descendaient dans les hôtelleries (4). Il y avait au moins une quinzaine de ces maisons aux enseignes parlantes, comme les *Trois Rois*, la *Fleur de Lys*, *Saint-Nicolas* (5), *Sainte-Barbe*, l'*Ange* (6), le *Cheval blanc*, l'*Arbre d'or* (7), le *Lion d'or* (8), la *Balance*, le *Chapeau rouge* et la *Licorne* (9), sans doute le *Cygne*, la *Charrue*, la *Corne de cerf* et l'*Homme sauvage* (10). Ces hôtels s'éle-

(1) Comptes de 1573, 1574, 1583 et 1584 : *B. 567*, f°s 4 v°-5; *568*, f°s 4 v°-5; *874*, f° 57 et *569*, f°s 4 v°-5.

(2) Comptes de ces années : *B. 570*, f° 5; *877*, f° 57; *878*, f° 57 et *571*, f°s 4-5.

(3) Lettres du 1er octobre 1605 : *Ms. I*[41], *s. a.*

(4) Cf. Fourier de Bacourt, Les anciennes hôtelleries et tavernes de Bar. *Bulletin* de la Société..., août-septembre 1913, p. 170-4. Nous ne donnons de référence que pour celles dont nous ne parlons pas en détail plus bas.

(5) Constitution de rente du 1er septembre 1587 : *H.* Commanderie Saint-Antoine. Cf. plus haut, p. 173, note 2 et p. 158, note 5.

(6) Acte de 1591 : *DD1*, f° 43.

(7) *CC1*, comptes municipaux de 1586-88, f° 67.

(8) Comptes domaniaux de 1576-77 : *B. 871*, f° 58 v°. Cf., en 1574, Fourier de Bacourt, *art.* cité, p. 172.

(9) *CC1*, comptes municipaux de 1582-85, f°s 44 et 69 v°.

(10) Voir plus haut, p. 179, note 1; p. 173, note 2, p. 174, note 6 et p. 162, note 1.

vaient, sans doute, surtout dans les faubourgs, comme à Bar-la-Ville et Entre-Deux-Ponts, ou dans les carrefours de la Ville basse, comme au Bourg (1); nous n'en avons presque pas trouvé dans la Ville haute, non certainement qu'ils n'y fussent pas nombreux, mais sans doute parce que la difficulté d'accès en éloignait les plus importants qui pouvaient se trouver, au contraire, hors des fortifications où les voyageurs pouvaient arriver aussi bien la nuit que le jour. Certains de ces « hôtels » devaient être de simples tavernes ou, tout au plus, des auberges, dont le nombre paraît avoir été limité à la fin du siècle (2); d'autres, au contraire, ressemblaient assez aux grands hôtels modernes. Plusieurs des hôteliers venaient de la campagne; souvent ils avaient épousé des femmes qui s'entendaient aussi bien qu'eux à faire marcher le commerce, car beaucoup de veuves continuaient à tenir les hôtels après la mort de leurs maris; peut-être se retiraient-ils après fortune faite, car jamais nous n'avons trouvé leurs fils pour leur succéder, et sans doute s'efforçaient-ils de faire de ceux-ci des nobles ou tout au moins des fonctionnaires, tandis qu'eux-mêmes devenaient gouverneurs de leurs carrefours et étaient chargés par la ville de différentes missions de confiance (3).

Les hôtels les mieux achalandés paraissent avoir été les suivants, dont quelques-uns au moins situés aux environs

(1) *Ibid.*, et « Collot le Brodeur, hostellain... aux faubourgs de Bar » : Comptes de 1562, *B. 1380²*, f° 20 v°.

(2) Ordonnances des 27 juillet et 27 août 1598 pour « taxer les hôteliers tenant tavernes et cabarets » : *Ms. I⁴¹*, *s. a.* Claude Panel, « hôtelier et portier de la Porte Saint-Jean », cité *CC1*, comptes de 1586-88, f° 68, devait être un simple tavernier; de même le « logis de la Couturière » cité plus bas, p. 361. En 1632 les hôtels du *Cheval Blanc* et de *Sainte-Barbe* sont qualifiés de « tavernes », tandis qu'il est question de l' « hôtesse de la Charrue » : *B. 643*, f° 216. Il y a alors deux tavernes ou hôtels du *Cheval Blanc*, l'un à la Ville haute, l'autre à Entre-Deux-Ponts; le premier était sans doute le plus important. Cf. plus haut, p. 135, note 4.

(3) Cf. Fourier de Bacourt, p. 172; plus bas, p. 317, notes 1 et 3, Nicolas Deschamps et Çuny Lambert. Un autre gros hôtelier, Jacques Louis, sera gouverneur de Bar-la-Ville : *CC1*, comptes de 1583-85, f°s 77 v° et 75; de 1586-88, f°s 68 et 70.

de la Porte du Bourg, sur la route de Paris à Nancy. C'était les *Trois Rois*, où descendait le prévôt de Souilly, quand il allait conduire à Bar les hommes de sa compagnie (1); le *Cheval blanc*, fréquenté par le contrôleur de Saint-Mihiel et surtout par le bailli de Bar, qui y venait avec ses officiers pendant les assises générales ou avec sa suite pour y traiter des affaires militaires : cet hôtel avait des vignes importantes et, en pleine guerre, faisait venir jusqu'à quatre pièces de vin étranger (2). Il était encore dépassé par la *Fleur de Lys* et par *Sainte-Barbe*. Le premier était tenu par Jean Merlin, dit Bouchart, qui, après avoir dirigé les *Trois Rois*, lui avait préféré l'hôtel de la *Fleur de Lys*, évidemment plus important; il avait des valets et des chambrières, qui lui permettaient d'y traiter convenablement les hôtes de marque dont beaucoup venaient, semble-t-il, de France : peut-être le futur Henri III, partant pour la Pologne, sûrement les membres de la Chambre des Comptes quand ils réglaient quelque affaire avec le roi, les baillis Claude ou René de Florainville avec tous les officiers ducaux lors des assises générales et les gens de justice dans les grands procès criminels (3). La fortune de l'établissement ne fut pas arrêtée par la mort de Merlin : sa veuve, Nicole Gastelet ou Gastillon, hébergeait maître Clérus quand il venait prêcher contre les protestants, continuait à recevoir le bailli avec sa suite ou ses officiers et Jean Vincent quand il désirait passer certains actes (4). Nicolas Deschamps, qui lui succéda, recevait aussi les officiers du duc, lors des assises, sous le bailli de Leymont, et méritait d'être envoyé par les

(1) Comptes de 1567 et 1568 : *B. 1270*, f° 84 v° et *1271*, f° 86 v°.

(2) Comptes domaniaux de 1579, 1593, 1590 et 1596 : *B. 1100*, f° 146 et v°; *573*, f° 173 v°; *571*, f° 121 et *575*, f° 176 v°. *CC1*, comptes municipaux de 1586-88, f° 71 et de 1590-93, *s. p.* L'hôtesse en était Philippe Parisot.

(3) Comptes domaniaux de 1563 et de 1572 à 1574 : *B. 560*, f° 130 v°; *506*, f° 147; *567*, f°s 171 et 172 v°; *568*, f°s 177, 214 v° et 215.

(4) *CC1*, comptes municipaux de 1582-84, f°s 74 v° et 77; de 1586-88, f°s 68 v° et 69 v°. Comptes domaniaux de 1587 : *B. 570*, f° 154 v° et *Cartulaire Vincent*, f° 28.

Barrisiens, en Allemagne et en ambassade auprès de Charles III (1). L'hôtel *Sainte-Barbe*, situé dans le voisinage, n'était pas moins bien fréquenté par les Barrisiens et les gens qui venaient de Lorraine; il recevait, non seulement les évardeurs de la ville au cours de leurs affaires, les officiers de la mairie et de la paroisse au banquet de la Cène, mais les archers des gardes du duc venus de Nancy, le grand maître des finances, Christophe de Bassompierre et jusqu'aux ambassadeurs de la république de Venise (2); son tenancier, Cuny Lambert, qui possédait plusieurs maisons dans le Bourg et des terres sur les Gravières, fut nommé gouverneur d'Entre-Deux-Ponts, probablement à deux reprises, et fut chargé par ses concitoyens d'aller à Nancy solliciter auprès du duc, plus tard de vendre différents biens communaux (3).

Au XVIe siècle comme au moyen âge, les tavernes et les hôtels jouaient à Bar-le-Duc dans la vie sociale un rôle plus considérable qu'aujourd'hui : non seulement les « larrons et les fainéants » allaient fréquemment « gourmander ès tavernes » (4), mais les paysans, les artisans des confréries, les bourgeois et même les gens d'église s'y rendaient, principalement le dimanche, pour y boire, trop souvent jusqu'à l'ivresse; quant aux hôtels, ils étaient fréquentés à la fois par les voyageurs en quête d'un gîte, par les marchands qui y venaient « expédier leurs affaires » avec leurs clients (5), par les notaires qui y allaient, d'ordinaire dans l'après-midi, passer leurs

(1) *CC1*, comptes municipaux de 1586-88, f° 70 v°. Comptes domaniaux de 1596 et 1597 : *B. 576*, f° 60 et *577*, f° 44.

(2) Comptes paroissiaux de 1581-82 : *GG*[67], f° 77; *CC1*, comptes municipaux de 1586-88, f°s 63 et 59 v° et de 1593-95, f°s 52 v° et 53.

(3) Actes de 1592 et 1601 : *Cartulaire Vincent*, f°s 24 v°, 9 et 44; de 1598 : *DD1*, f° 127. *CC1*, comptes municipaux de 1582-85, f° 81; de 1593-95, f°s 52 v° et 54.

(4) Règlement de 1572 pour les serruriers de Bar : Arch. de Meurthe-et-Moselle, *B. 42*, f° 181 v°.

(5) Ordonnance du 24 décembre 1599 sur les tavernes : *B. 255*, f° 116 (copie *Ms. I*[41], *s. a.*).

actes (1) avec les particuliers, et par de nombreuses compagnies : les vastes hôtelleries d'antan étaient le rendez-vous obligé de toute société qui ne disposait pas d'un local suffisant, comme les « assemblées de festins de noces » et les confréries, les fonctionnaires municipaux ou ducaux, tous les personnages officiels ou les hôtes de marque. Dans les tavernes ou les hôtels, on consommait parfois de la bière ou du vin étranger, d'ordinaire du vin de pays que les principaux hôtels produisaient ou tiraient des meilleurs crus ; on buvait sec et bien, surtout aux années de bonnes récoltes ; les défenses faites aux oisifs « de séjourner dans les hôtelleries, tavernes et cabarets » n'étaient guère observées, car il fallut à plusieurs reprises interdire à tout le monde « de s'enivrer au cabaret ou ailleurs » et la répétition fréquente des mêmes ordonnances à quelques années d'intervalle prouve leur peu d'efficacité (2). La chère des hôtels valait la boisson : aux *Trois Rois* et à *Sainte-Barbe*, on mangeait du pigeon ; à la *Fleur de Lys* et ailleurs, on servait du pâté de truites, de la perdrix, du levraut et du pâté de venaison (3) ; bref, le menu se rapprochait beaucoup de celui de l'hôtel du duc. Ce souci de bien vivre et de festoyer dans des banquets plantureux s'affirmait en tout temps, même pendant les plus grands maux, guerre ou peste.

La prospérité économique variait, d'ailleurs, avec les intempéries que nous connaissons assez bien depuis 1570,

(1) L'acte du 14 novembre 1591 fut fait « chez Thomas Rouyer, hôtelier », à l'Ange, à une heure de l'après-midi ; celui du 31 décembre 1588, vers 3 heures, chez la veuve Bouchard : *DD1*, f° 26 et *Cartulaire Vincent*, f° 28.

(2) Comptes domaniaux de 1590 : *B. 571*, f° 120 ; *CC1*, comptes municipaux de 1582-85, f° 42. — Ordonnances de 1574 et 1599 qui se reproduisent : *Ms. I*[40] et *I*[41].

(3) Comptes de l'hôpital, 1573 : *B. 909*[1], f° 14 et v°. *CC1*, comptes municipaux de 1573-75, f° 45 v° ; et de 1586-88, f° 70 ; de 1583-84, f° 75 et de 1593-95, f° 53. La troisième mention se rapporte à Christophe Grosyeux, que nous voyons souvent cité comme hôtelier, sans jamais trouver le nom de son hôtel (cf. plus haut, p. 168, note 4).

quoique d'une façon irrégulière. Cette année-là, l'automne avait été fort pluvieux; en 1573, il fit un hiver terrible : la veille des Rois, les glaces brisèrent les éperons du pont Notre-Dame et menacèrent d'emporter celui-ci avec les maisons voisines; le froid arrêta pendant dix-huit jours les eaux de la Fontaine-Bourrault, gela les vignes et une partie des blés, ce qui fit renchérir les vivres; l'année suivante, de nouvelles intempéries entravèrent encore les labours et sans doute les vendanges, car on se plaint de « la pénurie et cherté des temps » et, pour empêcher le prix des vins d'augmenter « de jour en jour », le duc dut le fixer par une ordonnance (1). Le froid redevint excessif presque aussitôt : en 1576, on ne fit pas de vendanges et, l'année qui suivit, les vignes furent fortement gelées; au contraire, en 1580, le froid ne survint qu'en octobre et n'empêcha pas de vendre le vin assez cher (2). Les mauvaises années n'allaient pas tarder à reparaître : en février 1582, il fit très froid et il y eut un grand orage; le 17 juillet 1583, éclata un orage épouvantable, accompagné de vent et de grêle, qui bouleversa tout, de Bar à Savonnières et à la chapelle de Longeville, brisant les vitres et emportant les toitures des maisons, et anéantit toutes les récoltes du territoire de Bar-le-Duc (3); bientôt la vigne eut à souffrir du froid. Au mois de mai suivant, « les chaleurs furent si grandes que les vignes qui avaient été fort gelées l'année précédente jetèrent autant de raisin que les autres »; la vendange fut si abondante « qu'on n'eut pas assez de tonneaux et que certains propriétaires, comme Jean Vincent, donnaient le vin pour rien; malheureusement les orages reparurent en automne : la veille de la Saint-Nicolas, les fontes de plomb des toitures de l'église

(1) Chapitre de Saint-Maxe en 1570, 1573 et 1574: *G*[1], f°s 309 v°, 321 v°, 322 v° et 324. Comptes domaniaux de 1573 : *B. 567*, f°s 184, 192 et 197. Annales en 1573 : *Ms. 53*, f° 5. *CC1*, comptes municipaux de 1573-75, f°s 28 et 35, et ordonnance de 1575, citée ci-dessus, p. 309, note 4.

(2) *Annales*, *s. a.*, f° 6.

(3) *Id.*, f° 9. V. plus bas, p. 357, note 2; *CC1*, comptes municipaux de 1582-85, f°s 31 et 60 v°.

paroissiale et plusieurs cheminées du château furent abattues « par l'impétuosité des vents » (1).

Nous ignorons si la température fut aussi peu clémente aussitôt après; mais nous verrons que la Ligue amena la guerre, avec son cortège habituel de maux, la peste et la famine; de 1585 à 1588, où la peste sévit pour ainsi dire en permanence depuis 1587, la vie renchérit continuellement : en 1588, une pinte de sel valait 6 sols, une poule 14 gros, un chapon 2 francs, « et le reste à proportion », c'est-à-dire deux à trois fois le prix moyen ordinaire : « la grande cherté et pénurie » qui en résulta obligea la Ville à faire donner des grains aux pauvres par « ceux qui en avaient en leurs greniers » (2). Sans doute cette situation ne fit que continuer l'année suivante, avec l'extension de la guerre et la reprise de la peste; en 1590, les vignes furent gelées au mois de mai; on vendangea de bonne heure un an après et, dans ces deux années, le vin fut peu abondant et très cher (3). En 1594, il gela le 22 mai et, comme on était toujours en guerre, la misère augmenta encore à Bar; le printemps suivant fut abominable : en mars l'Ornain déborda, emportant le Pont-Neuf, « les terres et les arbres des jardins des Gravières »; du 19 au 23 avril, il tomba jusqu'à un pied et demi de neige : « jamais on n'avait vu un temps pareil; le peuple mourait de faim.... Le grain était hors de prix, les vignes comme à Noël », tous les vivres renchérirent et le nombre des pauvres augmenta (4).

Le rétablissement de la paix ramena les conditions normales de la vie; mais, en 1596, la vie resta chère et le nombre des pauvres continua à être élevé; l'année qui

(1) *Id.*, 1582-83, f° 90 v°. Comptes paroissiaux de 1584-85 : *GG*[35], f° 76 v°. Comptes domaniaux de 1584 : *B. 569*, f° 193 v°. *Annales, s. a. : Ms. 53*, f°s 9-10.

(2) *Id.*, p. 12-13. *CC1*, comptes municipaux de 1582-85, f°s 73 v° et 75.

(3) *Annales, s. a. : Ms. 53*, f°s 17-19. Comptes domaniaux de 1590 : *B. 571*, f° 183.

(4) *Id.*, 1594 : *B. 574*, f°s 46-47 v° et 172; *910*[1], f°s 42 v° et 44; *910*[2], f°s 28 et 41 v°. *Annales, s. a. : Ms. 53*, f° 23

suivit, la neige tomba en octobre avant les vendanges, mais sans faire de mal au raisin, et l'hiver fut aussi dur que précoce [1]. Les derniers renseignements que nous ayons concernent les années 1598 et 1599; dans la première, il gela considérablement le 21 avril et « il neigea aussi fort qu'en hiver » la veille de la Pentecôte; dans la dernière, au contraire, le ciel se montra si clément et la vendange fut si abondante « que l'on ne voyait autre chose alors qu'ivrognes par les rues » et que le duc dut renouveler contre eux ses ordonnances les plus sévères [2].

Pour combattre les intempéries, on n'avait guère que des moyens de fortune, inspirés par la religion : on faisait, avons-nous vu, des processions et on promenait la châsse de Saint-Maxe; on sonnait les cloches de Notre-Dame, soit pendant une partie du jour, soit durant toute la nuit, chaque fois qu'il arrivait quelque « fâcheux temps », afin, semble-t-il, d'avertir les habitants, d'écarter le fléau redouté ou de fléchir la colère divine : c'est ainsi qu'on sonnait à la paroisse quand les glaces de l'Ornain menaçaient le pont Notre-Dame et les maisons des riverains, lors des « froidures », des épaisses nuées, des tempêtes et des orages, au risque du plus grand dommage du clocher et des malheureux sonneurs [3].

III

Les charges et les services publics.

§ 1. — *Les finances et la guerre.*

Les Barrisiens avaient à supporter de lourdes charges financières et militaires; par contre, la municipalité et le

(1) *Id.*, f° 26. Comptes domaniaux de 1596 et 1597 : *B. 575*, f° 210; *577*, f° 46 et *910*[3], f° 51.

(2) *Annales*, *s. a.*, f°s 26-27. Ordonnance du 24 décembre citée plus haut, p. 318, note 2.

(3) *Annales* en 1575 et 1573 : *Ms. 53*, f°s 6 et 5. *CC1*, comptes municipaux de 1582-85, f°s 57, 87 et 90. Comptes paroissiaux de 1581-82 et de 1574-76 : *GG*, *n° 57*, f° 81 v° et *n° 53*, f° 87 v°. Comptes cités ci-dessus, p. 31, note 5.

gouvernement leur assuraient l'assistance publique et la justice.

Parmi les finances, les unes relevaient de la Ville et les autres du duc. Le budget municipal comprenait des recettes ordinaires et extraordinaires, correspondant à des revenus réguliers et irréguliers. Les revenus réguliers étaient l'impôt sur les nouveaux habitants, les droits de pêche et surtout ce que rapportaient les biens communaux. Avant 1575, il semble bien que les nouveaux venus qui s'établissaient à Bar ne payaient aucune redevance; à la fin de cette année, une assemblée générale décida de leur faire acquitter un droit, sans doute à l'exemple de ce qui se passait à Ligny, car deux notaires furent envoyés dans cette ville pour savoir quelle somme les Linéens avaient « accoutumé de prendre sur les nouveaux venus », gens du duc ou autres : ce droit de « bienvenue » ou d' « entrée en bourgeoisie » fut fixé à 20 francs pour les gens aisés et de moitié pour les pauvres et, dès lors, un sergent fut chargé de « poursuivre les nouveaux venus » pour leur faire acquitter cet impôt (1).

La ville de Bar possédait le droit de pêche dans l'Ornain « depuis le pont Notre-Dame jusqu'au bief du moulin de Tronville » en amont et jusqu'au pont de Revigny en aval; des pêcheurs et des sergents, surveillés par la municipalité, pêchaient pendant plusieurs jours dans les localités de Bar, Savonnières, Tronville, Bussy-la-Côte, Rembercourt et Revigny; la Ville tenait beaucoup à conserver ses droits : aussi en faisait-elle « dresser procès-verbal pour servir de possession aux habitants » et en envoyait-elle réclamer, au besoin, la conservation à Nancy (2). Tous les titres concernant ses propriétés étaient renfermés dans le « coffre de la mairie », que l'on transportait sans doute chez le maire, puisque Bar n'avait pas d'Hôtel de Ville; parmi ces titres figurait « le manuel des rentes échues à

(1) *CC1*, comptes municipaux de : 1573-75, f° 43 et v°; 1582-85, f°s 44 et 61; 1586-88, f°s 49 v° et 50.

(2) *Id.*, 1573-75, f° 34 et v°; 1582-85, f°s 72 et 75; 1596-1598, f° 77 et v°.

la Ville » (1), en particulier pour les biens communaux, qui formaient le plus clair de ses revenus.

Bar-le-Duc n'avait, en effet, « aucuns deniers patrimoniaux »; d'abord, il ne possédait, en fait de biens communaux, que des « usages », c'est-à-dire des droits d'utilisation sur certains terrains, notamment sur des « pâquis » à peine « suffisants pour la nourriture du bétail », jusqu'à ce que le duc lui eût cédé, en 1564, des terres vagues « tant en bois et broussailles qu'en accrues d'eau » (2), c'est-à-dire évidemment en terrains recouverts par les retraits ou les alluvions de l'Ornain. Elle était arrivée à détenir en possession ou en toute propriété des terrains s'étendant un peu sur tous les points de son territoire, autour de l'Ornain, du canal et des fossés, en Beaulieu, à la Côte des Prés, aux Basses Côtes, au Clos Pulnel, en Coqueret, à Harauchâtel, au Champ-Husson, au Champ-le-Prieur, à Heurteloup, en Parlemaille, à Curemont, à Parfondeval et des deux côtés de l'Ornain, du Pont Neuf aux Clouyères, à droite, aux Gravières et à Saint-Urbain, à gauche, au Pressoir des Prés et au Pré Jarrey (3). Charles III ayant autorisé la Ville à « faire profit des lieux vagues et infructueux de ses usages », elle s'efforçait d'en tirer le meilleur parti : elle vendait aux particuliers, pour refaire le sol de leurs vignes, les terres inutilisables (4); elle abandonnait gratuitement à d'autres certains terrains, à la seule condition d'y entretenir un chemin ; elle exemptait pendant six ans de toute redevance les détenteurs des contrées de « fraitis » ou terres en friche sous obligation

(1) *Id.*, 1586-88, f° 78 v° et 1593-95, f° 75. Ce « manuel » est sans doute le registre *DD1*, qui comprend les constitutions de rente de 1572 à 1598 environ.

(2) *Id.*, 1573-75, f° 2 et v°; contrat de 1582 : *Cartulaire Vincent*, f° 42.

(3) *CC1*, comptes de 1583-85, f°s 70 v° à 71 v° et *passim*. D'après ce passage, on écrit *Pargnemaille*, c'est-à-dire évidemment « épargne-maille », épargne-argent, et *Tourteloup*; un contrat de 1583 porte *Torteloup : DD1*, f° 154.

(4) Contrat de 1586 : *Cartulaire Vincent*, f° 39 v°. — V. plus haut, p. 308, note 1.

de les « envigner » (1); elle vendait en adjudication, avec l'autorisation du duc et le consentement de la Chambre des Comptes, les terrains improductifs, comme le « fraitis », les gravières et les accrues d'eau (2). Quant aux terrains mis en culture, vignes, jardins ou prés, elle les affermait régulièrement par des lettres de constitution de rente et elle exigeait strictement le paiement des redevances, confisquant les récoltes ou les propriétés de ceux qui ne pouvaient les acquitter (3). Elle devait, d'ailleurs, exercer sur ces biens une continuelle surveillance, car les particuliers ne cessaient d'usurper sur les usages de la Ville, « les uns sans titre ni droit, les autres sous couleur de quelque prétendue vendition », les derniers en reculant les bornes de leurs champs sur les chemins ou en avançant leurs jardins sur l'Ornain ; aussi la municipalité et les officiers du duc devaient-ils fréquemment visiter tous ces terrains et replanter les bornes à leur emplacement primitif (4).

Les ressources ordinaires de la Ville consistaient en des impôts directs ou *tailles* qu'on faisait payer aux habitants dans les circonstances imprévues, comme lorsqu'il fallait réparer l'église, refondre les cloches, entretenir les pauvres ou les pestiférés, nourrir les pèlerins, fêter l'entrée du duc ou de la duchesse ; le chiffre de ces tailles variait naturellement suivant les besoins : il pouvait aller de 400 à 3.000 francs (5). Ces taxes municipales étaient « jetées sur tout le corps de la Ville », les privilégiés tout comme les roturiers, car les ecclésiastiques, séculiers ou réguliers, étaient taxés à l'égal des laïques (6). Le « jet de

(1) *CC1*, comptes de 1582-85, f° 29, et de 1596-98, f° 53.

(2) *Id.*, 1596-98, f° 58; 1586-1588, f° 52 et v°. Contrats de 1582 et 1586 : *Cartulaire Vincent*, f°s 42 et 39.

(3) Constitution de 1598 pour 1592 : *DD1*, f° 127. — *CC1*, comptes de 1582-84, f° 75 v°, et 1596-98, f° 91.

(4) Contrat de 1586 : *Cartulaire Vincent*, f° 38 v°. — *CC1*, comptes de 1573-75, f°s 32-33 et de 1583-85, f°s 90 v°-91 v°.

(5) *Id.*, 1573-75, f° 5; 1596-98, f° 94, et 1586-88, f°s 3 et 75.

(6) *Id.*, 1573-75, f° 5, et 1582-85, f° 3.

la cotisation », c'est-à-dire la répartition de l'impôt, avait lieu dans un hôtel de la ville; il se faisait proportionnellement, non à la population, mais à la fortune des carrefours, puisque la Ville haute et le Bourg, bien que moins peuplés que la Neuve Ville et les faubourgs, payaient à eux seuls beaucoup plus qu'eux et que le seul prieur de Notre-Dame était taxé à 20 francs, tandis que les collégiales Saint-Pierre et Saint-Maxe l'étaient l'une à 30 et l'autre à 40 francs (1). La lévée de cette taille appartenait au gouverneur de chaque carrefour qui était personnellement responsable de toute la recette de sa circonscription (2). L'emploi des deniers municipaux et paroissiaux était étroitement surveillé; les comptes des maires, toujours faits en double expédition, étaient minutieusement vérifiés et la famille du comptable était responsable, s'il mourait dans l'intervalle (3). Les recettes de la Ville étaient toujours si exactement proportionnées aux dépenses que, non seulement jamais il n'y avait de déficit, mais que toujours les dépenses se soldaient par un excédent (4), bel exemple à proposer à beaucoup des budgets modernes!

A cela ne se bornaient du reste pas les charges qui pesaient sur les habitants de Bar-le-Duc. Ils avaient à payer au clergé la dîme de leurs récoltes et au duc des impôts indirects et directs. Les impôts indirects, qui pesaient surtout sur les roturiers, étaient, comme nous l'avons vu, les banalités des moulins, des fours et des pressoirs, les aides ou gabelles sur les vins ou le sel, le tonlieu et les différents

(1) *Id.*, comptes de 1573-75, f° 29 v° et de 1582-83, f° 3. — Cf. plus haut, p. 188, notes 1 et 2.

(2) *CC1*, comptes de 1593-95, f° 47 v°. — Cf. plus haut, p. 285, note 2.

(3) *CC1*, comptes de 1593-95, f° 76 et v°, surtout ceux de 1586-88, v. plus haut, p. 281, note 3.

(4) *CC1*, comptes municipaux qui donnent comme recettes et dépenses : en 1586-88, f° 87 v°, 4.861 francs, 5 gros, 11 deniers, contre 4.857 fr., 2 gr., 11 d.; en 1593-95, f° 76 v°, 3.926 fr., 10 gr., 11 d., contre 3.910 fr., 5 gr., 2 d.; en 1590-93, fin, 201 fr., 10 gr., 1 blanc, et en 1596-98, f° 104 v°, 359 fr., 3 gr., 13 bl. d'excédent.

droits sur les marchés et les ventes (1). Les impôts directs frappaient, non les nobles, mais les ecclésiastiques et le tiers état, bien qu'ils différassent pour les uns et les autres. Le clergé du Barrois mouvant avait fait reconnaître par la France qu'il ne devait que les décimes imposés par le duc et c'est à Charles III seul qu'il le paya durant les guerres de la Ligue (2). Les principaux impôts ordinaires qui frappaient les roturiers étaient : l'*aide Saint-Remy*, ainsi nommée de ce qu'elle était payée au « chef d'octobre », après les récoltes; la *taille des prêtres*, établie pour la fondation des chapelles Notre-Dame érigées en la collégiale Saint-Maxe, et qui, d'abord payée à celle-ci, avait été reprise par le duc moyennant une somme de 100 francs versée chaque année au chapitre; enfin la « taille des feux » ou *fouage*, impôt levé par feu ou ménage, pour lequel les habitants de la Ville basse devaient « d'ancienneté » payer 400 francs, tandis que la Ville haute, toujours privilégiée, avait obtenu, moyennant une somme de 60 francs par an employée à réparer les murailles, en 1565, pour six ans, une exemption d'impôt qui lui fut renouvelée en 1571 (3). Tous ces impôts paraissent avoir été établis par ménage « le fort portant le faible », c'est-à-dire proportionnellement aux facultés contributives de chacun, avec les exceptions que nous avons vues plus haut (4). Quand on avait fixé la somme globale à payer par quartier, celui-ci nommait, semble-t-il, dans une assemblée particulière, deux personnes au moins pour calculer

(1) V. plus haut, p. 305, note 1 et p. 309, note 2; p. 310, notes 2-3 et p. 307, note 3; p. 311, note 3 et 312, note 1.

(2) D. Calmet, *Bibliothèque lorraine*, col. 103, *s. v.* Bourcien. — Comptes domaniaux de 1584, 1587 et 1591 : *B. 569*, f° 168 v°; *B. 570*, f° 155 v° et *572*, f° 187.

(3) Comptes de 1573, 1574, 1571 et 1572 : *B. 567*, f°s 198 et 27; *568*, f°s 26 et 214 v°; *565*, f° 27 v° et *566*, f° 27. Comptes de 1554-55 : *B. 556*, *Inventaire* édité et Requêtes des 3 janvier et 13 août 1571 : *Ms. I^{40}*, *s. a.*

(4) Ordonnance de 1569 à propos de la déclaration citée ci-dessus, p. 187, note 1.

la part de chacun et deux autres pour la lever (1).

Ces différents impôts étaient relativement légers; mais, à partir de la fondation de la Ligue de Nancy, Charles III ne cessa d'en créer de nouveaux jusqu'à la paix de Folembray et la fiscalité ne s'arrêta plus ensuite. Ces impôts étaient destinés à préparer la lutte contre les protestants et à effectuer celle qui eut lieu contre Henri IV. Dès le mois d'avril 1585, « il se répandit un bruit de guerre et l'on imposa » une taxe de 2 écus sur chaque conduit ou ménage (2). A la fin de l'année, les États généraux accordèrent pour toute la Lorraine une somme d'un million, payable en cinq termes, de Pâques 1586 à Noël 1588 ; mais la ville de Bar fut exemptée de ce dernier terme, parce qu'elle avait logé des troupes et souffert de la peste, les nobles, qui n'avaient pas été compris dans cette taxe, durent payer 40 écus par tête (3). Ces sommes n'étaient pas encore complètement levées que de nouveaux États imposaient 3 gros par jour de terre, 2 par fauchée de pré et 1 par jour de vigne ; l'année suivante, on frappa d'une taxe de 6 deniers par franc les marchandises, le vin du dixième de son prix et on leva sur chaque conduit un gros par semaine (4). En mars 1590, on taxa les cheminées à 4 francs, les boissons au dixième de leur valeur et les diverses marchandises au vingtième, au mois de juin, les taverniers, les bourgeois et tous les officiers du duc durent payer certaines sommes; l'année suivante, un droit de 6 francs frappa toutes les cheminées (5). En 1593, il fallut de nouveau payer les 6 deniers par franc et le dixième du vin, puis de nouvelles

(1) Comptes domaniaux de 1576 et chapitre de Saint-Maxe en 1576 : *B. 568*, f° 124 v° et *G1*, f° 336 v°.

(2) *Annales* de Bar, *s. a.* : *Ms. 53*, f° 11.

(3) Arch. de Meurthe-et-Moselle, *États généraux, Bar, n° 34 (B. 683)*; cf. comptes domaniaux de 1587 : Arch. de la Meuse, *B. 570*, f° 160. — Acte du 13 février 1588 : *Ms. I10*, *s. a.* 1587.

(4) Acte du 16 ou 18 mai 1588. *Ibid.*, États généraux cités, note 3. *CC1*, comptes municipaux de 1586-88, f° 69 v°. — Mêmes États; mêmes comptes, f° 78 et *Annales* de Bar : *Ms. 53*, f° 15.

(5) *Id.*, p. 17, 18 et 20. — Comptes domaniaux de 1591 : *B. 572*, f°s 186-7.

mesures fiscales suivirent jusqu'en mai 1595, où « les impôts recommencèrent comme ci-devant »; toutefois, l'année suivante, l'impôt sur les marchandises reprit pour une durée de six mois (1). Cependant le duc avait profité de la guerre pour établir d'autres impôts indirects qui subsistèrent après la paix, comme un droit de 4 francs par queue de vin et de 1 franc par mouton sortant du duché; un peu plus tard, il frappa d'un droit les « toiles et linceuls qui se transportent hors du Barrois » et établit un magasin à sel à Bar, comme dans différentes villes du bailliage (2).

Tous ces impôts réunis devaient peser assez lourdement sur la ville de Bar-le-Duc; mais ils ne pouvaient encore suffire aux besoins du souverain dans les moments difficiles; Charles III empruntait à ses sujets, de gré ou de force, de l'argent dont il leur servait l'intérêt légal, jusqu'au jour où il pouvait le leur rembourser complètement; dès le moment où il prit des mesures contre les protestants, le duc dut recourir à des emprunts et ceux-ci devinrent plus considérables du jour où il lutta contre eux. De 1569 à 1573, Charles III recourut ainsi à Marie, la sœur du doyen Gilles de Trèves, à la collégiale Saint-Pierre et à plusieurs de ses fonctionnaires, surtout des membres de la Chambre des Comptes (3); en 1587, au moment où l'on s'occupait de fortifier Nancy et diverses autres places pour parer à l'invasion des Allemands, le duc envoya à Bar le voué de Condé, Claude Bardin, « pour faire les emprunts effectués en sa » commission et un messager juré parcourut les différentes prévôtés du bailliage « afin de faire venir à Bar ceux desdits lieux qui devaient prêter argent » au souverain; le lieutenant du gouverneur, M. de Remenécourt,

(1) *Annales* de Bar : *Ms. 53*, p. 21, 23 et 24. États généraux cités et comptes domaniaux de 1595 : *B. 575*, f° 183.

(2) Comptes de 1593 à 1597 : *B. 573*, f°s 174 et 176 v°; *574*, f°s 120 v° et 121; *575*, f° 188 v°; *576*, f°s 65 v° et 68; *577*, f° 40. — Comptes de 1595 à 1597 : *B. 575*, f°s 183 v° et 189 v°; *576*, f°s 64 v°, 67 et 69 v°; *577*, f°s 40 et 57.

(3) Comptes de 1573 : *B. 567*, f°s 158 v° à 160 et 164 à 167.

emprunta aux habitants de la ville 2 écus par conduit, à Jean Vincent et à différents marchands de grosses sommes(1). En 1593, Charles III, pour entretenir l'armée qu'il opposait aux troupes de Champagne, fit de nouveaux emprunts forcés : les faubourgs prêtèrent 300 écus et la ville entière 6.600, les nobles et les écuyers 30 écus chacun, les membres de la Chambre des Comptes 25 outre ce qu'ils avaient déjà avancé (2). Comme le Barrois et la Lorraine, Bar-le-Duc dut être, à ce moment, vide d'argent.

Ces mesures financières étaient donc toutes en rapport étroit avec la guerre, qui sévit surtout dans la dernière partie du siècle, mais ne cessa jusqu'alors de menacer le duché. Grâce à son importante position, sa ceinture de murailles couronnée de tours constituant le système défensif qu'elle devait garder jusqu'à son démantèlement, Bar-le-Duc était en état de soutenir un siège ; il semble que la garde et le guet des murailles devaient y être assurés, comme au moyen âge, par les habitants : ceux-ci avaient, paraît-il, « de temps immémorial la garde de la ville et des clefs », quand Charles III décida, nous ne savons quelle année, « qu'en cas de l'absence du bailli, ces clefs seraient transmises aux bourgeois et confiées à ceux que les habitants choisiraient en assemblée générale » (3) ; certaines sommes, sinon un impôt spécial, étaient affectées à l'entretien des portes et murailles : cet entretien était inégalement partagé entre la Ville haute, le Bourg, la Neuve ville et le duc, ce dernier devant payer la réfection de certains édifices dont il avait la propriété (4). C'est dans les assemblées

(1) Comptes domaniaux de 1587 : *B. 570*, f°s 151 v° et 155. *CC1*, comptes municipaux de 1586-88, f°s 68 v°, 77 v° et 78. V. plus haut, p. 247, note 1, et prêt du 3 novembre 1587 : *B. 2972*, original.

(2) *Annales* de Bar : *Ms. 53*, p. 20. *CC1*, comptes municipaux de 1590-93, *sub fine*. Ordre du 1er juin 1590 : *Ms. I^1*, *s. a.* Comptes domaniaux de 1593 et 1597 : *B. 573*, f° 175 et v° ; *750*, f° 44.

(3) Privilèges de 1444, confirmés en 1498 « pour entretenir les fermetés et fortifications » de la ville : *B. 228*, f°s 51 et 52. — *Ms. 113^II*, p. 291. Bellot-Herment a pris ce renseignement dans une délibération de l'assemblée générale du 13 février 1628, citée : *Ms. 242*, p. 34.

(4) Contrats des 10 et 15 juin 1551 : *DD2* et *B. 229*, f° 68 v°.

particulières qu'on nommait les portiers et les capitaines des murailles, dont le choix devait être ratifié par l'autorité centrale; ces *capitaines* des murailles ou de quartiers étaient au moins au nombre de trois, un par carrefour, et évidemment subordonnés au bailli ou capitaine, à son lieutenant ou au gouverneur qu'il nommait en son absence (1). Ces capitaines disposaient toutes les nuits des guetteurs dans les différents corps de garde et probablement les tours principales; vers minuit « le chef du corps de garde », accompagné de quelques autres hommes, faisait sa « ronde au-dessus des murailles » (2).

Au début de la période que nous étudions, on ne parait pas avoir pris beaucoup de mesures pour renforcer la défense de Bar-le-Duc. En **1564**, un ingénieur y fut envoyé « pour visiter la place Saint-Pierre »; en **1573**, on refit un plancher au-dessus de l'artillerie, tout contre la « tour du Château » — probablement la tour du Baile (3). A ce moment, seule la Ville haute paraît avoir été en état de défense : il y avait au Château des lances et des piques (4), **3** doubles mousquets de fonte, 2 demi-mousquets et **24** arquebuses à croc, mais pas d'artillerie; dans la Halle, on trouvait trois douzaines de piques ferrées, **19** arquebuses à croc de fonte et une artillerie placée sans doute

V. plus haut, p. 326, note 3. — Comptes de 1590 : *B. 571*, f°s 198 v° et 199.

(1) Konarski, p. 157. — Les comptes municipaux : *CC1*, de 1586-88, f° 70 v°, mentionnent « Maxime de Fleury, capitaine de la Ville haute et Monsieur Bouvet, capitaine de la Neuve ville ». — Nous trouvons, en 1589 et plus tard, Jean Lepaige, « capitaine enseigne de la Ville haute » et Simon Bailly, « capitaine de la Ville haute » : *Annales, Ms. 53*, p. 15. Le 10 octobre 1588 (*C*, sentences du bailliage), il est question de feu Noël Humbert, en 1598 (*B. 752*, f° 91) de Henri Perot, dont chacun est qualifié de « capitaine » des murailles de la Ville haute. En 1631, il y aura un « lieutenant de capitaine de la force de la Ville haute ». Nous croyons que tous ces titres de capitaine sont synonymes. Sur Jean Gaynot, capitaine du Bourg, v. plus haut, p. 281, note 4.

(2) Lettre de rémission du 12 octobre 1582, citée ci-dessous, p. 362, note 2.

(3) Comptes de ces années : *B. 561*, f° 133 et *567*, f° 193.

(4) Comptes de 1568 : *B. 863*, f° 90.

du côté de la Porte-au-Bois et de la Tour Jurée et composée d'une moyenne pièce carrée et de 5 fauconneaux, dont un de fer se chargeant « à chambre »; la Ville basse renfermait 11 arquebuses à croc de fonte : il y avait ainsi, au total, des armes pour 72 hommes et 6 pièces de siège; les munitions consistaient, pour le Château, en 6 caques ou barils de grosse poudre, pour la Halle en 3 de poudre moyenne, 3 de salpêtre pesant environ 600 livres, 100 livres de soufre et 200 boulets de fer (1). Ces munitions étaient sans doute fournies par la poudrerie voisine du Moulin-le-Comte et par un « marchand poudrier » (2). Au moment des guerres, on dégageait l'intérieur des fossés comme nous l'avons vu plus haut (3).

En temps de paix, Bar-le-Duc paraît n'avoir eu aucune garnison, en dehors des gardiens des tours et des murailles; nous n'y relevons pas un soldat, mais un arquebusier, un artilleur et, au plus, deux canonniers (4), qui étaient sans doute des constructeurs et des artificiers. Le bailli avait bien, en qualité de capitaine, sa compagnie de 50 hommes d'armes, mais elle paraît avoir tenu garnison, hors de Bar même, dans les châteaux voisins, comme à Louppy et peut-être à Souilly : pendant la troisième guerre de religion, Claude de Florainville fit venir successivement au château de Bar 24, puis 80 « soldats arquebusiers avec morions gravés », conduits par le prévôt ou capitaine de Souilly, « son lieutenant, sergent et corporal de la compagnie » (5). A cette époque, on redoutait sans doute les attaques des protestants qui ne cessaient de venir d'Allemagne en France à travers la Lorraine, au secours de leurs coreli-

(1) « Inventaire des pièces d'artillerie et munitions de guerre » du duché de Lorraine : Arch. de Meurthe-et-Moselle, *États généraux de Lorraine*, 1, n° 32 (*B. 681*).

(2) Comptes de 1568 : *B. 1271*, f° 86; v. plus haut, p. 180, note 4.

(3) V. p. 141, note 4 et p. 157, note 3.

(4) Lettres de 1578 : *B. 228*, f° 150 v°. — Comptes domaniaux de 1522-23 : *B. 838*, *Inventaire* cité, *CC1*, comptes municipaux de 1596-98, f° 87.

(5) Comptes domaniaux de 1590, 1567 et 1568 : *B. 1393*, f° 40; *1270*, f° 84 v° et *1271*, f° 86 v°.

gionnaires (1); ce fut pis encore après la Saint-Barthélemy; car, dans l'hiver de 1573, il y eut à Bar une garde composée de soldats et de gens d'armes, qui fut commandée, d'abord par le capitaine La Croix, dit Jallant, plus tard par le bailli en personne, venu à Bar « pour les tuition » de la place, du 24 avril au 12 mai et, l'année suivante, 6 soldats y restèrent encore « pour la garde de la ville » (2). Pendant les dix ans qui suivirent, il n'y eut guère à Bar que des passages de troupes : celles du duc de Guise en septembre 1575, au mois de janvier suivant les reîtres au service du prince de Condé venant en France pour la quatrième guerre de religion ; pourtant en 1583 « des gens de guerre » de Charles III demeurèrent quelque temps aux « environs de la ville » (3).

Tout allait changer avec la Ligue : durant les dix années de guerre qu'elle amena, Bar-le-Duc fut sans cesse traversée ou occupée par des soldats lorrains; un moment elle fut prise par l'ennemi, toujours elle put redouter une attaque. En avril 1585, « il se répandit un bruit de guerre » et, le mois suivant, il passa à Bar « 24 chars et charrettes chargés de munitions » ou d'armements et un autre rempli d'argent, envoyés à Châlons au duc de Guise (4). Moins d'un an après, comme les protestants préparaient contre la Ligue une guerre de revanche, Charles III ordonna à René de Florainville de convoquer les nobles et de « mettre sur pied tout l'arrière-ban du pays »; le 29 mai, le bailli passa les nobles en revue, tandis que des lansquenets se tenaient « aux environs de la Ville » (5).

(1) Comptes de 1567-68 : *B. 863*, fos 101 vo et 113.

(2) Comptes domaniaux de 1572 à 1574 : *B. 566*, fo 147 vo; *567*, fos 169 vo et 193; *568*, fo 173 vo. *CC1*, comptes municipaux de 1573-75, fos 27 vo et 44.

(3) Comptes domaniaux de 1575 et 1576 : *B. 869*, fos 93 vo et 110 vo; *870*, fos 93 et 109. *CC1*, comptes municipaux de 1573-75, fo 36 vo et de 1583-85, fo 68.

(4) *Annales* de Bar : *Ms. 53*, p. 11.

(5) Ordonnance du 28 février 1586 : *Ms. 140*, *s. a.* — *Annales* de Bar : *Ms. 53*, p. 12.

C'est en 1587 que les protestants d'Allemagne envahirent la Lorraine, à la fois pour se venger de Charles III et pour donner la main aux calvinistes de France; comme leurs levées étaient connues, chacun dut « se tenir prêt et équipé » : au mois de juillet, les nobles s'assemblèrent à Bar, tandis que « les champs étaient remplis d'un grand nombre de gens d'armes » (1). Déjà le duc avait envoyé un ingénieur à Bar, « pour la fortification de la ville »; quand il rappela auprès de lui le bailli Florainville, il le remplaça par un capitaine, M. de Remenécourt, qui commandait sans doute aux capitaines des différents quartiers, comme aux garnisons voisines de Louppy, Souilly et Revigny. Ce gouverneur s'efforça de savoir si Bar n'était pas l'objectif des ennemis et de fournir la place de munitions : Charles III avait fait mettre 232 livres de poudre au magasin du château et la Ville avait donné à Remenécourt « 50 livres de poudre d'arquebuse de Strasbourg »; le duc en acheta encore 30 autres à un salpêtrier de Longeville, « pendant le passage de l'armée des huguenots » dans le duché (2).

Après l'échec des ennemis à Pont-Saint-Vincent, toute l'infanterie du duc, commandée par le baron d'Haussonville, colonel général, et « composée de plus de 50 compagnies », arriva à Bar le 16 septembre et y resta jusqu'au 3 octobre suivant; les régiments de MM. de Lenoncourt, bailli de Saint-Mihiel, et d'Artigotty, officier de la maison du duc, furent logés aux faubourgs, à la charge de la Ville et du souverain, jusqu'à ce qu'on les écartât de Bar, à l'approche des vendanges; une telle agglomération, jointe aux excès commis par les soldats dans les vignes avant la maturité du raisin, amena, dans la ville, la dysenterie qui fit mourir beaucoup de soldats et plusieurs habitants (3). Quand Charles III, qui voulait se

(1) Ordonnances des 6 et 20 avril 1589 : *Ms. 1*[40], *s. a.* — Comptes de 1586 : *B. 570*, f° 160 v°. *Annales* de Bar, *Ms. 53*, p. 12.

(2) Comptes domaniaux de 1587 : *B. 570*, f°s 161 v° et 157 v°. *CC1*, comptes municipaux de 1586-88, f°s 71, 70 v°, 65 et 58 v°.

(3) *Id.*, f°s 66 v° à 72 v°. *Annales* de Bar : *Ms. 53*, p. 13. Comptes

venger des protestants, attaqua la principauté de Sedan, Florainville ramena à Bar des prisonniers de cette ville; lorsque le duc, après avoir fait de nouvelles levées de gens de guerre dans les diverses prévôtés du bailliage, assiégea la forte place de Jametz défendue par Jean Errard, il fit venir de Bar de l'artillerie et des munitions (1).

Après l'avènement de Henri IV, la guerre éclata entre la Lorraine et la France; dès lors, Bar-le-Duc ne connut plus de repos jusqu'à la paix. La Ville haute avait été surprise par les cuirassiers d'Yvernaumont, lieutenant du maréchal d'Aumont, le matin du 6 septembre 1589; mais Charles III y avait heureusement concentré, depuis quatre jours, des forces considérables de régiments lorrains ou étrangers, logés soit dans la Neuve ville, soit dans les quartiers excentriques (2). Ils repoussèrent facilement l'ennemi, après trois ou quatre heures d'occupation; quand le bailli quitta Bar-le-Duc avec une partie de ces troupes, la compagnie de M. de Montaugon paraît y être restée assez longtemps; à la fin de l'année, il arriva à Bar d'autres contingents et « il y avait tant de gens d'armes à Bar, que les bourgeois furent contraints de faire le guet à la tour Notre-Dame » (3). Un an après, le duc, qui venait de prendre Vitry, demeura huit jours dans la ville « avec ses gens et son artillerie » et y laissa plusieurs « officiers domestiques » et soldats malades; bientôt il arriva « 200 lansquenets, qui logèrent aux faubourgs » (4). Au mois de mai 1591, le régiment d'Esne resta quatre jours à Bar, y « vivant à discrétion »; un peu plus d'un an après,

domaniaux de 1587 et 1588 : *B. 570*, f° 174; *877*, f° 91 v° et *1284*, f° 87. Cf. plus haut, p. 308, note 2.

(1) *CC1*, comptes municipaux de 1586-88, f°s 69 v° et 71. Comptes domaniaux de 1588 : *B. 570*, f°s 164 v° et 165. Cf. plus haut, p. 277, note 2.

(2) V. notre communication de juin 1914.

(3) *CC1*, comptes municipaux de 1590-93, s. p. Comptes domaniaux de 1590 et 1591 : Arch. de Meurthe-et-Moselle, *B. 1225*, f°s 227 et 228; *1226*, f° 381. *Annales* de Bar : *Ms. 53*, p. 15-16.

(4) *Id.*, p. 18.

trois compagnies de lansquenets vinrent tenir garnison à Bar, où elles restèrent plus de deux mois, logées au Bourg et à la Neuve ville; elles furent remplacées à la fin de l'année par d'autres, commandées par le capitaine Laurent, qui s'établirent à Bar-la-Ville et au Couchot, nous ne savons pour combien de temps (1). Pendant les années qui suivirent, il y eut toujours des soldats à Bar-le-Duc, soit les compagnies des deux baillis successifs qui y firent un assez long séjour, soit le régiment du baron de Circy qui y resta de novembre 1594 à mai 1595; c'est-à-dire à peu près jusqu'à la paix (2); ensuite, les effectifs paraissent être redevenus ce qu'ils étaient avant la Ligue.

Aussitôt après la surprise de la Ville haute, on avait mis en état les défenses de la place : des canonniers et un corps de garde avaient été établis au boulevard Saint-Jean, des poternes et des créneaux bouchés à la Porte Phulpin; dans le Château, on avait aménagé le grand puits et transporté un moulin à bras, afin de tout préparer pour soutenir un siège (3); mais ces sages précautions ne furent pas suivies d'effet. Toutes les fortifications de la Halle et du Château ne servirent qu'à loger des prisonniers, comme ceux de Vassy et de Sainte-Menehould, qui furent gardés à la Tour Jurée et à la Conciergerie (4). On avait également augmenté la provision de poudre, de salpêtre et de balles en faisant venir ces munitions non seulement de Bar, mais encore de Saint-Mihiel et même de Briey; après la guerre, Charles III envoya à Bar-le-Duc un poudrier de Pierrefitte pour « entreprendre de faire une batterie à poudre proche de » la ville (5).

(1) *Id.*, p. 19 et 20. Comptes domaniaux de 1592 : Arch. de la Meuse, *B. 880*, f° 89 v°.

(2) *Annales* citées, p. 21 à 23.

(3) V. plus haut, p. 165, note 3, et p. 132, note 5. Comptes de 1590 et 1591 : *B. 571*, f°s 197 v° et 200; *572*, f°s 195 à 197.

(4) Comptes de 1591 et 1592 : *B. 572*, f° 204 v° et *572*, f° 196 v°.

(5) Comptes domaniaux de 1590 et 1596 : *B. 571*, f° 202 v° et *575*, f° 176. *CC1*, comptes municipaux de 1590-93, s. p.

Ainsi, tandis qu'on faisait bonne garde aux carrefours, on s'efforçait de répartir les effectifs aussi équitablement que possible entre les différentes parties de la ville ; mais il semble qu'on en ait surtout surchargé les faubourgs, sans doute parce qu'ils étaient en pays plat et qu'étant ouverts ils n'avaient pas à contribuer à l'entretien des murailles. Les membres de la Chambre des Comptes, ainsi probablement que les nobles et les ecclésiastiques, étaient dispensés de loger les soldats de passage ou de la garnison, mais devaient contribuer à leur chauffage, à leur éclairage et à leur nourriture. Les autres habitants devaient fournir, avec le logement, les « ustensiles » qui en dépendaient, « comme linges, vaisselles et autres fournitures de ménage » ; d'ailleurs, les soldats devaient se borner à « faire cuire leur pot et viande aux feux de l'hôte » : on devait fournir, par jour, pour leur chambre, au capitaine 3 bûches de bois « raisonnables », 4 fagots et 3 chandelles, au lieutenant 3 bûches, 3 fagots et 2 chandelles, à l'enseigne 2 pièces de chaque façon ; les soldats devaient se contenter, par chambre, d'une bûche, 2 fagots et une chandelle ; ceux qui n'avaient pas de soldats aidaient les autres à loger les leurs. Tous les habitants, même les privilégiés, payaient « une certaine somme fixe par mois pour le prêt des soldats de la garnison » et la répartition s'en faisait comme celle des autres impôts, « le fort portant le faible ». Le duc fournissait le chauffage des corps de garde et parfois la nourriture de certains régiments (1). Quand l'artillerie du duc arrivait dans quelque ville, celle-ci était « tenue » de lui offrir un banquet, « suivant le droit et privilège des canonniers » ; c'est ce que fit Bar-le-Duc en 1590 (2).

La guerre était, pour les populations, non seulement un accroissement de charges, mais un véritable fléau, qui traînait avec elle la dévastation, la misère et la peste. Les incursions des gens de guerre ennemis arrêtaient toutes

(1) Règlements des 8 et 19 novembre 1589, confirmés le 29 juillet 1593 : *B. 2972*.

(2) *CC1*, comptes de 1590-93, s. p. Cf plus haut, p. 334, note 4.

les affaires dans la ville, désolaient les villages de la banlieue et, parfois, les privaient de tout leur bétail (1). Les armées lorraines faisaient malheureusement presque autant de mal (2). Sur le territoire de Bar-le-Duc, les soldats en garnison ou de passage faisaient, en effet, manger par leurs chevaux le « surpoil » ou regain des prés, enlevaient les fermetures des jardins, pillaient les vignes aux approches de la vendange, et saccageaient tellement la campagne et les abords de la ville, que les habitants faisaient tout leur possible pour en être débarrassés (3). A Bar même, rien que dans la Ville haute, ils brisèrent deux portes au greffe de la prévôté, rompirent la toiture de la Porte aux-Bois et même celle de la fontaine du Château; lors de la première occupation militaire de Bar, ils se conduisirent si mal que les deux chefs de la garnison, de Lenoncourt et d'Artigotty, durent faire planter deux potences, l'une devant l'Auditoire pour la Ville haute, l'autre aux faubourgs, évidemment aux Clouyères, pour la Ville basse, « afin de servir de terreur aux soldats de leur régiment » (4). Ces gibets servirent sans doute à faire quelques exécutions : en 1587, Blaise Brocquet, soldat de la compagnie du capitaine Dagne, ayant tué quelqu'un d'Ancemont, avait déjà été conduit de Souilly à Bar pour être étranglé et pendu; quatre ans après, deux soldats, l'un originaire de Couvonges, l'autre faisant partie de la compagnie du capitaine de Montigny, condamnés à mort, nous ignorons pour quel crime, furent pendus, l'un au moins aux Clouyères (5). Quand les fautes étaient légères, on se con-

(1) Lettres de constitution de rente de 1592 et 1598 : *DD1*, f° 127. *Annales* de Bar, en mars 1593 : *Ms. 53*, p. 21.

(2) Ordonnances des 28 décembre 1587 et 8 mars 1588 : *Ms. J40*, *s. a.*, 1587.

(3) *CC1*, comptes municipaux de 1586-88, f°s 66 v° et 80; de 1590-93, s. p. et de 1593-95, f°s 52 et 54. *Annales* de Bar, en juin 1589 : *Ms. 53*, f° 15. — Cf. plus haut, p. 308, note 2.

(4) Comptes de 1590, 1591 et 1595 : *B. 571*, f° 198; *572*, f° 197 v° et *575*, f° 195. — Comptes de 1588 : *B. 570*, f° 174.

(5) Comptes de 1587 et 1591 : *B. 1284*, f° 90 v° et *571*, f°s 203 v°, 212 et 213.

tentait sans doute de condamner les soldats à quelques jours de prison, à la Conciergerie ou dans quelque autre cachot (1).

§ 2. — *L'assistance publique et la justice.*

Les services publics qui dépendaient de la municipalité étaient l'entretien de la ville, l'hygiène et l'assistance publique, tandis que la justice relevait du duc.

L'entretien de la ville embrassait la construction et la réparation des édifices communaux, la bordure et le pavage des rues, le service des eaux. Les différents monuments publics étaient, nous l'avons vu, entretenus aux frais des habitants; mais même les constructions privées étaient surveillées : les maisons devaient être bâties aussi régulièrement que possible (2), car le souci de l'alignement, que nous poussons peut-être aujourd'hui à l'extrême, existait déjà autrefois et se retrouvait dans l'établissement des rues comme dans les bordures des jardins et des bois. La voirie relevait du prévôt; les habitants et les gouverneurs de la Ville basse, l'ayant requis « de faire niveler les rues afin de les entretenir propres », ce fonctionnaire, accompagné du maire et des gouverneurs des deux carrefours, parcourut les rues avec deux maîtres maçons « qui jetèrent le niveau et ordonnèrent aux habitants d'entretenir les rues et d'y faire écouler les eaux »; mais, plus tard, on décida de paver le Bourg et une partie de la Neuve ville, comme on avait fait à la Ville haute (3). Ce pavage, établi avec de la pierre et du sable, paraît avoir été en partie à la charge de la Ville et en partie à celle

(1) Comptes de 1595 : *B. 575*, f° 172 v°.

(2) V. plus haut, p. 212, note 4. — En 1551, la Chambre des Comptes décide que l'on pouvait construire autour de la halle des maisons « semblables et d'un même volume, pour qu'il n'y ait pas difformité » : *B. 220*, f° 69 v°. Pour les autres mesures d'alignement, v. les actes de 1586 et 1579 : *Cartulaire Vincent*, f° 39 et *B. 228*, f° 184.

(3) Konarski, t. II, p. 70. *CC1*, comptes de 1573-75, f° 45 et v°. — Acte de 1580 : *Ms. 109*[1], *s. a.* Comptes de 1584 et 1574 : *B. 569*, f° 166 v° et *568*, f° 196.

du duc, puisque les habitants laissaient, en paiement, un jardin à Vincent Gratas qui s'en acquittait et que la Chambre des Comptes avait établi une certaine taxe pour le pavé ancien et nouveau (1). Le service des eaux n'était organisé que dans la Ville haute, où habitait le fontainier, gardien de la seule fontaine publique de Bar-le-Duc; il était, pour moitié, aux frais des habitants et du souverain (2). Il ne semble pas qu'on ait jamais pris de mesures contre l'incendie en dehors du *couvre-feu,* qui était sonné chaque jour pendant une demi-heure, par les marguilliers de Saint-Maxe évidemment, à la tour de l'Horloge (3) pour qu'on l'entendît de toute la Ville. Celle-ci n'était, d'ailleurs, pas éclairée la nuit : quand les grands personnages voulaient y voir, ils se faisaient accompagner de serviteurs portant des falots allumés (4).

Les précautions d'hygiène étaient loin d'être inconnues; mais on ne prenait guère de mesures préventives contre les épidémies et on se bornait à traiter, semble-t-il, la lèpre et la peste, quand elles éclataient. Non seulement le château et l'hôpital avaient des latrines ou « privés », mais la Chambre des Comptes ne laissait construire de maisons au pourtour de la halle qu'à condition qu'on y établît « un privé ou retrait cavé bien profond », de façon à n' « engendrer aucune puanteur et infection » ; toutefois, s'il en était ainsi des bâtiments officiels et peut-être des constructions des riches, il semble très douteux qu'on ait suivi les mêmes coutumes dans les maisons ordinaires et surtout les petits logis des pauvres (5). On faisait encore

(1) *CC1*, comptes de 1582-85, f°s 6 v° et 57 v°. Ordonnance de 1575 : *B. 255*, f° 36 v°.

(2) V. plus haut, p. 135-6 et p. 139, note 2. — Comptes de 1571 et 1574 : *B. 565*, f° 169 v° et *568*, f° 197.

(3) Comptes de 1556 et 1590 : *B. 557*, f° 145, et *571*, f° 16. Cf. plus haut, p. 140, note 4.

(4) Ainsi en 1568, dans la rixe Bazin : *Annales de l'Est*, juillet 1902, p. 363.

(5) V. plus haut, p. 150, note 1, et 145, note 3. Autorisation de 1551 citée plus haut, p. 338, note 2. — Ainsi, en 1580, un religieux Béné-

écheniller les arbres de la Ville ou du jardin de l'hôpital (1); mais ce sont là toutes les précautions hygiéniques que nous trouvons prises en temps ordinaire. Aussi, les épidémies étaient-elles aussi courantes à Bar que dans toutes les autres villes de Lorraine ou de France. L'une des moins répandues au XVIe siècle était encore la *lèpre*. Celui qui en était soupçonné était soumis à la visite de deux médecins : si on le reconnaissait lépreux ou « ladre », il était « mis hors la congrégation et fréquentation des siens » par les évardeurs qui, après l'avoir quelquefois revêtu d'un manteau de drap pour le garantir du froid, le conduisaient soit dans une loge (2) ou maisonnette, soit d'ordinaire à Popey. Ce gagnage, dont dépendait le bois de Grimoubois, comprenait une maison, une grange et une chapelle, entourés de murs, et avait été donné par René Ier à la collégiale Saint-Maxe, pour y nourrir les « pauvres lépreux de la nation de Bar » ; depuis le duc Antoine, ces malheureux avaient chacun 9 gros par semaine pour leur entretien ; en 1562, ils demandèrent à Charles III de « rehausser leur pitance » et reçurent une légère augmentation (3).

Si la lèpre était devenue rare à la fin du XVIe siècle, il n'en était pas de même de la *peste*, qui sévit en permanence à Bar-le-Duc, tout au moins pendant la Ligue. Nous n'avons trouvé sur elle avant cette époque aucune mention, évidemment, faute de détails donnés par les *Annales* de Remy et de comptes municipaux ; au contraire, nous sommes amplement renseignés à partir de 1583. Au début de cette année, le fléau éclata à la Ville haute, dans la famille du maire François de Mussey, qui y succomba peut-être ; la

dictin, ayant « un besoin à satisfaire », se rend dans le clos du prieuré : *Annales de l'Est*, juillet 1902, p. 367.

(1) *CC1*, comptes municipaux de 1582-84, f° 74 v°. Comptes domaniaux de 1574 : *B. 909*[1], f° 121.

(2) *CC1*, comptes municipaux de 1582-85, f° 67; 1586-88, f°s 65 v° et 66; 1590-93, s. p. *Annales* de Bar, en 1587 et 1592 : *Ms. 53*, p. 12 et 20.

(3) Chapitre de Saint-Maxe en 1562, 1563, 1571 et 1575 : *G*[1], f°s 266 v° à 267, 271, 312 et 328. *CC1*, comptes de 1586-88, f° 66. Renard, *art. cité*, p. 217.

peste frappa, du moins, sa femme, sa famille, ses chambrières et de nombreux voisins, enlevant un « grand nombre de personnes en fort peu de temps » et nécessitant l'envoi des autres en cinq loges, pendant quatre mois (1). C'était là sans doute un cas isolé que ces précautions réussirent à enrayer, car Bar paraît être resté pendant quatre ans à l'abri de la peste. Elle reprit alors, dans le Barrois comme en Lorraine, au moment où l'invasion protestante obligeait les gens des campagnes à se retirer dans les villes : à la fin d'août 1587, elle éclata à la fois dans la Ville haute et dans la Ville basse, d'une part chez Didier du Jard et le portier de la Porte Phulpin, de l'autre chez les servantes de Maxe Errard et de la veuve de Claude de l'Église, sévit pendant au moins trois mois « à Bar et aux environs » et fit périr « beaucoup de gens » (2). A peine l'épidémie paraissait-elle apaisée, qu'elle redoubla dans la Ville basse en janvier et en avril 1588 et, malgré les précautions prises par la Ville haute, l'attaqua le 21 mai et sévit avec violence de juin à octobre (3). Après s'être éteint à deux reprises, le fléau reparut, en juin et juillet 1589, principalement à Marbot, puis aux mois d'avril et de mai suivants, dans la rue du Coq, au Petit Couvent qu'il fallut évacuer, et dans la petite rue du Bourg où elle fit « bien des ravages » (4). Bien que tout danger ait disparu après la guerre, il y eut encore, notamment au Couchot,

(1) *CC1*, comptes de 1582-85, f°s 2 v°, 64 v° et 65 v°.

(2) Cf. notre article : Les ravages de la Lorraine pendant la Ligue. *Pays lorrain* et messin, février 1911, p. 71-72, pour les localités lorraines qui en furent atteintes. — *CC1*, comptes municipaux de 1586-88, f°s 61 v° et 62; comptes domaniaux de 1587 : *B. 570*, f° 161, et *877*, f° 57. *Annales* de Bar, *s. a.* : *Ms. 53*, f° 13.

(3) Comptes municipaux cités, f°s 62, 63 et 78. Comptes domaniaux de 1588 : *B. 878*, f° 57. *Annales* citées, p. 15. Les jugements du bailliage (V. plus haut, p. 176, note 3), des 17 mai, 1er et 12 octobre 1588, parlent de personnes mortes de la peste. D'après les « journaux domestiques de M. Braux, marchand à Bar », elle aurait régné six mois en 1587-88, tuant 2.400 personnes : *Ms. I^{10}*, *s. a.*, 1587 (extrait de Servais, dont nous n'avons pu contrôler l'original).

(4) *CC1*, comptes municipaux de 1586-88, f°s 63 v° et 64 v°; 1590-93, s. p. *Annales* de Bar : *Ms. 53*, p. 13 à 15. Cf. plus haut, p. 160, note 5.

au début de 1597, une dernière attaque de la maladie, qui dura dix-huit semaines — plus de trois mois — et fut des plus meurtrières (1).

Bar-le-Duc prenait contre la peste des mesures analogues à celles des villes de Lorraine ou de France, mais les soutenait avec beaucoup moins de rigueur (2). Les mesures préventives étaient rares. On essayait surtout d'arrêter l'invasion de l'épidémie par des processions, où l'on promenait d'ordinaire la châsse de Saint Maxe (3); les mesures consécutives au fléau étaient générales et particulières. Quand la peste avait éclaté dans une partie de la ville, on en fermait les portes et on y mettait des barrières : à la Quasimodo de 1588, les habitants de la Halle, craignant la contagion de la maladie qui régnait dans la Ville basse, fermèrent la porte de l'Armurier, mais les enfants ayant brisé celle-ci, la procession entra au milieu des rues désertes, bordées de maisons fermées; les guichets des portes Tête-Fendue et Phulpin restèrent murés jusqu'en 1595 et 1596; en 1589, on mit, sur l'ordre du bailli, une barrière sur la côte Brise-Bréchier et trois autres au Bourg, dont deux au-dessus du Pont Croquart et des Écuries « pour éviter la fréquentation des gens » du duc « avec ceux des carrefours que l'on soupçonnait de la contagion » (4). Si la peste sévissait à la Ville haute, on n'y faisait plus ni foires ni marchés, les unes étant à peu près supprimées, les autres étant transportés dans les faubourgs de la Ville basse (5). Pour soigner les malades, les habitants votaient enfin une taille spéciale (6).

Les précautions particulières étaient beaucoup plus

(1) *CC1*, comptes de 1596-98, fos 2 et v°, 70, 71 et 94. *Annales : Ms. 53*, p. 24.

(2) Cf. ordonnance de 1575 à Metz. Fossayeux, les Épidémies de peste à Paris, *Bull. de la Soc. française*. Histoire de la médecine, février 1913.

(3) Konarski, t. II, p. 71.

(4) *Annales*, *s. a. : Ms. 53*, fos 14 et 24. — *CC1*, comptes de 1586-88, fos 64 et 58 v°.

(5) V. plus haut, p. 312, note 4 et p. 313, note 4.

(6) *CC1*, comptes de 1586-88, f° 3.

nombreuses et plus compliquées; elles rappelaient celles que l'on prenait contre la lèpre. Toute personne soupçonnée de peste était visitée par les médecins, puis conduite par les évardeurs soit à la chapelle Sainte-Catherine, située sur la côte « au-dessus des vignes en vaux de Naives », soit dans des loges construites « en différentes contrées du finage de Bar », mais aux environs des faubourgs, comme à Parfondeval, à Grimonbois ou à la Vaux Viry; ces loges, bâties en planches et en lattes, étaient sans doute de petites cabanes isolées (1). Les pestiférés y étaient traités à peu près comme les malades à l'hôpital: on les nourrissait de pain, de viande, de beurre, de fromage et de vin et, l'hiver, on leur fournissait du bois de chauffage (2). Un sergent de mairie, assisté probablement d'autres serviteurs de la Ville, leur distribuait les vivres; les évardeurs allaient souvent les visiter « pour connaître leurs nécessités » et leur avançaient, au besoin, de l'argent « pour leur soulagement » (3). Les soins médicaux, consistant en des opérations à coups de lancettes, des pansements, des distributions d' « eau de rose, médecines et drogues », leur étaient assurés par un chirurgien et un médecin, appelés parfois du dehors; les soins religieux et moraux leur étaient donnés au début par une sœur du Petit Couvent, à la fin par les Capucins (4), mais nous ne savons par qui pendant les années de crise que nous avons décrites. Les nombreux pestiférés qui succombaient étaient enlevés par un « sacquard », avec qui la Ville avait fait, par-devant notaire, un traité moyennant 7 francs par semaine, sans doute pour les porter en terre dans un sac; les meubles qu'ils avaient fait amener dans leur loge

(1) *Id.*, 1590-93, s. p.; 1582-85, f° 64 et v°; 1586-88, f°s 61 v°, 62 et v°, 63 et 64; 1596-98, f°s 69 v° et 70. Cf. comptes domaniaux de 1518-19 et de 1530 : *B. 624* et *843*, *Inventaire* imprimé. En 1630 et 1632, on en mettait aussi près de la fontaine de Maëstricht : *Annales* de Bar, *s. a.*

(2) *CC1*, comptes de 1586-88, f°s 61 v° et 64; 1590-93, s. p. et 1582-85, f° 64 v°.

(3) *Id.*, 1586-88, f°s 61 v° et 63; 1590-93, s. p.

(4) *Id.*, 1586-88, f°s 61 v°, 63 et v°, 79; 1582-85, f°s 65 v° et 66; 1596-98, f° 74. *Ms.* 113^{II}, p. 309.

devaient être « consumés par le feu ou autrement », ceux qui étaient restés chez eux « nettoyés », c'est-à-dire désinfectés le mieux possible (1).

En temps ordinaire, le gouvernement et la municipalité s'efforçaient d'organiser l'assistance publique. Il y avait à Bar plusieurs mendiants et de nombreux pauvres; Charles III donnait régulièrement l'aumône à quelques mendiants (2), accordait, soit une certaine somme à tous les pauvres de la ville, soit du blé pour la nourriture de ceux de certains carrefours, ou distribuait de l'argent de certaines amendes aux pauvres de Bar « et des villages circonvoisins », dans les années de disette. De même, sur l'ordre des prévôts et des gouverneurs, la Ville faisait à certains pauvres des aumônes individuelles (3) et surtout organisait pour eux des secours réguliers. Dès 1573, les États généraux avaient voté une taxe des pauvres et en 1582 une ordonnance du duc avait enjoint aux communautés de nourrir leurs pauvres; en 1586, Bar-le-Duc fit lever sur tous les habitants une taille de 400 francs par semaine et dut la renouveler au moins de 1595 à 1597, après les guerres; mais nous ignorons si les secours étaient, comme au siècle suivant, distribués en nature (4).

La Ville avait, en outre, la charge de l'*Hôpital* ou Hôtel-Dieu. Dès 1559, le comte de Vaudémont, régent du duché de Lorraine pour Charles III, avait remis cet établissement, avec tous ses revenus, à la Ville, pour loger ses pauvres, sous la surveillance de la Chambre des Comptes; en 1565, le duc y ajouta le Petit Couvent, afin d'y « dresser une infirmerie » pour « les pauvres infirmes et malades »,

(1) *CC1*, comptes de 1586-88, f°s 61 v°, 64 et v°. — Jugement du 17 mai 1588 cité plus haut, p. 341, note 3.

(2) Comptes de 1576, 1562 et 1570 : *B. 748*, f° 108 et v°; *744*, f° 79 v°, et *745*, f° 78.

(3) Comptes domaniaux de 1574 : *B. 568*, f° 173 v°, et *868*, f° 97 (cf. en 1545-46 : *B. 854*, *Inventaire* imprimé). Comptes municipaux de 1573-75, f° 28 et de 1582-84, f° 75.

(4) Digot, t. V, p. 108-9. *CCI*, comptes de 1583-85, f°s 79 et 77 v°; 1593-95, f° 43 v°. *Annales* de Bar : *Ms. 53*, f°s 12 et 22. — Konarski, p. 114.

à condition d'entretenir les deux béguines qui s'y trouvaient encore : ce bâtiment resta une dépendance de l'hôpital jusqu'au 23 avril 1590, où il fut évacué à cause de la peste, en attendant qu'il fût donné, en 1597, aux Capucins (1). L'hôpital était dirigé par un « gouverneur et administrateur », nommé par l'assemblée générale pour une durée de trois ans et qui pouvait être ensuite réélu; ce gouverneur était assisté d'un « commis et contrôleur » et d'un « manager » ou économe, qui demeurait à l'hôpital, soignait les malades et les nourrissait, à raison de 18 gros barrois par tête et par semaine (2).

L'hôpital y pouvait facilement suffire, grâce à ses revenus. La commanderie Saint-Antoine devait, suivant un accord conclu avec la Ville, lui payer une rente annuelle de 300 francs; les Bernardins de Paris et différents particuliers de Bar lui versaient quelques petites rentes (3); il en touchait d'autres sur des maisons qu'il possédait dans tous les carrefours et dans les faubourgs de Bar-la-Ville et de Marbot, sur des terres situées aux finages de Bar, de Savonnières ou de Longeville (4); il avait des recettes en grains, le produit de la vente de ses poires et de ses pigeons et augmentait encore ces revenus ordinaires en prêtant de l'argent au taux légal de 7 ou 8 0/0 (5). D'ailleurs, le duc y ajoutait assez régulièrement quelques rentes, soit en argent, comme le produit de certaines confiscations, des amendes de police et de certains impôts, soit en nature, comme un arpent de bois à la

(1) Baillot, *Notice* sur l'hospice, p. 18-19 et l'*Assistance à domicile.... Mémoires* de la Société, 1877, p. 249. Donation du 27 mai 1565 : *B. 2972*.

(2) Baillot, *Notice*, p. 21 à 23; Konarski, p. 171. Comptes de l'hôpital en 1595, 1597 et 1574 : *B. 910, n° 2*, f° 1 et v°; *911, n° 1*, f° 47, et *909, n° 1*, f° 23.

(3) Comptes de 1595 : *B. 910, n° 2*, f° 2. Baillot, *op. cit.*, p. 31, 102 et 112.

(4) Comptes de 1594 et 1595 : *B. 910, n° 1*, f°s 12, 14, 20 v°, 22, 23 v°, 25 et 26; *n° 2*, f°s 10 v°, 15, 22 v° et 23. Baillot, *op. cit.*, p. 112.

(5) *Ibid.*, comptes de 1574 et 1594 : *B. 909, n° 1*, f°s 1-3; *910, n° 1*, f°s 2-3.

recrue du Haut-Juré ou des arbres pour le chauffage (1). L'hôpital disposait encore des biens que lui abandonnaient certains hospitalisés, des ventes des propriétés des malades morts sans héritier, des dons ou des aumônes, en argent ou en nature, que lui faisaient quelques habitants charitables, du produit des quêtes faites aux différentes églises de Bar, les dimanches et jours de fête, et des aumônes que les passants versaient au tronc placé devant l'hôpital (2). Tous ces revenus constituaient, en 1573, une recette de 630 francs, 9 gros, 2 deniers, dépassant les dépenses d'un peu plus de 80 francs (3) : l'hôpital, comme la Ville, ne connaissait donc pas le déficit.

Le règlement de 1559 portait que l'hôpital aurait toujours douze lits garnis de couchages (4) ; aussi pouvait-il contenir une assez grande quantité de malades. Le nombre de ceux qu'on traitait variait selon les années et les saisons : en 1574, où l'hiver fut extrêmement dur, ce nombre s'éleva de vingt à vingt-six de janvier à mars, tandis qu'il s'abaissa à trois et quatre de mai à août ; pendant les deux années suivantes, les chiffres ne dépassèrent pas huit et six, et tombèrent fréquemment à trois et quatre, de sorte que la plupart des lits durent être d'ordinaire inoccupés : de 1595 à 1599, l'hôpital ne compta aussi, en moyenne, que de trois à six malades (5). Les « pauvres passants », qui venaient à l'hôpital trouver un abri et se chauffer, furent quelquefois reçus en « grand nombre », dans les années de misère, mais, d'ordinaire, au lieu de les héberger, on leur donnait une miche de pain et

(1) Comptes de 1575, 1597, 1598, 1596, 1595, 1570 et 1588 : *B. 909, n° 2*, f° 17 v° ; *911, n° 1*, f°s 49, 53 et 26 et *n° 2*, f° 30 ; *910, n° 3*, f° 27 et *n° 2*, f° 20 ; *745*, f° 21 et *749*, f° 88. Baillot, p. 24.

(2) Comptes de 1574, 1596, 1595 et 1597 : *B. 909, n° 1*, f° 11 et v° ; *910, n° 3*, f° 24 ; *n° 1*, f° 21 v° et *911, n° 1*, f° 34. Baillot, p. 112.

(3) *Id.*, p. 112-3.

(4) *Id.*, p. 18.

(5) Comptes de ces années : *B. 909, n° 1*, f°s 18-20 v°, 22-23, 24 v°, 25 ; *n° 2*, f°s 22 v°-23 ; *n° 3*, f°s 19, 23, 25 et 28 ; *910, n° 2*, f°s 26-35 et 32 et *n° 3*, f° 30.

quelques gros « pour leur faire passer leur chemin » (1). A côté de ces malades et de ces pauvres, qui paraissent avoir été surtout des hommes, l'hôpital logeait des femmes et des enfants : il entretenait « la paralytique du Petit Couvent » qui était sans doute la dernière des Béguines, recevait, sur l'ordre de la Chambre des Comptes, des veuves et des femmes seules qui y restaient quelque temps; prenait en pension des orphelines et entretenait des jeunes filles ou des femmes qui lui avaient abandonné tous leurs biens (2); il soignait des enfants malades, d'autres dont la mère était en traitement ou se trouvait trop pauvre pour les emmener et, à la demande de la Chambre, en élevait d'autres jusqu'au moment où ils pouvaient apprendre un état : il y eut ainsi à l'hôpital souvent trois et jusqu'à six enfants à la fois (3).

Les hospitalisés étaient, semble-t-il, bien traités, quoiqu'il soit difficile dans les textes de distinguer le sort qui était fait aux malades de celui qu'on réservait aux pensionnaires. Ils recevaient, par semaine, 10 livres et demie de pain noir; le reste de l'ordinaire comprenait des « herbages », herbes ou légumes « pour faire potage » et, en carême, de l'orge et des pois, du fromage, comme viande, du lard, du bœuf ou du mouton cuits au beurre et, en carême, du poisson, hareng ou morue, cuits à l'huile ou au vinaigre (4); aux enfants on donnait, s'ils étaient tout petits « du lait et de la fleur de farine », évidemment en bouillie, et quand ils étaient plus grands, du vin, en plus de la nourriture ordi-

(1) Comptes de 1594, 1595, 1596 et 1597 : *B. 910*, *n° 1*, f°s 41 v°-42; *n° 2*, f° 41 v°; *n° 3*, f°s 41 v° et 46 v°; *911*, *n° 1*, f°s 43 et v°, 44 v° et 45.

(2) Comptes de 1595 et 1594 : *B. 910*, *n° 2*, f°s 26, 41 et 22 v°; *n° 1*, f°s 42 et 39 v°. Comptes de 1601-3 : *B. 912*, *Inventaire* imprimé.

(3) Comptes de 1575, 1574, 1595, 1596 et 1598 : *B. 909*, *n° 2*, f°s 22 et 29; *n° 1*, f°s 24 v° et 26; *910*, *n° 2*, f°s 26-36; *n° 3*, f°s 27, 39 v° et 41 v°; *911*, *n° 2*, f° 32.

(4) Comptes de 1594, 1595, 1596, 1574 et 1576 : *B. 910*, *n° 1*, f°s 29, 16 v°; *n° 2*, f°s 35 et v°, 38; *n° 3*, f°s 37 v° et 38; *909*, *n° 1*, f°s 24 et 25; *n° 3*, f° 23. Baillot, p. 114.

naire (1). Aux jours des grandes fêtes on traitait mieux tous ces malheureux, pour leur donner l'illusion d'être en famille : ils mangeaient, par exemple, du pain blanc; le jeudi saint, les pauvres qui étaient à l'hôpital et avaient assisté à la messe de la chapelle recevaient chacun une livre de pain bis et un hareng, quelquefois des pois et du vin (2).

Si les hospitalisés étaient bien nourris, ils n'étaient pas moins convenablement vêtus, couchés et chauffés. L'habillement des hommes et des enfants comprenait une ou deux paires de souliers, un chapeau et parfois des bas, une ou deux chemises de toile en été, un pourpoint et des chausses également de toile; en hiver, des habits de drap (3); les femmes, tout au moins les pensionnaires, avaient un costume composé de pantoufles, de chemisettes, de jaquettes et de cotillons de tiretaine doublés, avec garde-robes ou tabliers de toile noire (4). Sans doute, quand le nombre des malades était restreint, chacun d'eux avait son lit; dans la « chambre des malades », il y avait au moins six lits ordinaires et deux « grands lits », peut-être à deux personnes : c'était des châlits formés de planches, qu'on remplissait de « paille à fardeau » ou étrain, c'est-à-dire de paille de blé, assez souvent renouvelée, et qu'on garnissait de draps ou linceuls, on les enveloppait de « tours de lit » — probablement des rideaux — de toile et on recouvrait les draps de couvertures en drap gris pour les châlits et en tiretaine rouge pour les grands lits, peut-être même les recouvrait-on d'édredons garnis de duvet (5). Le chauffage était abondant : les bois de la gruerie four-

(1) Comptes de 1574 et 1575 : *B. 909, n° 1*, f° 24 et *n° 2*, f°s 27 et 23.

(2) Baillot, p. 20 et 114. — Comptes de 1595, 1596 et 1599 : *B. 910, n° 2*, f° 44; *n° 3*, f° 47; *911 n° 1*, f° 44 v° et *n° 3*, f° 37.

(3) Comptes de 1597, 1595 et 1575 : *B. 911, n° 1*, f° 45 v°; *n° 2*, f° 38 v°; *909, n° 3*, f° 28 v°.

(4) Comptes de 1594 à 1596 : *B. 910, n° 1*, f°s 39 v°, 40 v° et 41; *n° 3*, f°s 37 v°, 38, 42 v° et 43; *n° 2*, f° 36 v°.

(5) Comptes de 1594, 1595, 1575, 1599 et 1597 : *B. 910, n° 1*, f°s 39 et 40; *n° 2*, f° 37 et v°; *909, n° 2*, f° 22; *911, n° 3*, f°s 36 v°-38 et *n° 1*, f° 46 v°.

nissaient largement le combustible, fagots et souches de chêne, en 1574, l'année du gros hiver, les bûcherons façonnèrent jusqu'à 4.775 fagots et 25 cordes et demie de bois pour l'hôpital; de temps en temps on amenait une vanne de charbon, c'est-à-dire sans doute une voiture de houille (1).

Malheureusement, le traitement médical et spirituel des malades paraît avoir été assez médiocre. Les maladies les plus communes que nous trouvons à l'hôpital étaient : la teigne, soit la « mauvaise », soit la « petite » teigne, qui frappait les gens pauvres, souvent les enfants, et qu'on guérissait par des pansements (2); des ulcères que les chirurgiens s'efforçaient de « médicamenter » et des apostumes sur lesquels on appliquait du cérat ou du sirop de mélilot (3); des maux de jambe qu'on traitait avec force boîtes d'onguent, mais que le plus souvent on extirpait radicalement, même chez les enfants, en coupant le membre atteint, qui était remplacé par une jambe de bois; le peu de soins donnés par les médecins et de médicaments fournis par les pharmaciens prouve combien ces traitements étaient sommaires (4). Les soins religieux n'étaient, croyons-nous, pas beaucoup plus prodigués : le fondateur de la confrérie du Saint-Sacrement avait chargé les Antonistes de dire tous les dimanches une messe à la chapelle de l'hôpital et Martin le Marlorat y avait ajouté dix autres messes annuelles, peut-être pour les jours de fête (5); mais c'est tout ce que nous trouvons pour les hospitalisés. Aussi les malades et les pauvres, à peine soignés, succombaient en foule, surtout dans les mauvaises années où ils s'entas-

(1) Comptes de 1574, 1594 et 1595 : *B. 909, n° 1*, f°s 21 v°, 22 v° et 23 v°; *910, n° 1*, f°s 39 et 41 v°; *n° 2*, f°s 37 et 39. Baillot, p. 113.

(2) Comptes de 1575, 1576, 1595, 1596, 1597 et 1599 : *B. 902, n° 2*, f° 29; *n° 3*, f° 28 v°; *910, n° 2*, f° 40 v°; *n° 3*, f° 37 v°; *911, n° 1*, f° 43 et *n° 3*, f° 38.

(3) Comptes de 1575 et 1597 : *B. 909, n° 2*, f° 22 et *B. 911, n° 1*, f° 45.

(4) Comptes de 1574, 1575, 1595 et 1596 : *B. 909, n° 1*, f°s 21 v° et 26 v°; *n° 2*, f° 22; *910, n° 2*, f° 40 et *n° 3*, f° 43. — Cf. Baillot, p. 34 et 113.

(5) Comptes de 1596 et 1594 : *B. 910, n° 3*, f° 17 v° et *n° 7*, f° 45.

saient à l'hôpital : en février 1574, sur 26 il en mourut jusqu'à 9; dans les six premiers mois 43 succombèrent; dans l'année entière 85; en 1596, le nombre des morts fut de 64; d'ordinaire, il était peu de semaines qu'il n'en mourût au moins un et, en hiver, plusieurs (1). Ces morts étaient ensevelis dans un linceul, probablement leurs propres draps, puis portés sur un brancard par deux porteurs, accompagnés du marguillier de Saint-Antoine, qui recevait 1 sol par tête pour leur convoi; ils étaient alors enterrés par le fossoyeur au cimetière des Clouyères (2).

La justice était rendue à Bar, en dehors des juridictions particulières dont nous avons déjà parlé, par le maire, le prévôt et le bailli; hors de Bar, par les tribunaux d'appel. Le maire avait des attributions de simple police : il pouvait condamner à des amendes qui montaient jusqu'à 60 sous et étaient affermées, pour trois ans, à un particulier (3). Le prévôt avait des attributions du même genre, mais plus étendues : outre celles de 60 sous, il pouvait infliger des amendes « arbitraires », c'est-à-dire dont le chiffre n'était pas fixé par la loi; il s'occupait, de plus, des affaires civiles et criminelles, ainsi que le bailli (4). On en appelait de celui-ci au présidial de Sens en matière civile et au Parlement de Paris en matière criminelle; toute cette procédure avait été réglée dès le règne de Henri II (5), fondateur des présidiaux, bien avant sa fixation définitive par les concordats de Charles IX et de Henri III. Aussi y avait-il à Bar un « sergent royal au bailliage de Sens », chargé sans doute de notifier les volontés du roi de France, et à Sens un procureur du duc qui renseignait celui-ci et le représentait dans les affaires judiciaires (6); le prince

(1) Comptes de ces années : *B. 909, n° 1*, f° 18 v° et *910, n° 3*, f° 46 v°. Baillot, p. 113.

(2) Comptes de 1574, 1594 et 1597 : *B. 909, n° 1*, f°s 26 v° et 23 v°; *910, n° 1*, f° 42 et *911, n° 1*, f° 4.

(3) Comptes de 1574 : *B. 568*, f° 81 v°.

(4) *Id.*, f°s 83 et 98. — V. plus haut.

(5) Lettres du roi, 7 décembre 1552 : *Ms. 139, s. a.*

(6) Comptes de 1573, 1574, 1587 et 1597 : *B. 747*, f° 77 v°; *568*, f° 188 v°

avait de même, à Paris, auprès du Parlement, un « conseiller et solliciteur », s'occupant de ses affaires, qui était Claude Bardin, le voué de Condé, et un procureur, nommé Guymart, chargé de le représenter dans les procès criminels (1).

Les auxiliaires de la justice étaient les geôliers et le bourreau. Les prisons « civiles et criminelles » étaient situées à la Tour Carrée, à la Conciergerie et à la Tour Jurée ; les prisonniers y couchaient sur la paille et y étaient exclusivement nourris de pain et d'eau (2). Leurs gardiens devaient tenir « un livre d'écrou » indiquant le nombre des gens qu'ils détenaient et permettant au receveur du domaine de rembourser leurs frais d'entretien ou de nourriture : au début ils avaient, pour les nourrir, une somme fixe qui, de 5 gros, passa à 14 blancs par jour et par personne ; à la fin du siècle, la Chambre des Comptes remplaça cette allocation par une somme de 18 deniers, pour les différentes fournitures, en dehors du pain : celui-ci devait leur être distribué à raison par jour de 2 livres de pain bis, payable chaque semaine au prix indiqué par les évardeurs au greffe de la prévôté (3). Le *bourreau*, qui avait le titre de « maître exécuteur », d' « exécuteur de la haute justice » ou « des hautes œuvres », était un véritable fonctionnaire, dont le traitement était de 50 francs par an, tout comme celui du lieutenant général en la prévôté ; c'était quelquefois le tourier de la Porte Jurée, d'ordinaire un personnage n'ayant pas d'autre attribution, habitant une maison qui appartenait au duc et était probablement

570, f° 156 v° et *576*, f° 55 v°. Lettres de 1563 : Arch. de Meurthe-et-Moselle, *B. 35*, f° 14. Extraits cités plus haut, p. 268, note 3.

(1) État de solliciteur en Cour de France pour Claude Bardin, 27 octobre 1572 : Arch. de Meurthe-et-Moselle, *B. 42*, f° 194 v°. — Comptes de 1572 à 1574 et de 1587 : Arch. de la Meuse, *B. 566*, f° 156 v° ; *567*, f°s 145, 169 v° et 170 v° ; *568*, f° 169 v° et *570*, f° 156 v°.

(2) V. plus haut, p. 140, note 2, p. 130, note 2 et p. 148, note 3. Souhesmes, *art.* cité : *Annales de l'Est*, octobre 1902, p. 575.

(3) Comptes de 1573 et 1587 : *B. 567*, f° 204 v° et *570*, f° 185 et v°. Règlement de 1598 : *B. 255*, f° 106.

adossée au rempart, du côté de la rue de Véel (1). Il est qualifié de maître des hautes œuvres, tantôt de la prévôté, tantôt du bailliage, ce qui prouve qu'il servait à la fois à l'un et à l'autre : il n'opérait pas seulement, en effet, dans la capitale du duché, mais pouvait être appelé dans les autres chefs-lieux de prévôté, comme Gondrecourt et Souilly (2).

La *haute justice* était dite « justice criminelle », mais embrassait non seulement ce que nous nommons actuellement crimes, mais aussi certains larcins, car on qualifiait alors de « crimes » des actes qui passent aujourd'hui pour de simples délits, comme le vol qualifié ou le transport du bétail en fraude; cette justice, dont l'attribut était un signe patibulaire, entraînait des peines corporelles autres que la prison, comme la fustigation, le pilori, le bannissement, la mutilation des membres et la mort (3). Toutes ces peines étaient appliquées par le bourreau à la requête du procureur général et après consultation des avocats, à moins que les inculpés ne fissent appel, et les sergents devaient assister à l'exécution de la sentence (4). Tous les coupables, hommes, femmes ou même enfants, pouvaient être fouettés de verges; la *fustigation* avait lieu rarement « sous la custode », c'est-à-dire en prison même. Le plus souvent elle se faisait « par les carrefours et lieux accoutumés », d'ordinaire à la Ville haute, soit en faisant trois tours « autour de la halle », soit même en plein marché (5).

(1) Comptes de 1573, 1571 et 1584 : *B. 565*, f° 170; *567*, f°s 140, 176 et 202 v°; *569*, f° 192 v°. Comptes de 1565-66 : *B. 1269*, *Inventaire* imprimé.

(2) Comptes de 1574, 1594, 1566 et 1587 : *B. 568*, f° 214 et *1486*, f° 84 v°; *573*, f° 195 v° (cf. *572*, f° 201 v°); *1482*, f° 89; *1494*, f° 77 et *1284*, f° 91.

(3) Comptes de 1587 et 1594 : *B. 570*, f° 179 et v°; *574*, f°s 190, 197 v° et 198. — Coutumes de Bar, *art. 28* et *33*, p. 34 et 40 de l'édition de 1698.

(4) Comptes de 1574, 1587 et 1597 : *B. 568*, f° 216; *570*, f°s 179 et 181 v°; *627*, f° 128.

(5) Comptes de 1571, 1574, 1584, 1591 et 1594 : *B. 565*, f° 181 et v°; *567*, f° 264; *568*, f° 214; *569*, f°s 215 et 217; *572*, f° 201 v° et *574*,

On avait coutume d'attacher les gens au carcan ou *pilori* « l'espace de trois heures »; quelquefois la personne châtiée par le fouet ou le pilori devait, en outre, faire amende honorable, une torche à la main, à l'église paroissiale et l'on pouvait encore y ajouter une amende arbitraire (1). La fustigation ou la mise au carcan était généralement suivie du bannissement et de la confiscation des biens, la peine de mort entraînait aussi la confiscation, à moins que le duc ne fît grâce au coupable ou ne remît à sa famille une partie de ses biens (2) : ainsi, les peines étaient rarement limitées à la répression ou purement individuelles, comme elles le sont aujourd'hui. Toute personne condamnée au bannissement était « ajournée à trois brefs jours », c'est-à-dire qu'elle était sans doute assignée, tenue à comparaître dans les trois jours qui suivaient immédiatement (3).

Les condamnés à mort pouvaient en appeler au Parlement de Paris; en ce cas, ils étaient confiés à un sergent ou un messager juré, chargé de les conduire à la conciergerie du Palais de justice de cette ville et de les en ramener, à un prix fixé par un marché qu'avait passé la Chambre des Comptes, devant notaire (4). Quand le coupable s'enfuyait, il était exécuté en effigie devant l'Auditoire. On attachait à la potence ou à un poteau un tableau, « peint des deux côtés », qui représentait le criminel et ce tableau était pendu ou brûlé, suivant la sentence, au son du glas de la cloche de l'Horloge; la communauté des sergents de Bar était payée pour assister à l'exécution, comme les charpentiers et les couvreurs pour lever l'échelle contre la

f° 1:3 v°. Sur l'expression « sous la custode », v. Dumont, *Justice criminelle*, t. II, p. 216.

(1) Comptes de 1571 et 1573 : *B. 565*, f° 181 et *567*, f°s 200 et 203.

(2) *Coutume* citée, *art. 29*, p. 35. Comptes de 1587, 1584 et 1597 : *B. 1284*, f° 5; *569*, f° 96 et v° et *627*, f° 128 v°.

(3) Comptes de 1574 et 1596 : *B. 568*, f°s 209 v° et 212; *576*, f° 198. Lettres de 1566 : Arch. de Meurthe-et-Moselle, *B. 37*, f° 182.

(4) Comptes de 1572, 1584 et 1587 : *B. 566*, f° 172; *569*, f° 215 et *570*, f° 180 v°.

potence [1]. Si l'inculpé n'en appelait pas de la sentence ou la voyait confirmée et ne faisait pas défaut, il subissait la peine de mort, à moins que le duc ne lui accordât sa grâce; si la peine était la pendaison, on empruntait, pour le hisser jusqu'à la potence, une échelle au pressoir le plus voisin, le bourreau le pendait et le dépendait, puis reconduisait son cadavre sur la charrette qui l'avait amené, jusque dans les champs où il l'enterrait [2]; si le coupable devait avoir la tête tranchée, on fixait l'échelle contre un échafaud de planches qui servait à l'exécution [3]; s'il était condamné à être brûlé, on amenait des fagots et du bois au lieu du supplice [4]. Le condamné était conduit au lieu de l'exécution, après avoir fait un court repas, composé de pain et de vin, et était toujours accompagné d'un confesseur, d'ordinaire un Augustin, qui l'assistait depuis le matin [5]. Les formalités étaient les mêmes que pour les exécutions en effigie : on faisait venir les sergents, les couvreurs et les charpentiers et on sonnait le tocsin [6]. Les exécutions avaient lieu d'ordinaire à Bar, le plus souvent devant l'Auditoire; parfois, pour mieux frapper la population, on dressait le gibet sur une grande route voisine du lieu du crime et, même si le criminel avait été mis à mort ailleurs, on y envoyait sa tête « pour la mettre sur un poteau » ou, s'il était écartelé, on y déposait des quartiers de son corps [7].

(1) Comptes de 1572, 1574, 1584 et 1585 : *B. 566*, f° 172 et v°; *568*, f°s 208 v°, 211 v° et 215; *569*, f°s 194, 218, 219 v° et 220; *1206*, f° 134 v°.

(2) Comptes de 1574, 1591 et 1593 : *B. 568*, f° 214 et v°; *571*, f°s 212 et 213; *573*, f°s 191 et 193 v°.

(3) Comptes de 1571 : *B. 565*, f° 183.

(4) V. plus bas, à propos de l'hérésie et de la sorcellerie.

(5) Comptes de 1571, 1574, 1584, 1590 et 1593 : *B. 565*, f° 183; *568*, f° 216 v°; *569*, f° 210; *571*, f°s 212 et 213 et *573*, f° 194 v°.

(6) Comptes de 1571 : *B. 565*, f° 182 v°.

(7) Comptes de 1593 : *B. 573*, f° 194 v°. — Comptes de 1571, 1574 : *B. 565*, f° 183; *568*, f° 211 et v°. Comptes de 1589 : Arch. de Meurthe-et-Moselle, *B. 1219*, f° 139 v°. Ces deux derniers exemples se rapportent à la route de Resson et au bord du bois de Combles pour les cas de fausse monnaie et d'hérésie cités ci-dessous, p. 356, notes 1 et 4.

Les principaux crimes pouvaient être alors dirigés contre les biens, la religion et les personnes. Les crimes contre les biens étaient le vol, les dettes, l'usure et la fausse monnaie. Le *vol* était ordinairement puni de la fustigation, accompagnée de bannissement perpétuel : on fouettait, par exemple, un homme de Géry qui avait volé la nuit « des mouches à miel » ou des gens qui avaient coupé une bourse un jour de foire à Bar (1); le bannissement pouvait être temporaire, s'il y avait des circonstances atténuantes; il était le plus souvent perpétuel, comme dans les cas de vol qualifié ou de complicité de vol, où les coupables ne pouvaient alléguer aucune excuse légitime (2); on mettait plutôt, semble-t-il, au carcan les femmes, surtout quand le vol qu'elles avaient commis était peu grave : c'est ce qu'on fit pour une « qui avait été trouvée ès vignes chargées de raisins » et pour deux autres « ayant robbé du beurre en plein marché » (3). Il semble que les *dettes*, tout au moins celles qu'on avait contractées envers le duc, étaient punies de détention temporaire, sans doute jusqu'à ce que la famille du débiteur se fût acquittée, quoiqu'il arrivât quelquefois aux prisonniers de faire « cession et abandon de leurs biens » (4). En 1576, Charles III avait condamné les *usuriers* au carcan et au bannissement; à la fin de 1595, il fit poursuivre ceux des deux duchés, en même temps que Henri IV sévissait contre ceux de Champagne (5). Les *faux monnayeurs* étaient passibles de peines plus graves : quand on en

(1) *Annales de l'Est*, octobre 1901, p. 498, note 2. Comptes de Souilly, 1587; de Bar, 1587, 1594 et 1596 : *B. 1284*, f° 89 v°; *570*, f° 180; *574*, f° 193 et v° et *575*, f° 205.

(2) Comptes de 1574 et 1587 : B. *568*, f° 207 et *570*, f°s 179 v° et 181 v°; le premier cas concerne une veuve de Varney, condamnée à être « fustigée et reléguée pour un an, pour larcin ».

(3) Comptes de 1573, 1587 et 1597 : B. *567*, f° 201 v°; *570*, f° 180 et *627*, f°s 128 v° et 129.

(4) Comptes de 1596 : *B. 575*, f°s 209-10.

(5) Ordonnance du 1er décembre 1576. *Ms. 140*, *s. a.* *Annales* de Bar, *s. a.* 1595 : *Ms. 53*, f° 24. Comptes de 1596 : *B. 575*, f°s 174 v°, 185 v° et 187.

soupçonnait, on faisait fondre et essayer leurs pièces; s'ils étaient convaincus, les coins dont ils se servaient étaient rompus et brûlés; quant à eux, ils étaient parfois fustigés et bannis, d'ordinaire mis à mort : François de Lenoncourt et quelqu'un de Mesnil-sur-Saulx furent pendus pour ce crime, l'un à Resson, l'autre devant l'Auditoire de Bar (1).

Les crimes contre la religion, sacrilège, hérésie et sorcellerie étaient presque aussi sévèrement réprimés. Le *sacrilège* était puni comme le vol qualifié ou la fausse monnaie, selon qu'il n'était pas ou était commis dans une église : une femme de Guerpont, « accusée de sacrilège », fut fustigée et bannie à perpétuité; le fils d'une pauvre femme de Marbot, nommée la Goulue, soupçonné d'avoir fracturé le mur du trésor de l'église paroissiale, la nuit du dernier dimanche de mars 1574, fut condamné à mort, mais ses meubles furent laissés à sa femme (2). Dans la nuit du 23 octobre 1583, quelqu'un, rompant « la verrière de la chapelle Saint-Nicolas du côté du grand autel », s'introduisit de nouveau dans l'église et y fit « grand dégât et larcin »; l'échevin fit constater ce vol par des notaires, mais on ne put retrouver le coupable (3). Les crimes d'*hérésie* paraissent avoir été plus rares, sans doute à cause de la façon sévère dont on avait réprimé le protestantisme dans le pays; nous ne trouvons que Toussaint Maleteste de Combles qui, accusé d'hérésie, fut condamné à être brûlé vif; il réussit sans doute à s'échapper, car il ne fut que « brûlé en fantôme », c'est-à-dire exécuté en effigie (4). Il y eut également à Bar peu de procès de *sor-*

(1) Comptes de 1587 et 1574 : *B. 570*, f° 181 et *568*, f° 211. — Comptes de 1595, 1574 et 1598 : *B. 574*, f°s 194 v° et 195; *568*, f°s 210 v°, 211 v°, 214 v° et 215; *578*, f° 54. *Annales*, au 16 janvier 1599 : *Ms. 53*, f° 27.

(2) Comptes de 1574 : *B. 568*, f°s 207 v° et 208 v°. — *CC1*, comptes municipaux de 1573-75, f°s 44 v° et 45.

(3) Comptes paroissiaux de 1582-83 : *GG*[54], f° 94 et v°.

(4) Comptes de 1574 : *B. 568*, f°s 207 v°, 208 v° et 211 v°. Les comptes municipaux de 1596-98, mentionnent un « Noël Maleteste, ingénieur demeurant à Combles » : *CC1*, *s. a.*, f° 83.

cellerie, tandis qu'ils abondaient dans le Barrois non-mouvant et dans la Lorraine ; peut-être le voisinage de la France et la crainte d'un appel devant ses tribunaux rendait-il les juges barrisiens plus cléments ou plus prudents; une femme de Guerpont, nommée Martine, accusée, soumise à la torture et probablement convaincue, fut fouettée et bannie, tandis que sa fille Claudine était renvoyée (1). Quelquefois, pourtant, on prenait des mesures plus radicales, probablement dans les moments de grandes calamités, dont on rendait responsables de malheureuses déséquilibrées : le 3 février 1582, au milieu d'un grand froid et la nuit où éclata « un orage de tempête », trois sorcières, originaires de Revigny, de Louppy et de Bar, furent brûlées dans cette ville, après avoir été torturées et emprisonnées au château de Louppy; à la fin du siècle, dans la prévôté de Souilly, une sorcière de Neuville-sur-Orne fut brûlée, tandis qu'une femme de Regnaucourt, qu'elle accusait de ce crime, était reconnue innocente (2).

Parmi les crimes contre les personnes, nous ne sommes bien renseignés que sur les meurtres. Le *rapt* d'une jeune fille était sans doute suivi du bannissement, puisqu'il entraînait la confiscation des biens ; tandis que l'*adultère* paraît avoir été seulement puni d'amende (3). Tous les longs procès qu'amenaient les autres crimes n'étaient rien, comparés à ceux qui résultaient du meurtre. La mort violente, quelle qu'en fût la cause, entraînait d'interminables informations : en cas de mort naturelle ou accidentelle, comme pour les gens noyés ou écrasés, la « levée et visite du corps » était faite, sur l'ordre du prévôt, par un sergent au bailliage, un clerc ou un commis du greffe, effectuée quelquefois par le substitut du procureur général au

(1) Chr. Pfister, Nicolas Remy et la sorcellerie en Lorraine à la fin du XVIe siècle, Paris, 1907, p. 6, note 1. — Comptes de 1574 : *B. 568*, fos 207 vo, 208 et vo.

(2) *Annales* de Bar, *s. a.* : *Ms. 58*, p. 8. Comptes de 1582 : *B. 1390*, fo 42 vo. *CC1*, comptes municipaux de 1582-85, fo 64 vo. — Comptes de 1599 : *B. 1286*, fos 94 vo à 95.

(3) Comptes de 1573 : *B. 567*, fo 199. *CC1*, comptes municipaux de 1573-75, fos 27 à 28. Cf. *Annales de l'Est*, octobre 1901, p. 511.

bailliage, accompagné d'un ou plusieurs chirurgiens (1); en cas de *suicide*, des sergents allaient interroger les témoins et les envoyés du prévôt accompagnaient parfois le bourreau, qui dépendait lui-même la victime (2); en cas d'*homicide*, la visite et l'information était faite, non seulement par le chirurgien, un ou deux sergents et le commis du greffier, mais encore par un ou deux notaires et même par le lieutenant particulier au bailliage : on devait presque toujours, entendre de nombreux témoins et faire délibérer plusieurs avocats (3). Le meurtre était ordinairement puni du dernier supplice, à moins qu'il s'agît d'homicide par imprudence ou en cas de légitime défense pour lesquels le duc accordait d'ordinaire des lettres de rémission (4). Toute personne convaincue de meurtre prémédité était pendue après avoir été étranglée : il ne semble pas que les circonstances aggravantes de l'assassinat eussent rien changé à la peine. Une femme de Revigny, coupable de *parricide*, subit cette peine, aussi bien qu'une jeune fille de Rupt-aux-Nonains, convaincue d'avoir fait mourir son enfant et de l'avoir jeté dans un puits; le Parlement de Paris, qui avait confirmé la sentence du bailli, lui enjoignit alors de la faire lire chaque dimanche au prône des messes paroissiales des églises du bailliage, pour avertir des conséquences de l'*infanticide*, « les femmes qui recèlent leur grossesse » (5). Le même châtiment fut appliqué à Jacques Malaury, qui avait tué le curé de Rembercourt-sur-Orne; probablement à François de Vaulx, dit de la Toulche, à René son fils, et à leurs complices, coupables du meurtre du curé de Robert-Espagne, meurtre qui

(1) Comptes de 1574, 1584 et 1587 : *B. 568*, f° 208 v°; *569*, f°s 211 v°, 214 v°, 217 et v°; *570*, f° 179 et v°.

(2) Comptes de 1573 et 1594 : *B. 567*, f° 201 et *573*, f° 195 v°.

(3) Comptes de 1573, 1584 et 1593 : *B. 567*, f°s 200 v° et 201 v°; *569*, f°s 214 et *573*, f° 172 v°.

(4) Cf. R. de Souhesmes, *art.* cité, *Annales de l'Est*, juillet 1902, p. 357-8.

(5) Comptes de 1584 : *B. 569*, f°s 209 v° à 210 v° et 213. — Arrêt du 9 juillet 1575 : *Inventaire de Lorraine*, t. III, f° 522, cité *Ms. I*^40, *s. a.*

amena un procès de plusieurs années, avec une instruction qui dura deux mois et où furent entendus d'innombrables témoins (1).

D'autres procès non moins considérables occupèrent les juges de Bar. Le principal fut certainement, dans la dernière partie du XVIe siècle, celui qu'amena l'assassinat de Thierry de la Mothe, lieutenant général au bailliage de Bar, commis en 1567 à Nançois-le-Savoureux. On arrêta comme prévenus du crime et on conduisit en prison à Bar : Jean Castel de Saint-Nazard, seigneur de Morley, beau-frère de la victime; Antoine des Armoyses et Isabelle de Nancy, sa femme; Gombert Chauffaux et Claudin Lescarnelot, serviteurs de la veuve Étienne Lescamoussier, celle-ci, Christophe Toussaint dit Curtelot, Laurent Guillaume et Isabeau d'Ambrières, femme Tolit; le prévôt de Sainte-Menehould vint à Bar faire l'instruction du procès. La plupart des inculpés furent reconnus coupables et l'instruction révéla que le meurtre avait pour auteurs Castel et Chauffaux, avec la complicité de Toussaint, Guillaume et Isabeau, qui furent condamnés; ils en appelèrent au Parlement et furent transférés à la Conciergerie de Paris qui confirma la sentence. Castel Saint-Nazard et Gombert Chauffaux furent décapités en Grève, leurs têtes rapportées à Bar et exposées sur deux poteaux fichés au milieu de la place de la Ville haute; leurs complices avaient été condamnés, « Curtelot à être fustigé par trois jours divers, à l'entour de la halle; Laurent Guillaume, à être, de plus, attaché au carcan; Isabeau d'Ambrières, à être pareillement fustigée et pendue »; on éleva, de plus, sur le théâtre du crime, un pilastre qui en relatait les détails et existait encore au milieu du siècle dernier (2).

Les autres crimes furent moins retentissants, parce

(1) Comptes de 1590 : *B. 571*, f° 212. — Comptes de 1591 à 1594 : *B. 572*, f°s 201 à 202; *573*, f°s 191 à 197 et *574*, f° 192 v°.

(2) Comptes de 1568, 1571 et 1573 : *B. 563*, f°s 197, 198 v° et 203 v°; *565*, f°s 184 v° et *567*, f° 167. Lettres-patentes de 1567 : Arch. de Meurthe-et-Moselle, *B. 38*, f° 178 v°. Cf. Bellot-Herment, p. 360 et Longeaux, p. 96-97.

qu'ils eurent pour auteurs ou pour victimes de plus petites gens; les deux principaux datent de la fin du siècle. En 1594, Jean Pasquet, de Chaumont-sur-Aire, ayant tué le sergent Sébastien Bertignon, fut incarcéré à la Tour Jurée et jugé après une longue information ; malgré des témoins à décharge qu'il fit venir de Neuville-sur-Orne, l'accusé fut convaincu et condamné à mort par le prévôt. Il en appela alors au Parlement de Paris et fut conduit par trois messagers jurés à la Conciergerie du Palais ; après un assez long séjour, le Parlement confirma la sentence et, au retour, le cheval qui conduisait la charrette portant le criminel fut perdu. Au début de l'année suivante, les conducteurs et le condamné étaient revenus à Bar : Pasquet, assisté par un religieux augustin, fut exécuté, sans doute à la potence de devant l'Auditoire, tandis que deux bourgeois sonnaient la cloche de l'horloge, et son corps fut enterré par le bourreau (1). L'affaire de Gratelin fut plus mouvementée encore : ce personnage, dont nous ignorons l'origine, la condition et le crime, avait été condamné par le lieutenant général au bailliage, M. de Génicourt, fils de Jean Vincent ; mais, soit qu'il se crût innocent, soit qu'il tînt beaucoup à la vie, il fit tout pour échapper à la peine capitale ; déjà, il avait essayé de s'enfuir des « prisons d'en haut de la Tour Jurée », en faisant un trou à la muraille ; il implora ensuite la grâce de Charles III, qui renvoya l'affaire à la Chambre des Comptes ; celle-ci l'examina et, sans doute sur l'appel du condamné, l'envoya à Paris où le Parlement dut confirmer la sentence, puisque, le 19 septembre 1596, Gratelin fut « roué devant l'Auditoire », et, le lendemain, son cadavre conduit « au-dessus de la Chalaide de Behonne », où il fut exposé sur la roue qui avait servi à son supplice (2). Celui-ci implique un crime très grave, et le peu d'emploi de la torture, que nous n'avons trouvé que dans ce cas et celui

(1) Comptes de 1594-95 : *B. 574*, f°s 172 v°, 186 à 187 v°, 189-90, 191-94 et 195 v°.

(2) Comptes de 1595 et 1596 : *B. 575*, f° 194 et *576*, f°s 60, 65 v° et 66 v°. *Annales* de Bar : *Ms. 53*, p. 25.

de sorcellerie, prouve qu'à Bar, et sans doute dans tout le Barrois mouvant, la justice était relativement humaine.

Les crimes précédents n'avaient pas été commis par des habitants de Bar; il n'en est pas de même des affaires suivantes, dont les auteurs reçurent tous également rémission du duc. Le jour de l'Ascension 1566, plusieurs petites gens, dont Noël Langlois, Pierre Maulmoure, Claude Mathiat, Caïn et Nicolas Levandier, cloutier, après avoir « bu au logis de la Couturière, hôtelière », s'en allèrent au faubourg, « portant sur une civière... Mathiat, disant que c'était la bête Jean de France », puis s'en retournèrent à l'hôtellerie, « où ils soupèrent joyeusement sans querelle »; ils se préparaient alors à rentrer chez eux, quand Mathiat entra en dispute avec Jean Jacquemin, dit Bisquinquin, ils se donnèrent des coups de dague, dont l'un blessa ce dernier mortellement; Mathiat, s'étant constitué prisonnier, fut condamné au bannissement et à la confiscation, mais obtint sa grâce, en alléguant qu'il n'avait « jamais été reproché d'aucun vilain cas », et n'avait agi que « par folie et après boire » et en faisant ressortir « sa pauvreté et charge de femme et d'enfants » (1). En 1572, Robert Guéroux, étant en froid avec un locataire de la maison de « la Besace », Claude Mommodin, savetier, qui refusait de le payer, celui-ci s'introduisit dans le champ que le propriétaire avait derrière chez lui; Guéroux, croyant l'entendre crier « abas, romps », et voulant l'effrayer, lui lança du haut d'un premier étage une pièce de bois qui l'atteignit à la tête et lui porta un coup dont il devait mourir quatre mois plus tard (2). Deux ans après, le boucher Nicolas de Paradis, se promenant près de chez lui, rue du Tribel, à 8 heures du soir et « tenant son épée sous le bras par crainte de mauvaises rencontres », frappa à la porte de chez son voisin, Jean Desbauchon, chez qui il y avait un repas de noces; Jean le Clerc, qui n'était pas

(1) Lettres de rémission du 29 octobre 1566 : Arch. de Meurthe-et-Moselle, *B. 37*, f° 182. — S'agirait-il du marchand Jean de France, cité plus haut, p. 157, note 2, en 1583 ?

(2) Lettres du 16 septembre 1572 : *Id.*, *B. 42*, f° 169 et v°.

de la maison, ayant injurié le boucher, celui-ci le frappa de son épée : aussitôt les autres, « tous armés d'épée », se tournent contre lui; Desbauchon, blessé, devait mourir au bout de six semaines (1). Enfin, le 11 août 1582, Gérard Poirson, chef du corps de garde de la Ville haute, faisait sa ronde vers minuit avec « Simon de Trevers et autres de sa suite » : il frappa à l'huis du guet de la porte Saint-Jean qui était fermée; Humbert Maumeure, qui s'y trouvait avec d'autres guetteurs, refusa d'ouvrir et se vanta de pouvoir faire à Poirson un mauvais parti : comme il remuait ses armes avec bruit, le chef, « craignant d'être offensé », saisit une arquebuse des mains de son beau-frère et tira à travers la porte, blessant mortellement Maumeure (2).

Tous ces cas antérieurs à la Ligue, comme ceux que nous avons rapportés à propos du clergé (3), sont d'autant plus significatifs qu'ils nous montrent les mœurs des gens du peuple, petits bourgeois et artisans, dont il est si difficile de retrouver la vie à travers les documents. Ils nous prouvent combien, à une époque où la guerre ne sévissait pas encore, les mœurs étaient brutales et impulsives : aussi bien que les clercs et les nobles, les bourgeois, les artisans et jusqu'aux vignerons portaient presque continuellement des armes, dagues, épées ou pistolets; les haines étaient tenaces entre les personnes, les gestes aussi prompts que les paroles et, le plus souvent, irréparables; les coups étaient, le plus souvent, mortels faute de connaissances médicales et de soins éclairés. Mais, même en nous rendant compte que nous sommes loin de connaître tous les crimes qui ont été commis, nous devons remarquer que leur nombre a dû être assez peu élevé, par rapport au chiffre si élevé de la population ouvrière de Bar-le-Duc : aujourd'hui encore, la rubrique des tribunaux ne concerne qu'une faible proportion des habitants des villes moyennes; aussi nous est-il

(1) Lettres du 12 mars 1575 : *Id.*, *B. 45*, f°s 28 v°-29.
(2) Lettres du 12 octobre 1582 : *Id.*, *B. 51*, f° 120.
(3) V. plus haut, p. 202.

permis de croire que la majorité des gens du peuple de Bar était, à la fin du XVIe siècle, comme aujourd'hui, composée de braves et paisibles habitants, songeant avant tout à travailler et à acquitter leurs impôts — tout en vivant le plus gaiement possible.

CONCLUSION

Parvenu au terme de cette longue étude, dont nous sentons toute la faiblesse et les lacunes (1) et au sujet de laquelle nous accueillerons avec plaisir les critiques et les rectifications, nous voudrions jeter sur les questions précédentes un coup d'œil d'ensemble qui les résumât et les dépassât à la fois, en réunissant en un tableau général les divers aspects que présentait Bar-le-Duc à la fin du xvie siècle et en cherchant à entrevoir en quoi cette ville ressemblait à celle d'aujourd'hui et en quoi elle en différait essentiellement.

En somme, l'histoire de Bar-le-Duc n'est pas trop mal connue à cette époque. A coup sûr, bien des choses nous y échappent, comme la vie ordinaire et intime de ses habitants, notamment la vie et les relations de famille, la plupart des coutumes et des distractions ; ainsi qu'il arrive fréquemment en histoire, nous ne sommes guère informés que de ce qui est exceptionnel et extérieur ; toutefois, ce que nous savons bien peut nous permettre de deviner le reste et certains organismes dont nous connaissons à fond le fonctionnement, tels le château ou l'hôpital, nous permettent de nous faire une idée assez exacte de l'existence que menaient la haute société ou les petites gens, à condition de choisir des traits suffisamment carac-

(1) Nous n'avons pas, par exemple, parlé de l'architecture et du blason, faute, non de renseignements, mais de compétence personnelle ; quant aux mesures et aux monnaies, si nous ne les avons pas identifiées, c'est uniquement faute de temps.

téristiques et d'apporter à nos généralisations beaucoup de prudence.

Ainsi, les riches, quels qu'ils soient, haut clergé, nobles, fonctionnaires ou gros bourgeois, mènent tous à Bar une vie à peu près semblable, où l'existence est large, mais ne laisse pas de place au confortable et rappelle celle de nos gros fermiers d'aujourd'hui. Chacun a sa maison à soi, qui, d'ordinaire, forme un tout avec le jardin et la foulerie; elle est haute au moins d'un étage, a une cave et un grenier immenses pour contenir les provisions de vin et de bois qu'on n'a pas à ménager; l'habitation renferme de vastes pièces, dont plusieurs ont une destination spéciale et dont chacune est chauffée par une immense cheminée; sauf celles qui servent à la cuisine et aux domestiques, ces pièces ont le sol garni de planchers et les fenêtres pourvues de carreaux de verre. Les murs sont à peu près nus, les pièces ornées seulement de quelques meubles, buffets, armoires, lits, tables et sièges primitifs, presque toujours en bois; le linge est abondant et solide, les vêtements chauds et de bonne qualité; le luxe se révèle aux riches étoffes de couleurs vives, aux armes chez les hommes et aux bijoux chez les femmes Le service est assuré par un nombreux personnel de chambrières et de valets; on mange et on boit plantureusement, d'après le menu des hôtels : pain blanc, viandes de boucherie, venaison, volailles, légumes, fruits et pâtisserie, vin rouge, gris ou blanc; on se chauffe devant l'âtre, parfois à la houille, on s'éclaire à la chandelle ou avec des cierges et des torches.

Les occupations de ces favorisés de la fortune diffèrent naturellement beaucoup suivant leurs fonctions; mais elles ont presque toutes en commun la connaissance du droit et la pratique de l'écriture. L'importance qu'on attachait à la forme et à la rédaction des actes notariés faisait grossoyer par les différentes administrations, dont le matériel reproduisait en petit celui de la Chambre des Comptes, et par les tabellions et leurs clercs ou les gens de justice, d'innombrables pièces sur parchemin et sur papier libre, qu'on conservait dans des layettes, des coffres ou des sacs; les différents fonctionnaires calligraphiaient en belle gothique des comptes minutieux et durables ou faisaient rédiger par leurs secrétaires de volumineux livres de raison comme le *Cartulaire* de Jean Vincent : la conscience et la lenteur avec laquelle étaient exécutés ces solides travaux et la difficulté qu'on devait avoir à s'y reconnaître prouve que leurs auteurs ne plaignaient pas leur peine et attribuaient peu de prix au temps. Mais là s'arrêtait l'activité intellectuelle des Barrisiens : pour un Marlorat qui taquinait la Muse, un Rosières qui compilait les généalogies des ducs de Lorraine ou un Remy qui rédigeait les *Annales* de sa ville natale, que de gens cultivés n'ont pas poussé leurs préoccupations au delà de leurs affaires journalières; il est peu probable que, en dehors des ouvrages de piété et de jurisprudence, la lecture ait eu beaucoup d'adeptes à Bar et que les gens de lettres y aient recherché d'autre pâture spirituelle que celle des offices religieux.

Les classes inférieures, bas clergé, petits bourgeois ou petits marchands, cultivateurs ou artisans, mènent une vie qui nous paraît rappeler beaucoup celle de nos paysans actuels. Très souvent, chacun a sa maison particulière, sans étage, mais avec un jardin où il élève quelques animaux domestiques; la principale pièce, aux étroites fenêtres garnies de carreaux en papier huilé, qui sert à la fois de cuisine, de salle à manger et de chambre à coucher, est meublée de quelques coffres, bancs et lits, avec une cheminée de grandeur moyenne. Le linge est moins blanc et moins abondant que chez les riches ; on est vêtu, comme nous l'avons vu à l'hôpital, d'ordinaire de deux costumes, l'un de toile pour les jours ouvriers, l'autre de drap pour les dimanches et fêtes, avec un bonnet et un chapeau, et l'on porte de fortes chaussures. Le pain et le vin forment le fond de l'alimentation, pain noir ou pain bis et vin clairet ou rouge de pays; au repas principal on y ajoute la soupe, cuite au lard dans la semaine et à la viande les autres jours; le soir on fait réchauffer les légumes et souvent on varie ce menu avec du poisson. On se lève et on se couche généralement avec le jour, pour épargner la lumière.

On travaille ferme tout le long de l'année, mais on se rattrape aux nombreux jours de chômage. D'ailleurs, les distractions ne manquent pas à Bar; ce sont les préparatifs et la célébration des offices des grandes fêtes, surtout à l'église paroissiale, les sermons des fameux prédicateurs, les processions qui traversent la ville en grande pompe ou vont aux sanctuaires voisins, les arrivées de grands personnages lorrains ou étrangers qu'on va acclamer ou reconduire, les quatre grandes foires, les réjouissances de la vendange, les fêtes des confrères, les exécutions judiciaires, qui appellent tour à tour le peuple à Bar-la-Ville ou à la Halle. Les gens s'assemblent volontiers, les uns chez les autres, aux festins de noces, aux repas de baptême ou d'enterrement, à l'hôtel ou à la taverne, aux réunions de confréries, de corporations ou d'amis; toutes ces occasions deviennent un prétexte pour se livrer à de franches lippées où l'on mange amplement des viandes bien épicées et où l'on boit de larges rasades. On joue à des jeux souvent brutaux, on va au bois du Haut-Juré, on pêche dans l'Ornain et on cultive le jardin qu'on a sur la côte, où déjà les maraudeurs savent forcer les serrures et piller les récoltes.

Telle est surtout la vie des hommes qui, seule, nous apparaît à travers les documents. Celle des femmes ne nous est guère connue que par l'hôpital, ce qui tend à prouver que les heureuses Barrisiennes n'ont pas d'histoire et que, comme les matrones romaines, elles restent fidèles à leur rôle de ménagères, entretenant la maison, faisant la cuisine, filant le chanvre, faisant bouillir de grandes lessives avec des cendres (1); sauf quand elles sont lavandières, débarrasseuses ou journalières, les femmes ne sortent guère de chez elles que pour aller au marché ou à l'église et elles ne participent ni à l'instruction ni à la vie publique. Quand les enfants sont tout petits, elles les nourrissent elles-mêmes, puis elles les gavent de lait et de

(1) Registre capitulaire de Saint-Maxe : G^{1}, f°s 296 v° et 338 v°.

bouillie ; dès qu'ils deviennent grandelets, elles les habillent comme nous avons vu pour les enfants de chœur et les envoient jouer dans la rue, mais assez rarement à l'école ; dès qu'ils sont en âge de travailler, les parents les mettent en apprentissage, à moins qu'ils ne les gardent pour les aider eux-mêmes dans leur métier.

L'existence des Barrisiens est donc bien différente de ce qu'elle est devenue de nos jours ; mais leur caractère, qu'ils doivent sans doute au terroir, paraît être demeuré tel qu'il était au XVIe siècle, d'après certains traits que nous croyons pouvoir y démêler. Il nous semble déjà voir percer à Bar cet esprit réaliste et positif qui nous paraît celui du chef-lieu du département de la Meuse, dans ce souci et cette entente qu'ont les habitants de leur intérêt et la façon habile dont ils administrent les biens de la paroisse et les revenus de la Ville, qui font que celle-ci, malgré sa pauvreté, n'a jamais connu le déficit. Nous croyons aussi qu'ils aimaient profondément leur ville natale, puisque certains d'entre eux se soucient d'écrire ou d'enregistrer son histoire et même veulent posséder leur maison paternelle. D'autre part, de nombreux traits de mœurs nous permettent d'affirmer que les habitants de Bar-le-Duc et de sa banlieue étaient également d'humeur militaire, combative et narquoise : outre les meurtres que nous avons rapportés, d'autres affaires judiciaires nous montrent à la fin du XVIe siècle un Barrisien combattant en Hongrie, avant la Ligue trois habitants de Behonne attaquer un Lorrain qui revenait de Bar et, au début du siècle suivant, deux jeunes gens de cette ville ridiculiser des habitants de Resson en criant : « La fleur de nos naveaux » (1).

Y avait il déjà, ainsi qu'on le trouvera dans les deux siècles suivants, rivalité entre les deux villes de Bar, entre les « riches Cans » de la Ville haute et les « poures Baribans » de la Ville basse, comme on le chantera en 1740 (2)?

(1) En 1600, 1582 et 1607 : E. de Souhesmes, *art. cité*, *Annales de l'Est*, octobre 1901, p. 509-10 et juillet 1902, p. 335 et 391.

(2) E. Fourier de Bacourt, Les Cans, chant satirique en patois de Bar. *Mémoires* de la Société, 3e série, t. III, p. 107-113.

Aucun document ne nous permet de l'affirmer; mais les probabilités de l'antagonisme des deux villes ressortent de l'histoire que nous avons tracée, puisque la Halle est l'asile des privilégiés, que ces favorisés de la fortune détiennent en outre tous les privilèges économiques et financiers, qu'ils sont en conflit continuel avec les habitants des autres carrefours et des faubourgs au sujet du maintien de leurs propres privilèges ou contre l'accroissement de ceux de la Ville basse et que, pour y remédier, on alterne assez régulièrement entre les deux villes le choix des officiers municipaux. Cependant, en dépit de tous ces privilèges, la Ville basse avait pour elle l'avenir et ne cessait de s'étendre au détriment de la Halle.

A côté de ces traits particuliers à Bar-le-Duc, il en est d'autres qui lui sont communs avec beaucoup d'autres villes de Lorraine et de France à cette époque. On a déjà signalé [1] cette union étroite entre la vie civile et la religion, qui fait que la paroisse dépend des habitants, que le spirituel n'est jamais absolument distinct du temporel, que la population entière participe au culte et aux processions et que les confréries religieuses sont une des faces des groupements ouvriers; toutefois ce trait n'est pas spécial à Bar, il vient du moyen âge et durera autant que l'ancien régime, jusqu'à ce que la Révolution constitue l'état civil, sépare l'Église de l'État et crée l'esprit laïque. On n'a pas mis en lumière, à notre connaissance, l'indépendance dont jouissait la ville qui élisait en toute liberté son maire et ses gouverneurs, réunissait ses habitants en assemblées générales et particulières, faisait elle-même ses affaires, sous le contrôle de l'État, où les règlements n'emprisonnaient pas l'artisan et dont la justice n'était pas impitoyable, comme il arrivera plus tard. Surtout, on ne nous paraît pas avoir assez loué ce constant souci de l'intérêt général qui possédait les gens d'autrefois : on peut sourire de ce culte de la forme qui existait dans l'ancienne France, de ce luxe de procureurs de toute sorte qui

(1) Konarski, p. 208-9.

fait que la communauté, la société ou le gouvernement étaient toujours représentés à tous les degrés de l'administration ; mieux vaut certainement y voir une de ces vivaces traditions du droit romain qui dureront jusqu'à la fin de la Révolution, après avoir permis aux légistes du moyen âge de faire échec à la force brutale de la féodalité et donné aux bourgeois de sérieuses garanties de liberté et de bonne administration.

Après avoir ainsi dépassé les limites de notre sujet, il nous reste à voir quelle a été à Bar-le-Duc l'influence de la personnalité de Charles III pendant les quarante premières années de son règne personnel. Ce duc, qui continuait la tradition paternelle des souverains lorrains, n'était pas pour cette ville un maître trop exigeant : seigneur de Bar, il partageait avec les habitants les frais d'administration, par exemple pour la Ville haute, et faisait beaucoup de bien à sa seconde capitale; il lui a permis de développer son assistance publique et ses biens communaux, de créer deux nouvelles foires ; à Bar, comme en Lorraine, ce grand prince a été pour beaucoup dans la prospérité dont a joui tout d'abord la ville. On peut ainsi diviser nettement la période qui va de 1559 à 1598 en deux parties, séparées par la date de 1584 : avant la Ligue, Bar-le-Duc est une ville heureuse et prospère, comme le prouve le développement de son commerce et de son industrie ; cette prospérité était certainement due à la paix intérieure dont jouissait le duché, grâce à la neutralité observée par son souverain, tandis que la France voisine était ensanglantée par les guerres de religion. Malheureusement, dès que Charles III participa à celles-ci par son entrée dans la Ligue, la ville de Bar, comme le reste de ses États, allait souffrir de maux de toutes sortes, être accablée d'impôts, ravagée par les soldats et dévastée par la peste; après la paix de 1596, le pays ne fit que commencer à se relever de ses désastres et il fallut attendre, à Bar comme en France, le début du siècle suivant pour le voir s'en guérir complètement.

En résumé, le Bar-le-Duc de la fin du XVIe siècle apparait avec une physionomie assez originale, qui méritait, croyons-nous, d'être fixée. Cette ville pittoresque, juchée sur sa colline d'où elle ne cessa de déborder, était au point de vue politique le cœur du duché, la grande ville qui servait de lieu de passage à la Cour, de demeure aux divers organes de l'administration; au point de vue religieux, c'était le siège de la grande collégiale, un sanctuaire vénéré et le berceau d'un collège en passe de devenir important; au point de vue économique, si son industrie avait diminué d'importance, son commerce ne cessait de se développer et son agriculture continuait à faire sa renommée. Toutefois, elle tenait du village presque autant que de la ville; beaucoup plus que Nancy et surtout que les trois évêchés et les villes de Champagne, elle ressemblait à un gros bourg. On y vivait bien, plantureusement et gaiement, mais d'une existence bornée et matérielle, sans grand souci des intérêts intellectuels et moraux. Ainsi, bien des traits de la physionomie de Bar-le-Duc n'ont fait que se préciser depuis lors, sans beaucoup se modifier : comme nous l'avons signalé pour l'alignement ou l'hygiène, beaucoup de choses qui nous paraissent modernes sont, en réalité, très anciennes et souvent la différence du passé et du présent n'est qu'une question de degré; cette continuité de l'homme et de ses œuvres n'est, certes, pas une des moindres leçons qui se dégagent de l'histoire.

Louis Davillé.

TABLE DES MATIÈRES

INTRODUCTION

PREMIÈRE PARTIE

LA VILLE DE BAR-LE-DUC

I. — La Ville haute.

§ 1. — *La Halle.*

§ 2. — *Le Château.*

II. — La Ville basse.

§ 1. — *Le Bourg.*

II. — La noblesse et la vie publique.

§ 1. — *La haute noblesse et la Cour.*

§ 2. — *Les fonctionnaires et le gouvernement.*

§ 3. — *La vie politique.*

TROISIÈME PARTIE

LE PEUPLE ET LA VIE COURANTE

I. — Les Bourgeois et la vie municipale.

II. — La population ouvrière et la vie économique.

§ 1. — *Les artisans et l'industrie.*

§ 2. — *L'alimentation et le commerce.*

III. — Les charges et les services publics.

§ 1. — *Les finances et la guerre.*

§ 2. — *L'assistance publique et la justice.*

CONCLUSION

BAR-LE-DUC. — IMPRIMERIE CONTANT-LAGUERRE.

www.ingramcontent.com/pod-product-compliance
Ingram Content Group UK Ltd.
Pitfield, Milton Keynes, MK11 3LW, UK
UKHW022040190726
13855UKWH00002B/367